세계의 분쟁

WORLD CONFLICTS

세계의 분쟁 WORLD CONFLICTS
지도로 보는 지구촌의 분쟁과 갈등

초판 1쇄 발행 2010년 12월 27일
초판 6쇄 발행 2018년 9월 7일

지은이   구동회 · 이정록 · 노혜정 · 임수진

펴낸이   김선기
펴낸곳   (주)푸른길
출판등록 1996년 4월 12일 제16-1292호
주소   (08377) 서울특별시 구로구 디지털로 33길 48 대륭포스트 7차 1008호
전화   02-523-2907
팩스   02-523-2951
이메일   purungilbook@naver.com
블로그   blog.naver.com/purungilbook
홈페이지   www.purungil.co.kr

ISBN 978-89-6291-147-3   03340

ⓒ 구동회 외, 2010

이 책은 (주)푸른길이 저작권자와의 독점 계약으로 발행하는 것이므로,
당사의 허락 없이는 어떠한 형태나 수단으로도 이 책의 내용을 이용하지 못합니다.

* 잘못 만들어진 책은 바꾸어 드립니다.
* 책값은 뒤표지에 있습니다.
* 사진 출처: 연합뉴스 외

이 도서의 국립중앙도서관 출판시도서목록(CIP)은 e-CIP홈페이지(http://nl.go.kr/ecip)에서
이용하실 수 있습니다.(CIP 제어번호: CIP2010004636)

WORLD CONFLICTS

세계의 분쟁

구동회 · 이정록 · 노혜정 · 임수진 지음

지도로 보는 지구촌의 분쟁과 갈등

푸른길

Prologue 머리말

'분쟁'이라는 주제는 사람들의 일상에서 멀리 떨어져 있는 듯하다. 한반도가 세계적인 분쟁 지역이라는 사실도 우리의 일상과는 무관해 보인다. 일본이 독도가 자기네 땅이라고 할 때 한국인의 민족감정은 극에 치닫지만, 잠시 우리 곁에 다가왔던 분쟁이라는 주제도 시간이 흐르면서 일상에서 멀어진다. 대학생들에게도 세계의 분쟁은 이제 관심 있는 주제가 아니다. 분쟁이 아니더라도 사람들의 일상은 이미 골치 아픈 일들로 가득하기에, 사람들은 분쟁이라는 복잡하고 난해한 현실에 관심을 기울이려 하지 않는다. 세상에 분쟁을 좋아하는 사람은 아무도 없겠지만, 우리는 세계화된 시대에 살고 있고, 세계는 여전히 분쟁의 회오리 속에 휘말려 있다. 그러므로 우리는 싫든 좋든 세상의 흐름에 귀를 기울여야 한다.

최근 동아시아의 영토 분쟁이 격화되고 있다. 2010년 9월 7일, 조어도 인근 해역에서 일본 순시선과 중국 어선이 충돌하면서 중국과 일본 사이의 영토 분쟁이 물 위로 떠올랐다. 2010년 11월 1일, 러시아의 드미트리 메드베데프 대통령이 쿠릴 열도 남단의 네 개 도서 가운데 하나인 구나시리를 전격 방문하면서 영유권을 둘러싼 러시아와 일본 사이의 긴장관계가 고조되었다. 비단 동아시아만이 아니다. 오늘날 세계 곳곳에서는 다양한 형태의 분쟁이 진행되고 있다.

국가 간 영토 분쟁은 두 나라 이상이 한 지역에 대한 영유권을 주장할 때 발생한다. 일본은 자국이 점유하고 있는 조어도뿐만 아니라 러시아가 점유하고 있는 쿠릴 열도와 한국이 점유하고 있는 독도에 대해서도 영토주권을 주장한다. 영토는 국가 간 '공간을 둘러싼 투쟁'의 결과물이다. 현재 각 국가의 영토는 역사적 기원, 지리적 영역, 정치적 권력관계에 의하여 중층적으로 결정된 것이므로, 자국에 유리한 어느 한 측면의 근거만 가지고 영유권 주장을 할 수는 없다.

영토 분쟁은 기본적으로 국가 간의 분쟁이지만 주민의 문제이기도 하다. 조어도처럼 사람이 살지 않는 분쟁 지역도 있지만, 쿠릴 열도처럼 사람이 사는 분쟁 지역일 때에는 현지 주민의 문제가 결부되어 분쟁의 양상은 더욱 복잡해진다. 쿠릴 열도의 주민은 현재 러시아의 국민이지만, 일본이 쿠릴 열도를 차지하게 되면 일본 국민이 되거나 아니면 러시아 영토로 쫓겨나야 한다. 이처럼 국가 간의 분쟁은 기본적으로 영토 귀속 문제의 성격을 가지며, 또한 분쟁 지역에 사는 주민의 귀속 문제이기도 하다.

분리 독립과 관련된 분쟁은 한 나라 안에 정체성이 다른 여러 집단이 존재할 때 발생한다. 다수 집단의 차별과 억압에 대한 두려움으로 각 집단은 다수 집단이 되기 위해, 또는 소수집단이 되지 않기 위해 애쓴다. 세르비아의 코소보가 대표적인 예이다. 세르비아의 다수 집단은 세르비아계이고, 코소보의 다수 집단은 알바니아계이다. 코소보가 독립하지 않는 한 코소보에서 알바니아계는 지배집단이자 다수 집단인 세르비아계의 억압에서 헤어날 수 없다. 반대로 코소보가 독립하면, 코소보 내의 세르비아계는 소수집단으로 전락하여 다수 집단 알바니아계의 억압 아래 놓이게 된다. 코소보의 분리 독립 여부에 따라 다수와 소수의 처지가 바뀌는 것이다.

  인종, 민족, 종교, 영유권 등 분쟁이 발생하는 데에는 다양한 원인이 있지만, 분쟁의 이면에는 강자와 약자의 논리, 다수와 소수의 논리가 깔려 있다. 분쟁 당사자는 무력으로 영토에 대한 영유권을 주장하려 하거나 테러를 통해 정치적 영향력을 행사하려 하기 때문에 영토 분쟁은 종종 전쟁과 테러의 주요한 원인이 된다. 하지만 전쟁도 테러도 인간을 살상하고 문명을 파괴한다는 점에서 모두 야만적이고 비이성적인 행위일 뿐이며, 어떠한 논리로도 정당화될 수 없다.

  얽히고설킨 분쟁의 실타래를 푸는 실마리는 다양성과 차이를 인정하는 데에서 찾을 수 있다. 세계에는 다양한 민족이 살고 있으며, 각 민족은 서로 다른 역사, 언어, 종교를 가지고 있다. 모두가 나와 다른 타자를 인정하고 공존의 길을 선택할 때, 그리고 강자와 다수의 이름으로 약자와 소수를 억압하지 않을 것이라는 믿음이 형성될 때, 비로소 세계는 평화로이 공존할 수 있을 것이다.

  이 책에서는 세계를 아시아, 유럽, 아프리카, 아메리카로 구분했고, 편의상 아시아를 다시 두 부분으로 나누었다. 필자들은 지구촌에서 발생하고 있는 분쟁의 배경과 원인, 그리고 진행 과정을 정리하였으며, 이 책이 지구촌에서 일어나고 있는 분쟁에 대하여 독자들의 관심을 환기시켜 주기를 기대한다. 나아가 지구촌의 분쟁을 종식하고 평화를 안착시킬 방안에 대하여 생각해 보는 기회가 되기를 바란다. 이 책의 출판을 흔쾌히 수락해 주신 푸른길의 김선기 사장님, 그리고 편집과 교정에 수고를 아끼지 않은 이선주 님을 비롯한 편집진 여러분께 감사의 말씀을 드린다.

저자를 대표하여
구동회 씀.

차례

머리말   04

1부 _ 아시아의 분쟁 [1]

- **1장 팔레스타인**   14
  유대인과 아랍인의 분쟁의 땅
- **2장 이라크와 이란**   28
  중동 지역의 패권과 석유 자원을 둘러싼 전쟁
- **3장 쿠르디스탄**   38
  나라 없는 세계 최대의 민족 쿠르드족
- **4장 아프가니스탄**   48
  소련과 미국의 격전장

2부 _ 아시아의 분쟁 [2]

- **5장 남아시아**   64
  카슈미르 분쟁과 스리랑카 내전
- **6장 인도네시아**   76
  동티모르, 아체, 파푸아의 분리 독립운동
- **7장 중국**   88
  티베트, 위구르의 독립운동
- **8장 일본**   100
  조어도, 쿠릴 열도를 둘러싼 힘겨루기

3부 _ 유럽의 분쟁

- **9장 카프카스**   114
  체첸, 남오세티아, 아브하즈의 분리 독립운동
- **10장 발칸 반도**   128
  유럽의 킬링필드 보스니아와 코소보 내전
- **11장 아일랜드**   142
  영국으로부터의 분리 독립운동
- **12장 키프로스**   154
  유럽의 마지막 분단국가

4부 _ 아프리카의 분쟁

13장 소말리아 170
분쟁에 휩싸인 세계 최빈국

14장 수단 180
다르푸르의 비극

15장 중앙아프리카 190
콩고민주공화국 · 르완다 · 부룬디 내전

16장 서아프리카 202
시에라리온의 다이아몬드 잔혹사

5부 _ 아메리카의 분쟁

17장 멕시코 216
사파티스타 봉기

18장 콜롬비아 230
반세기에 걸친 내전의 나라

참고문헌 246

찾아보기 249

부록 253

아시아의 분쟁 [1]

팔레스타인 유대인과 아랍인의 분쟁의 땅
이라크와 이란 중동 지역의 패권과 석유 자원을 둘러싼 전쟁
쿠르디스탄 나라 없는 세계 최대의 민족 쿠르드족
아프가니스탄 소련과 미국의 격전장

'중동'*이라고 불리는 서아시아 지역의 분쟁은 "진정 국제적인 정치 쟁점이 집결된 곳으로 석유, 종교, 영토, 이슬람 근본주의, 테러, 미국, 핵 확산 등 모든 키워드가 이 지역에서 작동한다(장 크리스토프 빅토르 외, 2008, 160쪽)."라는 말처럼 종교, 민족, 자원, 정치적 이해관계 등이 복잡하게 뒤얽혀 있다. 특히 중동 지역에 매장된 석유는 이 지역의 정치 지형을 형성하고 바꾸는 중요한 요소이다. 미국은 석유 자원과 중동의 전략적 중요성 때문에 이란-이라크 전쟁, 이라크의 쿠웨이트 침공, 아프가니스탄 침공, 2003년 이라크에 대한 대규모 군사 작전 등을 통해 계속 이 지역에 대한 영향력을 강화시켜왔다.

이 지역에 사는 사람들은 주로 아랍인, 페르시아인, 터키인, 쿠르드족처럼 아랍 세계의 영향을 받아 아랍화된 사람들이다. 대개 이슬람교이면서 수니파와 시아파로 나누어져 있으며 다양한 문화를 형성하고 있다.

유대인과 아랍인의 갈등 지역인 팔레스타인을 포함하여 이란과 이라크에서의 분쟁은 종교적인 갈등과 대립에서 시작되었지만 모든 것이 복잡하게 얽혀있다. 유랑 민족인 쿠르드족 문제는 쿠르드족이 독립국가를 쟁취하려는 과정에서 주변 국가와 무력 충돌이 발생한 것으로, 서아시아 지역 최대의 비극이다. 터키와 이라크, 이란 등에 흩어져 살고 있는 쿠르드족의 독립을 요구하는 무장 투쟁이 확산되면서 쿠르드족 문제는 한치 앞을 알 수 없는 시한폭탄이 되고 있다. 쿠르드족 문제는 21세기에도 해결의 실마리가 보이지 않는다. '소련의 베트남'이라고 불리는 아프가니스탄은 종교와 정치 집단 간의 갈등이 내전으로 확대되어 국제적인 문제 지역으로 등장하였다.

중동
중동은 원래 극동(極東), 근동(近東)에 대하여 그 중간 지역을 지칭하는 말로, 유럽인이 동양을 구분할 때 가까운 쪽을 근동, 먼 쪽을 중동, 극동이라고 부른 것에서 연유한다. 오늘날에는 일반적으로 아프가니스탄에서 서아시아, 아프리카의 이집트까지도 포함하고 있다.

1장 팔레스타인
유대인과 아랍인의 분쟁의 땅

이스라엘이 팔레스타인 자치 지역인 가자 지구 전역에 대한 대대적인 공습을 감행했다. 팔레스타인 무장정치조직 하마스가 즉각 보복을 다짐한 가운데 이스라엘은 지상군 투입 등 가자 지구에 대한 공격을 계속하겠다고 밝혔다.

– 경향신문, 2008. 12. 28

1967년 제3차 중동 전쟁 이후 최대 규모의 공습이 계속되고 있는 가자 지구는 아비규환 상태이다. 팔레스타인 주민들은 폭발음과 절규, 사이렌 소리 등에 뜬눈으로 밤을 지새고, 빵을 얻기 위해 긴 줄을 서야만 한다.

– 한겨레신문, 2008. 12. 30

2008년 12월 27일부터 22일째 지속된 이스라엘과 하마스의 전쟁으로 6,500여 명이 숨지거나 다치는 등 막대한 인명, 재산 피해가 발생한 것으로 파악됐다. 특히 세계에서 가장 인구밀도가 높은 팔레스타인 가자 지구(150만 명 거주)에서 이스라엘군의 무차별 살상 행위로 팔레스타인인 1,205명이 숨지고 5,300여 명이 다치는 등 팔레스타인 측에 피해가 집중됐다. 가자 지구에서 활동 중인 긴급 구호 요원들은 폭격으로 무너진 건물 잔해 속에 시신들이 깔려 있을 것으로 보고 있어 희생자 수는 더욱 늘어날 전망이다.

– 연합뉴스, 2009. 1. 18

제1차 세계대전 이후 팔레스타인 지역으로 이주해 오는 유대인이 증가했고, 1948년 이 지역에 유대인 국가 이스라엘이 세워지면서 유대인과 아랍인 간의 갈등이 심화되었다. 이스라엘은 아랍 국가들과의 전쟁을 통해 영토를 계속 확장했고, 이로 인해 팔레스타인 지역에 거주하고 있던 많은 팔레스타인 아랍인들은 난민이 되었다. 이후 팔레스타인의 폭탄 테러 공격과 이스라엘의 무차별적 보복 공격이라는 폭력의 악순환이 계속되고 있다. 팔레스타인 아랍인들은 왜 온 몸에 폭탄을 두르고 이스라엘에 저항하는 것일까? 이스라엘은 왜 팔레스타인 자치 지역인 가자 지구에 대대적인 공습을 감행했을까? 이스라엘과 팔레스타인 간의 평화에 걸림돌이 되고 있는 것은 무엇일까?

지도로 읽는 지역 분쟁

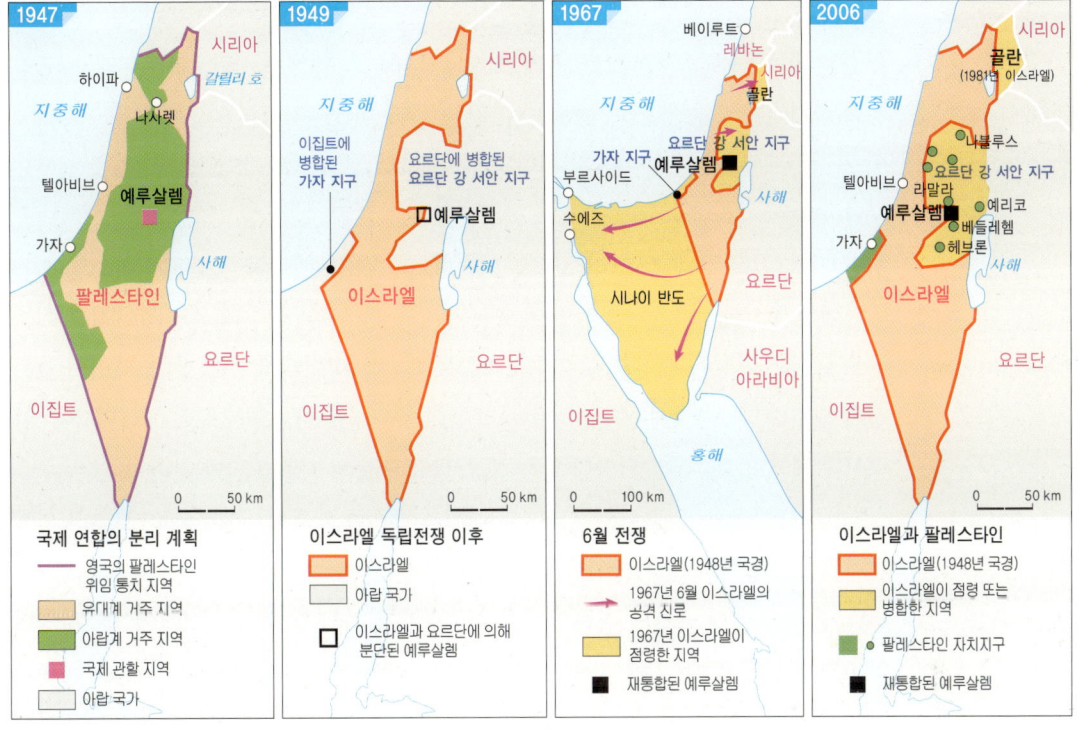

한 땅에 두 나라, 이스라엘과 팔레스타인

 주요 **인물**

야세르 아라파트(1929~2004)
Yasser Arafat
팔레스타인해방기구(PLO) 의장, 팔레스타인 자치 정부 초대 대통령.

아메드 야신(1936~2004)
Shikh Ahmed Yassin
팔레스타인 최대 무장정치조직인 하마스의 창설자이자 저항 운동의 정신적 구심점이었으나 가자 지구에서 이스라엘의 공습으로 사망.

아리엘 샤론(1928~)
Ariel Sharon
2001~2006년 이스라엘 총리. 이스라엘의 대표적인 강경보수파였으나, 실용주의 노선으로 전환함.

하나의 땅, 두 개의 나라, 60년간의 분쟁

팔레스타인(Palestine)은 지중해와 요르단 강 사이 및 그 주변 지역을 일컫는 역사적인 지명 가운데 하나로, 오랜 역사적 변동으로 그 경계가 불명확하다. 현재는 서쪽으로 지중해, 동쪽으로 요르단 강, 남쪽으로 시나이 반도와 네게브 사막, 북쪽은 레바논, 북동쪽은 시리아로 둘러싸인 지역을 가리킨다. 팔레스타인 지역의 80% 이상을 이스라엘이 차지하고 있으며, 요르단 강 서안과 가자(Gaza) 지구만이 팔레스타인 자치 정부의 구역이다.

팔레스타인은 유대교, 크리스트교, 이슬람교의 성지로, 구약 성경에서 하느님이 유대인에게 주기로 약속한 '젖과 꿀이 흐르는 땅'이다. 또한 이 지역은 지중해를 사이에 두고 유럽과 아시아를 연결하는 가교 역할을 하는 지점이어서, 항상 여러 세력의 각축장이 되었다. 특히 팔레스타인은 주변 국가의 세력 판도에 따라 이집트, 페르시아, 알렉산더 제국, 로마 제국, 비잔틴 제국, 오스만 제국 등의 지배를 받아 왔다.

제1차 세계대전 후에는 유대 국가의 건설을 약속한 영국이 국제 연맹으로부터 위임 통치권을 얻음에 따라 유대인만의 독립국가를 건설할 수 있는 계기가 마련되었다. 그러나 영국 및 서방 세계의 지원에 의한 이스라엘 국가의 건설로 이 지역에 거주하였던 약 100만 명의 팔레스타인 아랍인이 자신들의 생활 터전인 요르단 강 서안을 비롯한 팔레스타인의 여러 지역에서 쫓겨나 난민의 신세로 전락하게 되었다. 팔레스타인 아랍인의 인구에 대한 정확한 집계는 없으나, 팔레스타인에 거주하는 아랍인을 포함하여 대략 650만 명으로 추정되고 있다.

성경에 근거하여 팔레스타인 지역이 자기들의 땅이라고 주장하는 유대인과 달리, 팔레스타인 아랍인들은 이유야 어떻든 1,800여 년 전에 떠난 유대인이 연고권을 주장하며 자기들의 땅에 나라를 세운 것은 부당하다고 말한다. 그리하여 이 지역은 유대인과 팔레스타인 아랍인이 수없이 많은 분쟁을 일으킨 지구촌의 대표적인 분쟁 지역 중의 하나이며, 21세기에도 유대인과 팔레스타인 아랍인 간의 갈등과 반목의 역사는 쉽게 끝날 것 같지 않다.

디아스포라와 유대인의 수난사

팔레스타인에 유대인이 거주한 것은 매우 오랜 역사를 가지고 있다. 구약 성경에서 하느님은 유대인의 선조 아브라함에게 '가나안 땅(팔레스타인)'을 줄 것을 약속했다(창

유대교 · 크리스트교 · 이슬람교의 성지, 예루살렘(Jerusalem)

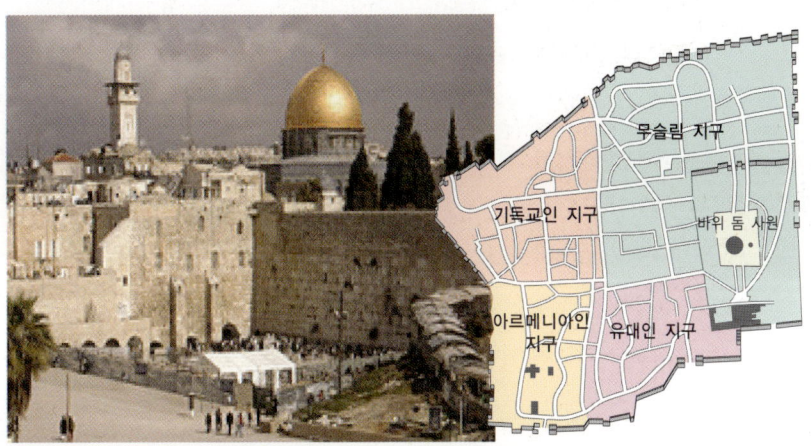

유대인의 성지 통곡의 벽, 기독교인의 성지
성묘 교회, 무슬림의 성지 바위돔 사원의 모습

동예루살렘의 역사는 유대의 다윗 왕이 처음 나라를 세운 기원전 997년까지 거슬러 올라간다. 유대인들은 이후 바빌론과 로마의 박해를 거치면서도 예루살렘을 민족의 구심점으로 삼아 왔다. 이후 예루살렘은 기원후 638년 페르시아 제국에 점령당하면서 아랍인의 땅이 되었다. 유대인들이 1948년 이스라엘을 건국할 당시 국제 연합은 '동예루살렘을 국제 관할 아래 둔다'고 결정했다. 그러나 이스라엘은 1967년 3월 제3차 중동 전쟁(6일 전쟁) 때 당시 요르단에 속해 있던 이곳을 점령해 버렸다. 점령 직후 이스라엘은 이곳을 수도라고 선언했으나 국제사회는 '이스라엘의 예루살렘 수도 선언'을 인정하지 않았다. 그래서 우리나라를 비롯한 세계 각국의 대사관이 예루살렘이 아닌 텔아비브에 있다. 성벽으로 둘러싸인 동예루살렘 구 시가지에는 유대교 성지인 통곡의 벽과 이슬람교의 창시자 마호메트가 승천한 곳으로 알려진 바위돔 사원, 그리고 예수가 십자가에 못 박혀 죽은 뒤 부활한 성묘 교회 등 3대 종교의 성지들이 위치해 있다. 그리하여 예루살렘은 이스라엘과 팔레스타인의 분쟁뿐만 아니라 중동 분쟁이 있을 때마다 논쟁의 핵심이 되어왔다. 이스라엘은 자국군 주둔의 명분을 쌓고 팔레스타인의 위협에 대한 방어막을 형성하기 위해 이 지역에 정착촌 건설을 지속적으로 추진해 왔다.

세기). 오늘날 유대인의 선조인 헤브라이인은 기원전 15세기경에 메소포타미아에서 팔레스타이으로 이주하였으며, 일부는 팔레스타인을 떠나 이집트로 이주했다가 파라오의 탄압이 심해지자 모세를 따라 팔레스타인으로 되돌아왔다(출애굽기).

이들이 세운 왕국은 기원전 11~10세기의 다윗 왕과 솔로몬 왕 때에 전성기를 맞았으나, 고대 이스라엘 시대는 기원전 586년 신바빌로니아 왕국의 침입으로 사실상 끝났다. 헤브라이인의 대부분은 신바빌로니아 왕국의 수도인 바빌론(현재의 이라크)에 강제 연행되어, 약 50년 동안 집단적으로 거주하면서 '바빌론 유수'를 견뎌야 했다.

그 후 기원전 538년 페르시아의 다리우스 1세 때 헤브라이인은 바빌론 유수에서 해방되었다. 귀환한 헤브라이인은 예루살렘의 시온 언덕에 솔로몬 왕 시대의 신전을 재건하고 과거의 제례 의식을 계승하여 유대교라는 믿음의 이데올로기를 형성하였다.

기원후 70년, 로마 제국에 의해 신전이 파괴되고 세계 각지로 흩어질 때까지, 헤브라이인들은 유대교를 매개로 민족적·종교적 공동체를 유지하여 발전시켰다. 그러나 로마 제국의 통치 시절에 유대인들은 수난과 박해를 받아 많은 유대인들이 팔레스타인을 떠나 다른 지역이나 국가로 이주했고, 이들 흩어진 유대교도를 '디아스포라(Diaspora)'라고 한다. 로마 제국하의 팔레스타인에는 유대인들이 거의 살지 않게 되었고, 유대인의 국가는 이곳에서 사라지고 말았다.

유럽에 흩어진 유대인들에 대한 차별과 억압이 본격적으로 나타나기 시작한 것은 대략 12~13세기의 십자군 운동부터이다. 당시의 가톨릭 교회는 유대교도를 차별했고, 농업과 수공업, 무역업 등의 모든 생업에서 배척하기 시작하였다. 그리하여 많은 유대인들은 생업에서 밀려나 대금업과 행상으로 생계를 유지해야 했다. 셰익스피어의 희극『베니스의 상인』에 나오는 고리 대금업자 샤일록이 유대인이라는 것도 이런 역사적 배경에서 비롯된 것이다. 그런데 가톨릭 교리에 의하면, 이자 취득은 중요한 죄에 해당하기 때문에 고리 대금업에 진출한 유대인은 사회적 멸시와 차별의 대상이 되었다.

중세 말에 유럽 전역에서는 유대인의 추방과 함께 유대인의 거주지를 특정한 지구로 한정하는 게토(Ghetto) 정책을 취했다. 게토가 유럽 전역으로 급속히 확산되면서, 많은 유대인들이 동부 유럽과 러시아 등지로 재이동하였다. 그 중 폴란드는 비교적 유대인에게 관대하여 많은 유대인이 바르샤바를 비롯한 여러 도시에 이주하여 유대 문화를 유지하였다.

18세기 후반 유럽의 여러 지역에서 민족주의 운동이 일어났는데, 이에 따라 자국 내에 거주하는 이민족, 특히 유대인에 대한 박해와 탄압이 구체화되기 시작하였다. 1881년 알렉산드르 2세가 암살되자, 러시아인들은 암살자의 배후 인물로 유대인을 지목하면서 유대인에 대한 대대적 학살인 '포그롬(Pogrom)'*을 자행하였다. 러시아에서의 유대인 박해는 주변의 동부 유럽 국가로 급속하게 확산되어, 그곳에 거주하는 많은 유대인들에게도 테러와 박해가 가해졌다. 유대인에 대한 멸시 풍조는 프랑스와 독일까지 확산되었다. 이러한 유대인에 대한 차별과 박해는 유대인들로 하여금 조국 없는 민족의 서러움을 뼈저리도록 느끼게 하였고, 유대 민족 국가 건설의 필요성과 중요성을 깨

포그롬
유대인 등에 대한 조직적인 약탈과 학살을 의미하는 러시아어

닫게 하였다.

유대인 민족주의 시오니즘의 탄생과 이스라엘의 건국

포그롬과 반유대주의의 불길이 치솟은 19세기 말, 유대교도 사이에 유럽의 민족주의, 인종주의 이데올로기들을 모방한 '시오니즘(Zionism)'*이라 불리는 운동이 탄생했다. 1897년 8월 29일 저널리스트 테오도르 헤르첼의 주도로 스위스의 바젤에서 제1회 시오니스트 회의가 열렸다. 이 날의 회의에서는 '조국 시온(팔레스타인)의 언덕으로 되돌아가 새로운 국가를 건설하자'는 바젤 선언이 채택되었다.

시오니스트의 주장에 의하면, 종교·언어 등 문화적 유산과 역사적 기억, 국토를 공유하는 것은 하나의 민족을 형성하는 데 불가결한 요소이다. 따라서 유대인이 하나의 민족이 되려면 2,000년 동안 상실한 조국과 상실한 지 오래된 모국어인 헤브라이어를 부활시켜야 했다. 이 회의를 전환점으로 헤브라이어의 부활 운동과 조국 귀환 운동을 위한 팔레스타인으로의 이주가 시작되었다. 조국 귀환 운동은 제국주의 열강, 특히 영국의 세계 분할 움직임과 때를 같이하여 추진되있는데, 이것이 오늘날의 팔레스타인 문제를 야기한 주요한 요인이다.

제1차 세계대전이 발발하면서 팔레스타인은 영국의 점령하에 들어갔다. 당시 팔레스타인 지역의 주민 대다수는 아랍인이었으며, 중동 지역의 대부분은 오스만투르크 지배하에 있었다. 이때 영국은 팔레스타인 지역에 대해 아랍인, 유대인과 각각 서로 모순되는 약속을 했다. 먼저 오스만투르크의 지배하에 있던 아랍인에게 영국에 대한 협력을 요청하면서 그 대가로 전쟁 후 아랍인 국가의 독립을 약속했는데, 이것이 '후세인-맥마흔 선언'이다. 그 이후 1917년 11월 영국의 외무 장관 밸푸어는 '영국 정부는 팔레스타인에 유대인의 국가가 설립되는 것을 적극 지지한다'는 '밸푸어 선언'을 발표하였다. 결국 아랍인들은 영국의 밸푸어 선언에 대해 심한 배신감을 갖게 되었다.

제1차 세계대전이 끝나고, 1920년에 팔레스타인은 영국의 위임 통치를 받게 되었다. 유럽에 거주하던 유대인들의 팔레스타인으로의 이주가 각국 정부의 지원으로 활발하게 진행되었다. 유대인은 팔레스타인의 토지를 현금으로 매입하여 이주

시오니즘
유대인의 국민 국가를 건설함으로써 유대 민족의 활로를 찾는 배타적 민족주의 운동이며 사상이다. '시온'은 '신이 조상 모세에게 정해준 땅'이라는 의미를 지니고 있다. 시오니즘은 오늘날 이스라엘 건국의 정신적인 모체가 되었다.

이스라엘 국기 파란색과 하얀색은 유대교 기도자의 어깨걸이를, 중앙의 별 모양은 다윗의 별이라고 하며, 이스라엘 다윗 왕의 방패를 상징한다.

를 추진했고, 이에 대해 팔레스타인 아랍인들은 강력하게 반발하였다. 팔레스타인 지역에 유대인 정착촌이 증가하면서 아랍인과 유대인 간에 수차례의 민족 분규가 일어나고 두 민족 간의 갈등이 확대되면서, 거의 30년간 팔레스타인을 위임 통치한 영국은 1947년 2월 팔레스타인 문제를 해결할 능력이 없다는 포기 선언을 하였다.

영국의 포기 선언에 따라 팔레스타인 문제는 국제 연합(UN)으로 이관되었다. 국제 연합은 팔레스타인 특별 위원회를 구성하여 표결을 통해, 팔레스타인을 두 개의 국가로 분할하는 방안*을 최종 의결하였다. 이러한 국제 연합의 결정에 대해 아랍인들은 거세게 반발하여 거부함으로써 국가의 실체를 인정받지 못했다. 그러나 유대인들은 분할에 대한 국제 연합의 결정을 수용해 1948년 5월 이스라엘 국가를 세웠다. 이로써 유대인은 1,800여 년에 걸친 오랜 방랑 생활을 청산하고 팔레스타인에 새로운 국가를 건설하게 되었다.

팔레스타인의 분할
인구 35%인 유대인에게 곡창 지대 80%와 아랍인 공장 지대 40%를 포함한 전체 영토의 65%가 할당되었고, 인구 65%인 팔레스타인 사람들에게는 척박한 토지 35%가 할당되었다.

중동 전쟁, 난민, 그리고 팔레스타인 아랍인의 저항 운동

팔레스타인 아랍인과 주변 아랍 국가의 반대 속에서 결정된 국제 연합의 일방적인 결의안은 팔레스타인 유대인과 아랍인 사이의 긴장과 물리적 대립을 야기했고, 주변 아랍 국가들의 거센 반발을 불러일으키는 계기가 되었다.

이러한 상황에서 1948년 5월 14일 이스라엘이 건국을 선언하자, 주변의 아랍 국가인 이집트와 요르단, 레바논, 시리아, 이라크 등이 이스라엘을 침공하면서 제1차 중동 전쟁이 발발하였다. 제1차 중동 전쟁은 1949년 1월 이스라엘의 일방적인 승리로 끝났고, 이스라엘은 영국이 위임 통치하던 서부 팔레스타인의 80%를 차지하게 되었다. 전쟁 과정에서 많은 팔레스타인 아랍인이 사망하였고, 100만 명의 난민이 발생하여 유대인에 대한 아랍인의 증오와 복수심은 더욱 커지게 되었다.

그 후 1956년 10월 제2차 중동 전쟁(일명 '수에즈 전쟁')으로 이스라엘은 시나이 반도의 요충지를 점령하였고, 1967년 6월 제3차 중동 전쟁(일명 '6일 전쟁')을 통해 시나이 반도, 골란 고원, 가자 지구, 요르단 강 서안 등을 확보하여 이스라엘의 영토는 약 4배 정도 확대되었다. 이스라엘은 점령지인 동예루살렘과 가자 지구 및 골란 고원에 대하여 합병 선언과 함께 이주 정책을 실시하여 유대인 정착촌을 건설하였고, 많은 아랍인들은 난민이 되어 이 지역을 떠났다. 6일 전쟁에서 패한 아랍 국가들은 1973년 10월 제4차 중동 전쟁을 일으켰다. 처음에는 소련의 원조로 군사력을 강화한 아랍 국가들이

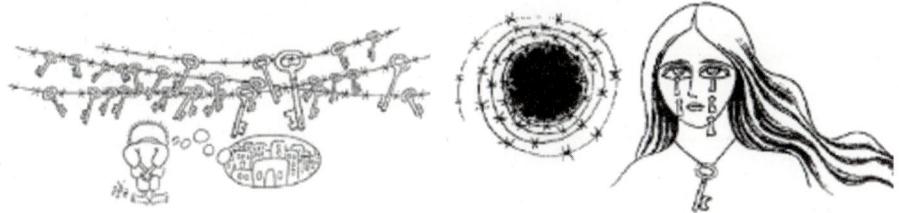

나지의 카툰_1987년 암살당한 팔레스타인의 카투니스트 '나지 알 알리(Naji Al Ali)'의 그림은 이스라엘의 점령과 그에 대항한 처절한 투쟁의 역사를 보여 준다. 그의 그림에 자주 등장하여 독자에게 뒷모습을 보이고 카툰을 바라보는 한 꼬마는 그의 조국 팔레스타인에서 추방당한 자신의 어릴 적 모습으로, 이 캐릭터에 한잘래(Hanzala: 아랍어로 '쓰라림'을 의미함)라는 이름을 붙였다. 열쇠의 이미지들은 고향의 상실을 상징한다.

승리하였으나, 곧 이스라엘의 반격을 받아 궁지에 몰리게 되자 휴전을 맺을 수밖에 없었다.

1977년 11월 미국 카터 대통령의 중재로 이스라엘의 베긴 수상과 이집트의 사다트 대통령 간에 '캠프데이비드 협정'이 체결되었다. 이 협정에서 이스라엘은 점령지였던 시나이 반도를 이집트에게 반환하는 대신, 자국의 선박이 수에즈 운하를 이용할 수 있는 권리를 부여받게 되었다.

이 협정을 기섬으로 이스라엘과 주변의 아랍 국가 간 평화가 표면적으로는 일단 정착되었다. 그러나 네 차례의 전쟁으로 발생한 팔레스타인 아랍인의 난민 문제가 해결되지 않아, 유대인과 팔레스타인 아랍인 사이의 갈등은 더욱 깊어지게 되었다.

한편 팔레스타인을 잃은 아랍인들은 잃어버린 자기들의 땅을 되찾기 위하여 다양한 지하 조직을 결성하여 투쟁 활동을 전개하였다. 이스라엘에 대한 팔레스타인 아랍인의 조직적인 투쟁 활동이 본격화된 것은 1964년 팔레스타인해방기구(PLO, Palestine Liberation Organization)가 결성되면서부터이다. 1969년 PLO의 의장으로 취임한 아라파트는 무장 투쟁 조직을 결성하고 게릴라전을 통하여 이스라엘에 끊임없이 저항하였다. 그리고 이스라엘의 지배에 반대하는 팔레스타인 아랍인의 집단적인 저항은 1987년 '인티파다(intifada)'*로 나타났다. 가자 지구의 피난민 수용소에서 시작된 인티파다는 팔레스타인 전역으로 확산되었고, 이스라엘군의 탄압으로 1,000여 명 이상의 사망자가 발생하였다.

1988년 11월 15일 PLO는 이스라엘의 점령지인 동예루살렘을 중심으로 한 요르단 강 서안 지구를 기반으로 팔레스타인 독립국가를 선언하였고, 이듬해 제네바에서 열린 국제 연

인티파다 아랍어로 '반란' 또는 '봉기'를 의미

팔레스타인 국기_검은색은 침략자에 대한 대항 정신과 어두운 역사와 과거를, 적색은 아랍인의 칼과 피를 상징하며, 녹색은 비옥한 국토를, 백색은 순결을 상징한다.

합 총회에서는 미국과 이스라엘을 제외한 회원국 다수의 지지를 얻어 독립국가로 인정받았다.

이스라엘 대 팔레스타인, 분쟁의 악순환

1991년 발생한 걸프 전쟁과 소련의 붕괴는 팔레스타인 아랍인의 독립국가 건설에 중요한 전환점이 되었다. 걸프 전쟁 때 이라크를 지지했던 PLO는 주변 아랍 국가들로부터 고립되어 심각한 위기를 맞게 되었고, 이스라엘에서는 1992년에 노동당이 집권하여 평화 협상의 돌파구가 열리게 되었다.

1993년 1월 노르웨이의 수도 오슬로에서 열린 이스라엘과 PLO 대표 간의 비밀 협상을 시작으로 팔레스타인 문제는 평화적 해결의 가능성이 열리게 되었다. 1월부터 시작된 8개월 동안의 비밀 협상은 1993년 9월 중동 평화 협정(오슬로 협정)이 체결됨으로써 완결되었다. 이 협상을 통해 유대인과 팔레스타인 아랍인 사이의 길고 긴 갈등의 역사는 마침내 해결의 실마리를 찾게 되었고, 협정의 1단계 사업으로 가자 지구와 요르단 강 서안의 예리코(Jericho)에서 팔레스타인 아랍인의 자치가 실시되었다.

1995년 9월 28일 워싱턴의 백악관에서 맺어진 제2차 중동 평화 협정에서 라빈 이스라엘 총리와 아라파트 PLO 의장은 가자 지구와 요르단 강 서안 지역에 팔레스타인 자치 정부를 출범시킨다는 데 최종 서명하였다. 그리고 중동 평화 협정에 따라 1996년 1월 20일 팔레스타인 아랍인의 자치 정부 구성을 위한 총선거가 실시되어, 야세르 아라파트 PLO 의장이 초대 대통령으로 선출되었다. 그러나 팔레스타인과 이스라엘 양쪽 모두에 합의를 반대하는 세력이 존재하였다.

1995년 11월에는 이스라엘 내의 반대파가 평화 집회에 참가하고 있던 라빈 총리를 암살하는 사건이 발생했다. 그리고 팔레스타인 자치 정부가 출범한 이후에도 하마스 등 과격 단체들에 의한 테러 행위가 여러 차례 발생하여 중동 평화 협정을 위태롭게 하기도 하였다. 그 대표적인 사례가 1996년 3월 4일에 이스라엘의 텔아비브에서 발생한 이슬람교 과격 단체인 하마스의 폭탄 테러이다. 이러한 테러 행위는 1996년 5월 실시된 이스라엘 총선거에 결정적인 영향을 미쳐 아랍 국가에 대한 강경한 입장과 시오니즘을 강조하는 정당들이 총선거에서 세력을 크게 확대하였다.

이후 양측은 1998년 10월 25일 '와이리버 협정(Wye River Memorandum)'을 체결하고, 이스라엘은 1967년에 점령한 요르단 강 서안을 팔레스타인 정부에 단계적으로 이양하기로 약속하였다. 1998년 12월까지 이스라엘의 1단계 철수가 완료되었으나, 이스라엘에 대한 팔레스타인의 적대 행위와 폭력 사태가 계속되자 이스라엘은 철수를 중단하면서 새로운 문제를 야기하였다.

1999년 5월에 새로운 총리로 선출된 노동당의 바라크는 2000년 8월에 양측 정상의 평화 협상에 실패하였고, 예루살렘의 알아크사 사원에서 팔레스타인과 이스라엘 순례자 간에 충돌이 발생하였다. 그리고 9월 29일, 아랍인 거주 지역에서 제2차 인티파다가 재개되었다. 이러한 갈등 속에서 이스라엘 측의 민간인 피해가 발생함에 따라 강경 극우파가 득세하고 국내 정치가 불안해지면서 친아랍 온건 성향의 바라크 총리는 불명예 퇴진을 하였다.

바라크 총리의 후임으로 2001년 2월에 당선된 극우파 성향의 샤론 총리는 팔레스타인에 대해 초강경 극우 정책을 취하였다. 2004년에 들어와 예루살렘 등지에서 자살폭탄 테러가 잇따라 발생하자 이에 강경하게 대처하였다. 특히 이스라엘의 가자 지구 공습으로 하마스의 지도자이자 반이스라엘 투쟁의 상징적 존재인 아메드 야신이 사망하면서, 양측 간 '피의 보복'이 한동안 계속되었다. 2004년 11월 11일 PLO의 정신적 지도자이자 정부 수반인 야세르 아라파트가 사망한 후 팔레스타인의 새 지도자로 마무드 압바스가 선출되고 이스라엘의 샤론 총리가 관계 개선의 의지를 내비치면서 중동 지역은 새로운 전기를 맞았다. 2005년 이스라엘은 가자 지구 내 유대인 정착촌의 주민을 모두 이주시키고 군 병력을 철수하며 1967년 제3차 중동 전쟁 이후 38년간의 가자 지구 점령에 종지부를 찍었다.

그러나 2006년 총선에서 승리한 팔레스타인 내 강경파인 하마스가 2007년 6월 PLO

하마스(Hamas)

온건파인 파타당(Fatah)과 대립하면서 팔레스타인 사회를 양분하고 있는 강경파로, 반이스라엘 팔레스타인 무장 저항 단체인 동시에 정당이다. 1987년 인티파다(무장 봉기)를 계기로 팔레스타인 정치에 본격 개입했다. 2006년 팔레스타인 입법의회 선거에서 파타당을 누르고 승리한 뒤 이듬해 연립 정부를 구성했으나 2007년 6월부터는 파타당을 축출하고 가자 지구를 단독 통치하고 있다. 현재 팔레스타인은 하마스의 가자 지구와 파타당의 요르단 강 서안 지구로 양분되어 있다. 하마스의 목표는 가자 지구, 요르단 강 서안 지구 등 팔레스타인 자치 지구에서 이스라엘군을 철수시켜 팔레스타인에서 이슬람 국가를 건설하는 것이다. 이스라엘과 미국, 유럽 연합은 하마스를 테러 집단으로 규정하고 있지만 팔레스타인들에게는 2006년 총선에서 압승을 거둔 합법적 무장 정치 조직이자 독립국가 창설의 희망이다. 하마스는 이슬람 저항 운동을 뜻하는 아랍어 단어의 첫 글자를 차례로 적은 것으로 '열정' 또는 '용기'를 의미한다.

의 주요 세력인 파타와의 내전 끝에 가자 지구를 점령하자, 이스라엘은 하마스 정권을 압박하기 위해 기초 생필품을 제외한 모든 물자의 출입을 봉쇄했다. 이로 인해 가자 지구 주민 150만 명 대부분은 경제 기반을 빼앗긴 채 8개 난민 캠프에서 국제 연합의 지원에 기대어 생계를 이어 갔다. 이에 하마스는 이스라엘 남부에 로켓 공격을 했고, 이스라엘도 군사 작전과 봉쇄로 대응해왔다. 2008년 6월에 이스라엘-하마스 간 정전 협정이 체결되었으나, 12월 9일 휴전 협정 만료와 하마스의 휴전 연장 불가론이 발표되었다.

다시 전쟁, 후퇴하는 평화

 2008년 12월 27일 이스라엘은 하마스가 지배하는 가자 지구를 공습했다. 가자 지구의 공습은 하마스가 이스라엘 남부 지역에 40여 발의 로켓탄과 박격포를 발사한 데 대한 보복으로 이스라엘 공군기가 폭격을 가하면서 일어났다. 이스라엘은 가자 지구를 전격 공습하고 지상전으로 확전하면서 그 목적을 하마스의 로켓 공격 중단이라고 밝혔다. 또한 강경 하마스 정권을 온건 파타 정권으로 교체해 평화 협상을 유리하게 이끌려는 의도를 가지고 있었다.

가자 지구 공습_ 무너진 하마스 정부 청사

시사상식   두 개의 팔레스타인, 하마스의 가자 지구와 파타의 요르단 강 서안

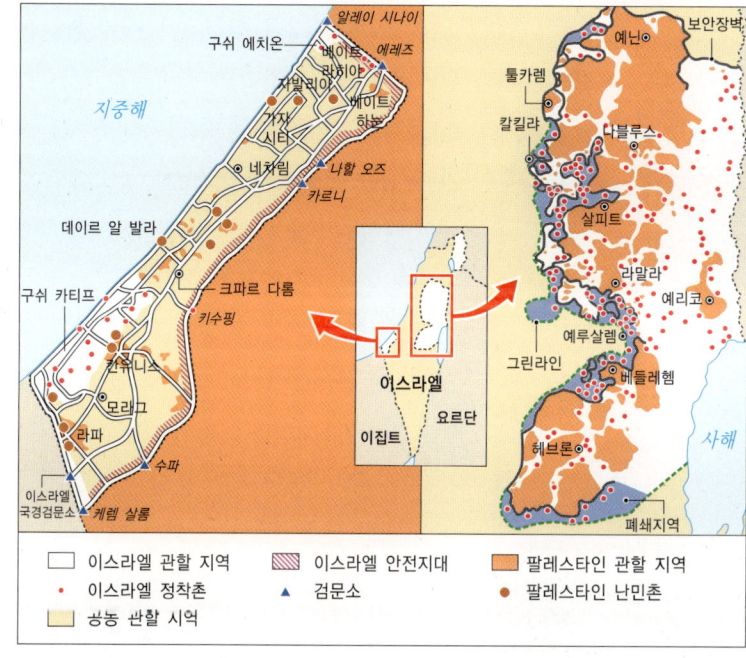

출처: 르몽드 세계사1, 2008

가자 지구(면적 360km², 인구 150만 명)

지중해 연안에 위치한 가자 지구는 요르단 강 서안과 함께 팔레스타인 자치 지역에 속하는 곳이다. 이곳에 있는 팔레스타인 사람들은 대부분 1948년 이스라엘이 창건될 당시 자신들의 마을을 떠나온 난민들로, 그들 가운데 약 50만 명은 여전히 난민 수용소에서 살고 있다. 이스라엘 건국 후 1948년 발발한 1차 중동 전쟁이 끝난 후 이집트에 귀속되었던 가자 지구는 1967년 3차 중동 전쟁 이후 이스라엘이 점령했다. 이스라엘은 2005년 가자 지구 내 21개의 유대인 정착촌 주민 7,000명을 모두 이주시키고 군 병력을 철수하며 점령에 종지부를 찍었다. 2006년 봄, 가자 지구는 팔레스타인 내부 세력들, 즉 온건파인 파타와 강경파인 하마스 당파가 격렬하게 대치하였다. 2007년 6월부터는 하마스가 독자적으로 가자 지구를 통제하게 되자 이스라엘은 가자 지구에 대한 철저한 봉쇄 조치에 들어가 '가자 지구는 하늘만 열린 감옥'이 되었다.

요르단 강 서안, 보안벽과 이스라엘 식민 정착촌(면적 5,655km², 인구 260만 명)

웨스트뱅크라고도 하며, 가자 지구와 함께 잠재적으로 팔레스타인 독립국가의 영토로 상정되어 있다. 2007년 6월 이래 이 지역은 온건파인 파타당이 이끄는 새 팔레스타인 정부가 들어서 있다. 국제사회와 이스라엘은 이 정부를 지원한다. 1993년 조인된 오슬로 협정에는 팔레스타인 자치 정부에 점진적으로 영토를 반환한다는 내용이 명시되어 있었다. 그러나 화해 절차가 지속되는 동안에도 이스라엘은 자국민의 이주를 장려해 7만 8,500명이 추가로 팔레스타인 영토에 정착했고, 이들 정착촌은 보호를 구실로 이스라엘 군사의 통제하에 놓여 있다. 한편 이스라엘은 국제법 위반이라는 국제 사회의 비난에도 불구하고 물리적으로 요르단 강 서안과 이스라엘을 가르는 분리 장벽을 건설하고 있다. 장벽은 팔레스타인 영토를 뚫고 들어와 팔레스타인 땅을 조각조각 섬으로 만들고 있다.

가자 지구 공습_이스라엘 공격에 대피하는 팔레스타인들

이스라엘 공격에 대한 규탄의 목소리_이스라엘 공격으로 사망한 팔레스타인인의 1/3이 어린이였다.

이스라엘은 국제사회의 휴전, 대화 촉구에도 불구하고 무차별 공격을 계속해 국제적 분노를 샀다. 2008년 12월 27일부터 22일 동안 지속된 이스라엘의 가자 지구 공습으로 6,500여 명이 숨지거나 다치는 등 막대한 인명, 재산 피해가 발생한 것으로 파악되었다. 이스라엘에 거액의 군사원조를 해 온 미국은 지구촌 나라들 가운데 유일하게 침공을 지지했다.

국제사회가 중재·지원해 온 평화 협상은 이스라엘이 팔레스타인에 양도할 영토의 범위와 양도 시기, 유대인과 아랍인 모두가 성지로 생각하는 예루살렘의 지위 문제, 팔레스타인 난민의 귀환 문제 등에서 합의가 이루어지지 않아 교착 상태에 빠져 있다. 또한 이스라엘과 팔레스타인에는 모두 강경파와 온건파가 존재한다. 양측 온건파는 '2개의 나라'가 공존해야 한다는 입장에 동의하고 있다. 하지만 강경파들은 상대방을 '배제 대상'으로 바라본다. 분쟁의 악순환을 끊을 수 있는 길은 이스라엘과 팔레스타인, 서로의 존재를 인정하는 2개 국가 공존안이 아닐까?

영화로 읽는 지역 분쟁

천국을 향하여 Paradise Now
하니 아부 아사드 감독 / 2005 / 프랑스, 독일, 네덜란드, 이스라엘 / 90분

이스라엘에서 태어난 팔레스타인인 하니 아부 아사드가 만든 이 영화는 자살폭탄 공격을 지시받은 두 팔레스타인 아랍 청년의 이야기다. 감독은 "나는 살인을 반대한다. 또 자살 공격이 중단되기를 바란다. 하지만 자살폭탄 공격을 수행하는 이들을 비난하지 않는다. 내게 그것은 극단적인 상황에 대한 지극히 인간적인 반응이다"라며 이 영화의 제작 배경을 설명했다. 영화는 팔레스타인의 행위를 정당화하지 않고 이스라엘의 정책들을 일방적으로 반대하거나 선전하지도 않는다.

줄거리 _ 이스라엘이 강제로 점령한 요르단 강 서안 지대, 흔히 웨스트뱅크라 불리는 이곳에는 팔레스타인인들이 숨죽인 채 살아가고 있다. 이스라엘 군인들이 곳곳을 누비고 있어 도시 전체가 '거대한 감옥'인 이곳의 삶은 척박하기 짝이 없다. 혈기 왕성한 20대 청년 사이드와 할레드가 느끼는 갑갑함은 더욱 심하다. 숨막히고 지루한 나날을 살아가던 이들은 어느 날 비밀 결사 조직으로부터 "너에게 임무가 주어졌다"는 통보를 받는다. 이들이 맡은 임무는 이스라엘의 텔아비브로 잠입해 자살폭탄 공격을 감행하는 일이다. 그러나 막상 가슴에 폭탄 띠를 두르고 이스라엘로 향하던 두 청년은 마음이 흔들리기 시작한다. 지옥 같은 현실에서 죽음과 같은 삶을 사는 것 보다는 영웅적인 죽음을 택해 천국으로 가고자 했던 그들. 그러나 과연 끊임없이 죽이고 죽고, 보복에 보복을 거듭하는 이 저항 방식이 그들이 원하던 승리를 가져다 줄 것인가. 그들에겐 다른 선택의 여지가 없는가 하는 의문들이 그들을 주저하게 한다. 죽음을 눈앞에 앞둔 48시간 동안 사이드와 할레드는 극심한 혼란과 마음의 갈등을 겪는다. 조직의 명령을 신의 뜻으로, 자살을 순교자가 누릴 마음의 평화로 인식하는 두 사람은 작전이 꼬이는 바람에 추가로 얻은 시간 동안 자신들의 행위를 돌아본다.

2장 이라크와 이란
중동 지역의 패권과 석유 자원을 둘러싼 전쟁

"미국과 연합국은 이라크 무장해제를 위한 군사 공격의 초기 단계에 돌입했다. 우리는 훌륭한 문명과 종교적 신념을 지닌 이라크 국민에 대해 존경심을 가지고 이라크에 입성했으며 위협을 제거하고 이라크를 이라크 국민의 손에 되돌려주는 것 외에 다른 야망은 없다. 우리는 대량살상무기로 평화를 위협하는 무법 정권을 내버려두지 않을 것이다."

— 조지 W 부시 미국 대통령 대국민 연설 중, 2003. 3. 19

이라크의 수도 바그다드가 함락된 지 2주년이 되는 9일 이라크 전역에서는 수만 명의 시민들이 반미 시위를 벌였다. '성공적 민주 총선'과 새 정부 출범 이후에도 이라크 국민들의 반미 감정이 수그러들지 않았음을 보여 주는 대목이다. 시아파 강경 지도자 무크타다 알 사드르를 추종하는 수만 명은 이날 바그다드 피르두스 광장에서 "미군은 이라크를 떠나라"고 외쳤다. 2년 전 크레인으로 사담 후세인의 동상을 끌어내리던 바로 그 광장에서, 시위대는 미국 대통령과 블레어 영국 총리, 그리고 후세인의 인형에 붉은 죄수복을 입히고 목에 올가미를 씌운 채 불태웠다.

— 동아일보, 2005. 4. 11

이라크 키르쿠크 인근 식당에서 자살폭탄 테러가 발생, 최소 55명이 숨지고 120명이 부상했다고 AP통신 등 주요 외신이 보도했다. 식당 내에서는 쿠르드 공무원들이 아랍 부족장들과 오찬 회동을 갖고 있는 중이었다.

— 세계일보, 2008. 12. 12

이란-이라크 전쟁, 이라크-쿠웨이트 전쟁, 이라크 전쟁 등 지난 30여 년 동안 이 지역은 평화로웠던 시기보다 전쟁에 휩싸였던 때가 더 많았다. 이라크 전쟁 이후 세계 3위의 석유 매장량을 자랑하는 이라크는 국민의 27%가 하루 2달러도 안 되는 돈으로 근근이 살아가는 곳이 되었다. 어린이 10명 가운데 1명은 돌이 되기 전에 숨지고 지방 가구의 60%와 도시 가구의 20%가 식수난을 겪고 있으며, 장티푸스와 결핵이 온 나라를 휩쓸고 있는 곳이 되었다(2004). 미국이 이라크에 진군한 지 5년이 지난 2008년에도 이라크에서의 평화는 멀어 보인다. 무엇이 이 지역을 세계의 화약고로, 분쟁과 전쟁이 끊이지 않는 곳으로 만들었을까?

지도로 읽는 지역 분쟁

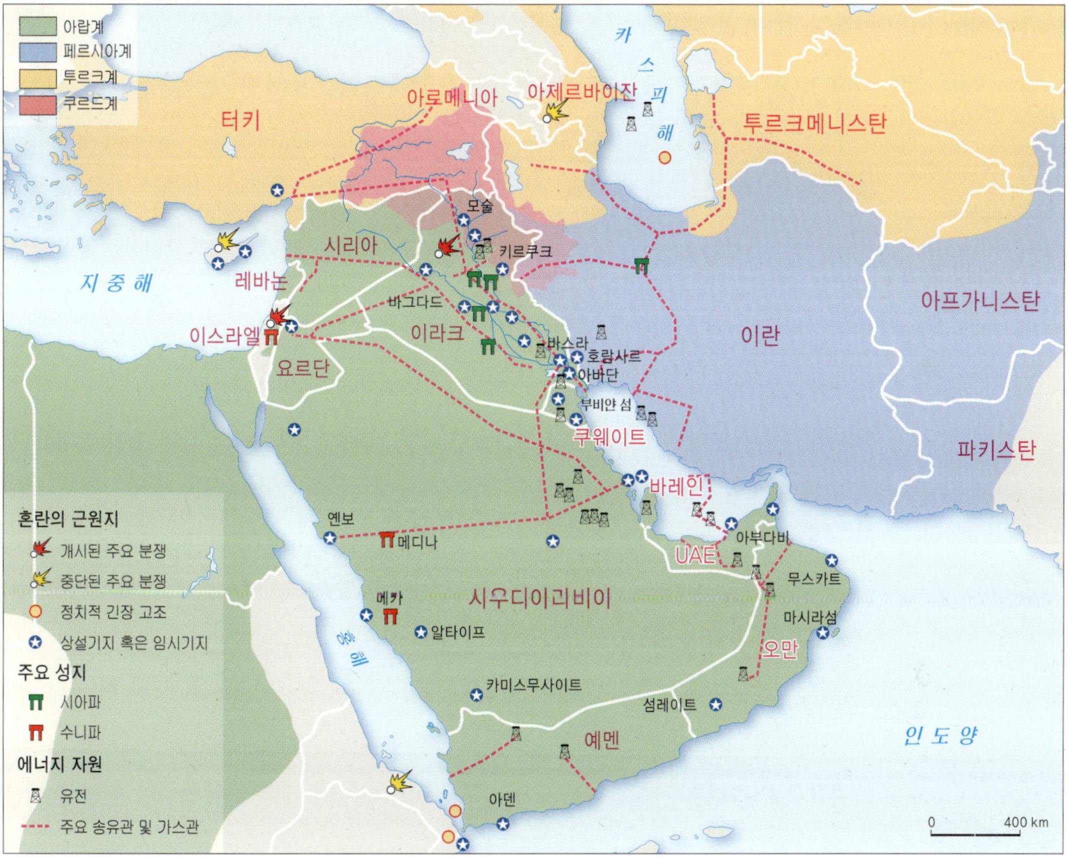

분쟁 지역 중동

범례:
- 아랍계
- 페르시아계
- 투르크계
- 쿠르드계

혼란의 근원지
- 개시된 주요 분쟁
- 중단된 주요 분쟁
- 정치적 긴장 고조
- 상설기지 혹은 임시기지

주요 성지
- 시아파
- 수니파

에너지 자원
- 유전
- 주요 송유관 및 가스관

주요 인물

사담 후세인(1937~2006)
Saddam Hussein al-Majid al-Tikriti
1979~2003년, 이라크 대통령, 2003년 이라크 전쟁 패배 후 도피 중 체포되어 사형됨.

잘랄 탈라바니(1933~)
Jalal Talabani
2005년~현재 이라크 대통령, 이라크 내 쿠르드족의 독립운동을 이끌었던 쿠르드애국동맹(PUK)의 당수였음.

이란인(페르시아인)의 나라 이란과 아랍인의 나라 이라크

수니파와 시아파
이슬람교의 여러 종파 중 다수를 이루는 주요 두 종파이다. 다수파는 수니파로 예언자 무함마드의 전통적인 사회와 법률적 관습인 순나(Sunna)를 준수한다는 이유로 정통파를 자처하며 세계에 골고루 퍼져 있다. 예언자의 사위인 알리를 추종하는 시아파는 이란에 집중적으로 분포한다.

이라크와 이란의 국경 지역은 이슬람의 양대 교파인 '수니파와 시아파'*가 섞여 사는 곳이며, 중동 지역의 3대 민족인 아랍, 이란, 터키(투르크) 민족 세력이 부딪치는 곳이다. 또 이 지역에서는 소수 민족인 쿠르드족이 끊임없이 독립운동을 벌이고 있다.

이란은 북쪽으로 아르메니아와 아제르바이잔, 투르크메니스탄을 접하고, 동쪽으로는 파키스탄과 아프가니스탄을, 서쪽으로는 터키, 이라크 등지와 경계를 이루고 있다. 평균 고도가 2천m를 넘는 산들로 둘러싸인 이란의 면적은 약 164만 3,510km²이다. 총인구의 45%가 이란인(페르시아인)으로 이루어져 있으나, 다양한 민족이 분포하기 때문에 언어 또한 다양하게 사용되고 있다. 공식 국교는 시아파 이슬람교이다.

이라크는 북쪽으로 터키, 동쪽으로 이란, 남쪽으로 사우디아라비아와 쿠웨이트, 페르시아 만과 경계를 이루고 있다. 이라크의 중앙부에는 티그리스 강과 유프라테스 강에 의해 형성된 중동 지역 최대의 충적 평야인 메소포타미아 평원이 펼쳐져 있다. 제1차 세계대전 이후 오스만 제국이 해체되면서 영국의 지배를 받다가 1932년 이라크가 탄생하였다.

이라크 인구의 약 80%는 아랍인이며 나머지 20%는 북부 쿠르디스탄 산지에 주로 거주하는 쿠르드족으로 구성되어 있다. 이라크의 종교는 이슬람교로 아랍계 수니파(20%)와 아랍계 시아파(60%) 그리고 쿠르드계 수니파(17%)로 구분된다.

이란과 이라크는 '샤트알아랍(Shatt al-Arab)' 수로에 대한 문제로 8년 전쟁을 치른

시사상식 이란인과 아랍인

이란인(페르시아인)은 아랍인, 투르크인과 함께 실크로드의 역사를 일궈 온 민족이다. 우리 눈에는 비슷한 중동 무슬림으로 비치지만 이란인과 아랍인은 민족적, 문화적으로 엄연히 다르다. 이란인은 기원전 10세기경 카스피 해 북쪽에서 내려와 정착한 아리안족이지만, 아랍인은 셈족 계통의 유목 민족이기 때문이다. 이란이란 이름 자체가 '아리안족의 땅'이란 뜻(페르시아는 서구인들이 붙인 이름으로 이란인들은 잘 쓰지 않는다)을 지닌 데서도 보이듯 이란인은 옛 페르시아 문화에 대한 민족적 자부심이 유별나다. 오랫동안 이란 고원을 번갈아 지배한 아랍·투르크에 대한 인식은 그다지 호의적이지 않으며 종도도 아랍권 소수인 시아파이다. 반면 절대다수가 주류 수니파인 아랍인들 상당수는 이란인들에 대한 경계심을 풀지 않는다. 역사적 앙금에서 생긴 민족 감정이 남아 있는 것이다.

두 민족의 미묘한 갈등은 현재도 사라지지 않았다. 아라비아 반도와 이란 고원을 가르는 인도양 내해의 명칭을 놓고 이란은 페르시아 만, 아랍 나라들은 아랍 만이라고 주장(서구에서는 그냥 '걸프(Gulf)'로 부른다)하며 아옹다옹하고 있기 때문이다.

바 있다. 이란과 이라크의 갈등은 이란인과 아랍인의 대립이라는 오랜 역사를 가지고 있으며, 배경 또한 복잡하다. 이후 쿠웨이트와 국경 문제로 30년 이상 다투어 오던 이라크는 결국 쿠웨이트를 침공하였고, 수도 쿠웨이트 시를 불과 5시간 만에 점령하였다. 그러나 미국이 주도하는 다국적군이 개입함으로써 사건의 양상은 걸프전으로 확대되었다. 비록 전쟁은 다국적군의 승리로 끝났지만 전쟁을 일으킨 후세인 정권은 붕괴되지 않았다. 후세인 정권을 전복시키기 위해 명분을 찾던 미국은 2001년 9.11테러를 기회로 이라크를 '악의 축'으로 규정하여, 이라크 내의 모든 대량살상무기(WMD, Weapons of Mass Destruction)를 폐기하고 후세인을 축출한다는 명분으로 이라크를 침공했다. 현재는 친미 과도 정권이 수립되어 있다.

중동 지역에는 세계 석유의 60% 이상이 매장되어 있다. 특히 이란과 이라크는 세계 석유 매장량의 20% 이상을 보유하고 있어 복잡한 갈등과 분쟁의 이면에 석유 자원이 자리 잡고 있다.

중동 지역의 패권을 둘러싼 이란과 이라크의 갈등

마호메트가 이슬람교를 창시하고 아라비아 반도를 통일한 후, 그의 후계자는 아랍인을 이끌고 정복의 길에 나서 637년에는 사산 왕조 페르시아를 멸망시켰다. 이후부터 이란인은 이슬람교로 개종하였으나 이란인은 아랍인의 지배에 반감을 품었고, 그 결과 비아랍인에 대한 차별을 반대하고 '신 앞에 평등'을 주장하는 시아파를 받아들이게 되

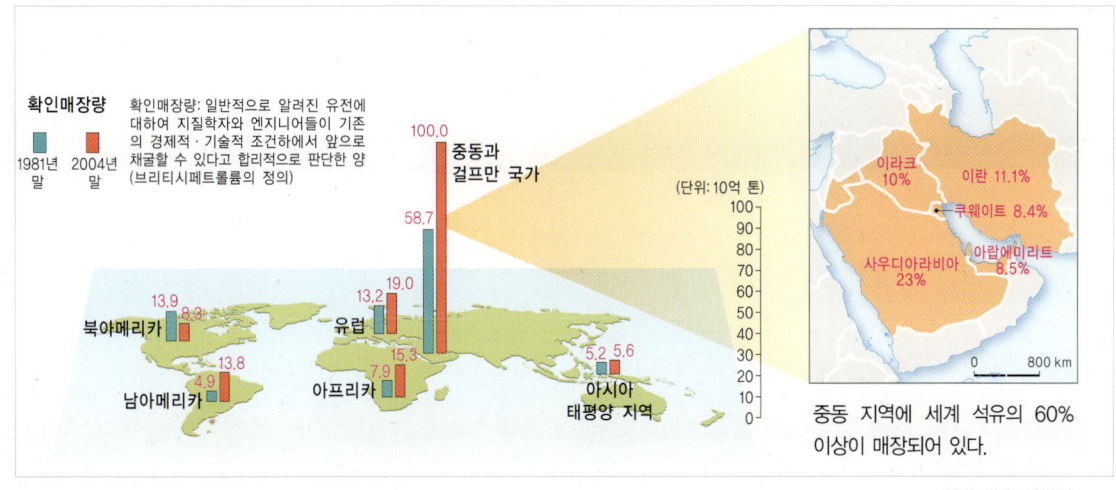

세계 석유 매장량

었다. 16세기에 이란인이 세운 사파비 왕조는 이슬람 세계 최초의 시아파 신정 국가로, 이때부터 이란은 다른 이슬람 국가에 살고 있는 소수 시아파 이슬람교도의 옹호자가 되었다. 그리하여 수니파 이슬람 국가인 오스만 제국과 시아파 이슬람 국가인 사파비 왕조는 이라크 지역을 사이에 두고 오랫동안 전쟁을 벌이기도 하였다.

한편 제1차 세계대전은 메소포타미아 지방에 대한 오스만 제국의 지배를 종식시켰다. 그 후 현재의 이라크는 영국의 지배를 받다가 1932년에 독립하였다. 이라크에는 독립 후 왕정이 수립되었는데, 1958년에 군사 쿠데타가 일어나 군사 정부가 들어섰다. 이라크의 바그다드는 중세 이슬람 제국인 아바스 왕조(750~1258)의 수도였고, 또 세계 이슬람교도의 80% 이상을 차지하고 있는 수니파의 세력이 강한 곳이다. 반면에 이라크 남부 지방은 시아파의 발생지이며, 현재도 시아파 아랍인이 다수를 이루고 있다. 그러나 전체 인구의 반이 시아파임에도 불구하고 이라크는 오스만 제국의 통치 시대부터 수니파 위주의 국가였다. 게다가 군사 정부가 들어선 이후에는 이런 현상이 더욱 두드러져 사회 상층부는 수니파 일색이 되었다. 그런데 1979년에 이란의 이슬람 혁명이 성공하자, 이에 고무된 이라크 내의 시아파가 반정부 활동을 강화하였고, 이란은 이슬람 혁명의 확산을 위해 이를 지원하였다. 이에 따라 아랍 민족주의와 사회주의에 바탕을 두고 정치와 종교의 분리를 추구하는 이라크와 이슬람 원리주의를 내세우는 이란의 대립은 피할 수 없는 것이 되었다.

1980년 9월 이라크는 이란으로부터 샤트알아랍 수로를 되찾는다는 명분을 내세워 이슬람 혁명으로 혼란해진 이란을 침공했다. 단기전을 노렸던 사담 후세인 이라크 대통령의 의도와는 달리 종교적 열정에 불타는 이란군의 사기가 매우 높아 전쟁은 장기화되었으며, 1982년에는 이란군이 이라크 영토 내로 진입하였다. 다행히 이라크에도 유리한 점이 있었는데, 그것은 이란의 이슬람 혁명이 자기 나라로 파급될 것을 두려워한 주변 아랍 국가들과 미국 등의 서방 국가들이 이란을 고립시키려 하고 있었다는 것이다. 전쟁에서 이라크가 수세에 몰리게 되자 온건 아랍 국가들과 서방 국가들은 물론 이슬람 원리주의가 자국의 이슬람교도에게 전파될 것을 우려한 소련까지 이라크를 원조함으로써 전쟁은 다년간 계속되었다.

이란-이라크 전쟁을 종결시키기 위한 다양한 중재 노력에도 불구하고, 이란이 이라크의 전쟁범죄 시인과 사담 후세인 정권 퇴진을 주장함으로써 중재안은 실패로 돌아갔다. 그러나 1987년 7월 이 지역의 원유 수송에 안전을 확보한다는 구실로 미국이 이라크를 지원하면서 직접 개입하고, 이라크가 화학 무기를 무차별 사용하여 군사적 우세

> **시사상식** 샤트알아랍(Shatt al-Arab) 수로
>
> '아랍의 강'이란 뜻을 지닌 샤트알아랍 수로는 고대 문명 발상지인 티그리스 강과 유프라테스 강이 합류하는 곳으로 길이가 190km에 이른다. 상류는 이라크 영토를 통과하지만 하류는 이란에서 흐르는 카룬 강과 합류, 이라크와 이란의 국경을 이룬다. 1639년 오스만투르크(오스만 제국)와 페르시아(사파비 왕조)는 샤트알아랍 강을 경계로 최초의 국경 조약을 맺었다. 이후 강 위에 국경선을 긋는 문제로 지금까지 국경 분쟁이 계속되고 있다.
> 이라크 입장에서 이 수로는 페르시아 만으로 통하는 유일한 출구이며, 석유 수출항인 바스라가 위치해 있어 전략적으로 중요하다. 한편 이란 입장에서도 중요한 항만 도시 호람샤르를 끼고 있어 중요하다. 그런데 1913년에 수로는 오스만투르크 영토로, 호람샤르 항 주변과 아바단 섬은 이란령으로 정한 콘스탄티노플 의정서를 체결하였다. 이후 이라크는 콘스탄티노플 의정서에 따라 수로 전체에 대한 주권을 주장하고, 이란은 국제법에 따라 수로의 중앙선을 국경으로 해야 한다고 맞서면서 이 문제는 국제 연합에서도 골칫거리가 되었다. 군사적 충돌 일보 직전까지 치달았던 양국은 1975년 수로 중앙에 국경선을 긋는 협정을 체결하면서 평화를 유지하는 듯 했다. 그러나 1980년 이라크가 이란을 침공했고, 국제 연합의 중재로 전쟁은 8년 만에 끝났지만 양측은 엄청난 인적·물적 피해로 감정의 골이 깊이 패였다.

를 보이기 시작하면서 이란은 협상에 응할 수밖에 없게 되었다. 1988년 이란은 전쟁 전의 국경선까지 철수하고 전쟁의 원인이었던 양국 간의 분쟁을 해결하기 위해 노력한다는 국제 연합의 중재안을 받아들여 8년간의 전쟁은 일단락되었다.

1980~1988년에 진행되었던 이란-이라크 전쟁의 원인은 매우 다양하지만 대략 여섯 가지로 요약할 수 있다. 즉, 양국 간에 위치하는 샤트알아랍 수로의 관할권 문제, 이란인과 아랍인 간의 대립, 인접 국가 내의 반정부 활동에 대한 교차 지원, 페르시아 만으로의 출구를 확보하려는 이라크의 노력, 이슬람 혁명을 계기로 급속히 확산된 이란의 이슬람 원리주의에 대한 경계, 페르시아 만 주변 지역에 대한 패권 경쟁 등이 그것이다.

걸프 전쟁 : 이라크의 쿠웨이트 침공

대 이란전이 끝나고 2년도 채 안된 1990년 8월 이라크는 쿠웨이트를 침공했다. 원래 이라크와 쿠웨이트는 30년간이나 국경 문제로 분쟁을 벌이고 있었다. 1932년에 독립한 이라크는 영국의 보호령으로 남아 있던 쿠웨이트를 자국 영토로 여기고 있었다. 그런데 1961년에 쿠웨이트가 독립을 선언하자 이라크는 합병을 시도하였다. 이 분쟁은 영국군의 개입으로 해결되었으나, 이후 양국은 국경 문제로 계속 마찰을 일으켰다. 이란-이라크 전쟁이 끝나자 이라크는 국경 문제를 다시 제기하였고, 이것이 결렬되자 쿠웨이트를 침공하여 불과 5시간 만에 점령하였다. 이라크는 쿠웨이트의 석유뿐 아니라

페르시아 만 북부에 있는 부비얀 섬의 통제권을 장악하여 페르시아 만에서 이라크의 관문을 넓히고자 하는 전략적 목표를 내세웠다.

그러나 미국이 개입하지 못할 것이라는 이라크의 예상과는 달리 미국은 국제 연합의 무력 사용 승인을 얻어 아랍권과 서방 국가들이 연합한 다국적군을 구성하는 등 신속하게 대응하였다. 그리고 국제 연합이 정한 이라크군의 철수 시한인 1991년 1월 15일이 지나자, 1월 17일 다국적군이 이라크를 공습함으로써 걸프 전쟁이 시작되었다. 전쟁은 불과 42일 만에 다국적군의 승리로 끝났지만 전쟁을 일으킨 후세인은 계속 권좌를 지켰다.

미국은 걸프 전쟁을 통하여 후세인을 제거할 수 있었음에도 불구하고 후세인이 사라질 경우 그를 대신해서 이라크를 확고히 통제할 수 있는 인물이 없었기 때문에 정권을 제거하지 않았다. 후세인이 몰락할 경우 수니파와 시아파의 대립 문제, 쿠르드족의 독립 문제 등 온갖 정파와 갈등 요인이 뒤얽힌 이라크는 통제 불능의 상태에 빠질 것이고, 이는 이슬람 혁명의 수출을 꾀하는 이란의 세력 증대를 가져와 이 지역의 안정을 위협할 것이었기 때문이다. 그럼에도 불구하고 이라크에는 경제봉쇄조치가 부과되었으며 그로 인해 이라크 시민들이 겪은 고통은 체제로부터 받은 고통보다 훨씬 컸다. 또한 걸프 전쟁은 냉전 시대가 끝난 후 벌어진 최초의 국제 분쟁이었다.

이라크 전쟁과 후세인 정권의 붕괴

1991년 걸프 전쟁 이후 이라크는 핵을 비롯한 생화학무기를 보유하려고 하였으며, 이런 움직임은 국제 연합 무기 사찰단을 이라크로 파견하게 하였다. 그러나 이라크는 이들의 활동을 지속적으로 방해하여 1998년 12월에 이라크에서 활동 중이던 사찰단이 철수하였다. 미국과 영국은 이라크가 대량살상무기를 제조하여 은닉하고 있기 때문에 이들 시설에 대해 대규모 공습을 전개해야 한다는 논리를 설파하였다. 1999년 12월 국제 연합 안전보장 이사회는 무기 사찰단을 다시 구성하였지만 이라크는 여전히 국제 연합 무기 사찰단의 활동을 거부했다.

한편 미국 내에는 반이라크 정서 속에서 이라

미국의 이라크 침공 반대를 위한 시민대회(서울 광화문)

크 응징론이 강하게 주장되었다. 이런 상황에서 2001년 9월 뉴욕의 대참사가 발생하였다. 미국은 뉴욕 테러가 알카에다 및 빈 라덴의 소행이고, 이들 배후에 이라크가 있다고 판단하였다. 부시* 대통령은 이라크와 이란, 북한 3개국에 대한 대량살상무기 존재 여부를 사찰하고, 이에 불복하면 선제 공격을 감행해야 한다고 강하게 주장하였다. 제1목표로 이라크를 지목하여 만약 이라크가 무기 사찰의 재개를 거부하면, 무력 침공을 감행한다는 메시지를 전달하였다.

미국의 이라크 공격 가능성이 현실화되면서, 이라크는 2002년 9월 16일 국제 연합의 무기 사찰을 무조건 수용하기로 결정했다. 그러나 미국은 이라크를 무력으로 응징하기 위해 이라크 무장해제 결의안을 국제 연합에 제출하고, 11월 8일 국제 연합 안전보장이사회는 이 결의안을 만장일치로 채택하였다. 이 결정에 의해 11월 27일 국제 연합 무기 사찰단은 이라크에 대한 무기 사찰을 재개하였고, 12월 19일 미국은 이라크의 '중대 위반'을 선언하면서 대이라크 전쟁을 위한 명분을 축적시켰다.

미국 정부는 이라크가 대량살상무기를 보유하고 있으며, 독재자 사담 후세인은 테러 조직을 지원하고 있다고 추정했다. 그리고 2003년 3월 20일 미국은 국제 연합의 결의 없이 이라크를 침공하여 4월 9일 수도 바그다드를 점령하고, 마침내 5월 1일 이라크 전쟁을 승리로 끝냈다. 그러나 이라크 침공의 명분으로 삼았던 대량살상무기가 발견되지 않음으로서 이라크 대량살상무기의 개발·보유설이 거짓으로 드러나 '명분 없는 전쟁'에 미국을 포함한 전세계적 반대가 높아졌다. 이에 '중동 민주화론'으로 점령을 합리화하려 했다. 중동 지배와 석유 장악을 위한 제국주의적 기획을 민주주의 확산으로 포장한 것이다. 이 또한 중동 여러 나라를 비롯한 지구촌의 거센 반발에 부닥치자 얼마 전부터는 '대안 부재론'을 내세우고 있다. 문제는 일부 인정하지만 미군이 철수하면 사태가 더 나빠질 터이므로 점령을 계속할 수밖에 없다는 것이다. 결국 미국이 이라크의 석유 자원에 대한 우선권을 확보하고 중동 지역에 대한 영향력을 행사하기 위해 전쟁을 일으켰다는 것이 대체적인 분석이다.

끝날 줄 모르는 이라크 전쟁 : 한 국가에 세 공동체

20세기 초 이라크가 창설되었을 때, 새로운 국경 안의 북부에는 쿠르드족, 중앙에는 수니파 아랍인, 남동부에는 시아파 아랍인이 있었다. 이 세 공동체는 하나의 영토에 모였지만 공동의 정치의식이 없었다. 그런데 수니파인 후세인 정권의 몰락으로 그동안

부시
부시 미국 대통령은 2002년 1월 29일 연설에서 이라크, 이란, 북한을 "국제테러 지원, 대량살상무기 개발, 억압적 체제를 갖는 나라"로 국제사회에 위협이 되는 "악의 축(axis of evil)"으로 지명했다.

억눌려 있던 이라크 내 종족 및 종파 간의 갈등이 분출되면서 종족 및 종교의 파벌 간 대립이 극심해지고, 지역이 분할되는 양상을 보이고 있다.

기존의 기득권 세력인 수니파 강경 그룹은 미군 점령 이후 2005년 12월 총선으로 시아파 주도의 누리 알 말리키 정부가 들어서자 이를 '친미 괴뢰 정부'로 몰아붙이며 반정부 무장 투쟁을 전개하였다. 여기에 이라크 북부의 쿠르드 정파는 유전 지대인 키르쿠크 지역을 자치주에 편입시키려는 움직임을 보이며 시아, 수니파 모두와 대립하고 있다. 이라크 새 정부는 국민 통합을 내세우며 정치적 안정을 꾀하고 있지만 권력 기반이 취약한 탓에 이라크 3대 세력인 시아파와 수니파, 쿠르드파의 종교적·정치적 갈등과 이권 다툼을 제어하지 못하고 있다. 현재는 수니파 저항세력이 시아파의 종교 행사장 등에서 자살 폭탄 테러를 자행하면 시아파 강경 그룹이 보복하는 일이 매일 반복되고, 심지어는 집권 세력인 시아파 내부에서조차 친미파와 반미파로 나뉘어 노선 투쟁을 벌이고 있다.

이라크의 이러한 복잡한 정국 구도는 종파 분쟁과 석유 이권이 맞물려 있다. 미국은 효율적인 통치와 석유 자원 확보를 위해 이라크를 북부 쿠르드, 남부 시아파, 중서부 수니파 등 3개의 자치 지역으로 쪼개는 연방제를 구상했다. 그런데 북부에는 키르쿠크, 남부에는 바스라라는 거대한 유전 지대가 있는 것과 달리 중서부에는 유전 지대가 없다. 권력과 자원으로부터 소외된 수니파 일부는 극단적 무장 저항을 벌이고 있다.

미군 점령 5년 동안 폭력 사태로 살해된 이라크 민간인 수를 약 9만 명으로 추산한다. 이라크 인구 5명 중 1명꼴인 470만 명이 목숨을 부지하기 위해 집을 떠나 국내 또는 시리아와 요르단 등에서 난민 생활을 하고 있다. 이라크에는 언제나 평화가 찾아올까?

이라크의 종파 및 종족 분포와 석유 분포

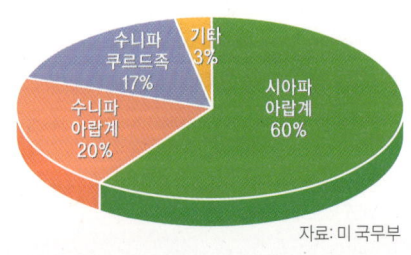

이라크의 종파 종족별 구성비

영화로 읽는 지역 분쟁

하디타 전투 Battle For Haditha
닉 브룸필드 감독 / 2007 / 영국 / 93분

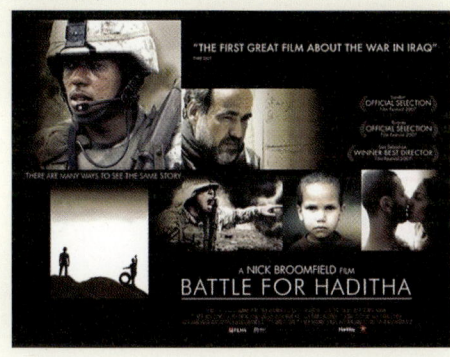

영국 다큐멘터리 감독인 닉 브룸필드의 이 영화는 2005년 11월 19일 이라크의 한 마을인 하디타에서 미국 해병대가 실제로 자행한 양민 학살 사건을 재구성한 영화이다. 미국에서는 상영금지처분을 받았지만 토론토 국제영화제와 런던 국제영화제에 출품되었고 성 세바스찬 영화제(San Sebastian Film Festival)에서는 우수 감독상을 받았다. 또한 전쟁의 두 당사자인 미국과 이라크가 자국의 국민들을 죽음으로 내모는 과정을 보여줌으로써 조국을 위해 스스로 입대한 해병대원들이나 송교석 신념이나 분노에 의해서 테러리스트가 된 이라크인들을 언뜻 보기에는 스스로 선택한 것처럼 보이지만 결국 배후에 의해 이용당하는 것일 뿐이라는 사실을 보여 준다.

줄거리_ 이라크 서부의 작은 마을 하디타를 순찰하던 미 해병대가 무장단체의 폭탄 공격으로 해병대원 1명이 죽고 2명이 크게 부상당한다. 그들은 테러 현장 옆을 지나던 택시를 멈춰 세우고 운전기사와 승객 4명을 끌어내어 사살하고 마을의 세 가구를 돌며 19명의 무고한 시민들을 무차별적으로 학살한다. 희생된 사람들 중에는 갓난아이와 6살 어린아이도 포함되어 있었다. 영화는 이 사건의 하루 전으로 돌아가 전쟁터에서 미 해병대원들의 일상, 전쟁과 무관한 삶을 살아가려는 희생자들의 하루, 그리고 해병대에 공격을 가했던 두 이라크인의 하루를 보여 준다. 학살을 자행한 해병대원도, 피해자도, 폭탄 테러범도 전쟁이 없었다면 행복한 삶을 살았을 것이다.

무장단체의 우두머리로 보이는 이는 미군들이 자행한 학살을 캠코더로 기록한다. 피바람이 몰아친 뒤, 가족들 중에 유일하게 살아남은 한 소녀의 인터뷰와 참혹한 시체의 모습을 담는다. 이것을 마을 사람들에게 보여 주고 분노를 유발해서 신의 이름으로 싸울 것을 종용한다.

미국도 마찬가지다. 영화는 마치 판옵티콘처럼 인공위성을 통해서 이라크뿐만 아니라 해병대도 감시하는 군당국의 모습을 여러 차례 보여 준다. 사건 이후, 치열한 전투가 있었다고 전했지만 사실 전투는 없었고 오직 일방적인 학살만이 있었을 뿐이었다. 결국 진실이 드러나자 현장을 지휘했던 해병대 병사들을 살인죄로 기소하는 것으로 사건을 마무리했다.

3장 쿠르디스탄
나라 없는 세계 최대의 민족 쿠르드족

터키 지상군이 무장단체인 쿠르드노동자당(PKK) 소탕을 명분으로 21일 오후 7시 북부 이라크 국경을 넘었다고 AP통신이 22일 보도했다. 이라크 주둔 미군 대변인 그레고리 스미스 준장은 "미국은 터키가 테러범들로부터 방어할 권리가 있음을 지지해 왔다"고 밝혔다. 반면 유럽 연합(EU) 집행위원회 측은 "터키는 부적절한 군사 행동을 중단하고 인권과 법률을 존중해야 한다"고 비난했다. – 동아일보, 2008. 2. 23

쿠르드 반군이 19일 터키 정부군을 공격해 23명이 사망했으며, 이에 대한 보복으로 터키 공군이 이라크 북부의 쿠르드 반군 진지를 공습했다고 터키군이 발표했다. 터키의 아나돌루통신은 이날 전투에서 반군 12명, 터키 정부군 9명이 사망했으며 다른 터키군 2명은 반군을 추적하는 과정에서 지뢰 폭발로 목숨을 잃었다고 보도했다. 쿠르드노동자당의 군사 조직으로 터키-이라크 접경의 산악 지대에 은신하고 있는 쿠르드 반군은 '치고 빠지기 식' 게릴라전으로 터키군을 괴롭히고 있다. 반군 중 약 4천 명은 이라크 북부에, 약 2천 500명은 터키 남동부에서 활동하고 있다. – 연합뉴스, 2010. 6. 20

'중동의 집시'라는 별명을 가진 쿠르드족은 4천 년이라는 오랜 역사를 가졌지만, 나라 없는 세계 최대의 유랑 민족이다. 인구 3천만 명이 넘는 쿠르드족은 고유한 언어를 사용하며, 터키의 동부를 비롯하여 이란, 이라크, 시리아, 아르메니아, 그루지야 등지에 흩어져 살고 있다. 제1차 세계대전 이후 오늘날까지 이들은 쿠르드족의 독립국가를 세우기 위해 무장 독립 투쟁을 벌이면서 인접 국가들과 많은 갈등을 일으키고 있다. 그럼에도 불구하고 쿠르드족이 독립된 국가를 세우지 못하고 있는 이유는 무엇 때문일까?

지도로 읽는 지역 분쟁

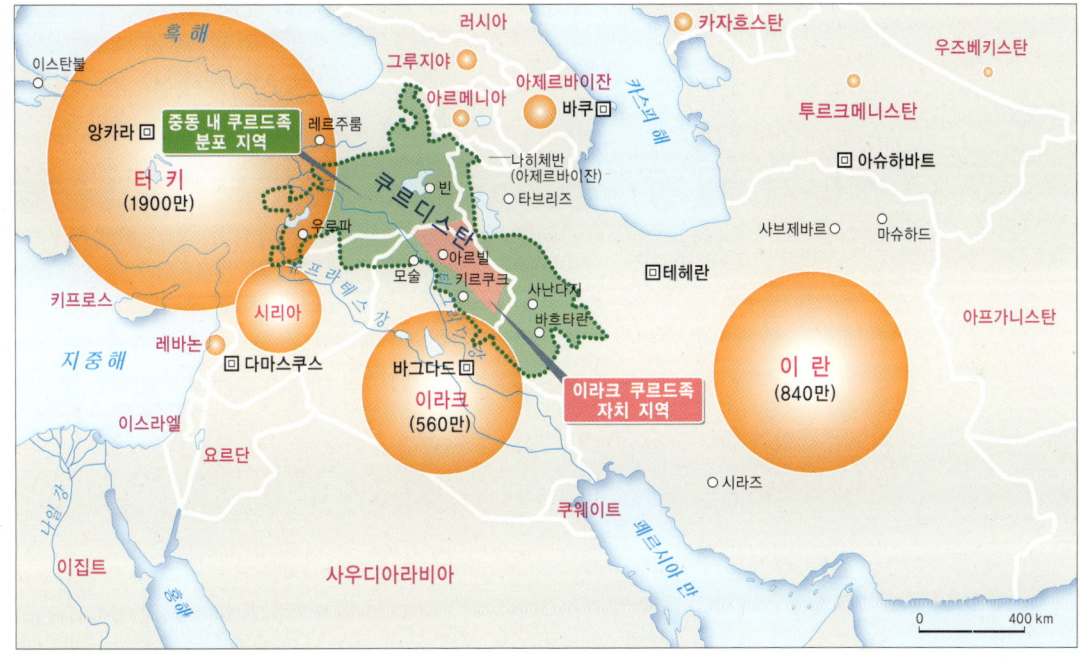

쿠르드족의 거주지와 주변 국가들

 주요 **인물**

압둘라 오잘란(1949~)
Abdullah Ocalan

터키 내 쿠르드 반군 지도자. 쿠르드노동자당(PKK)을 결성하여 20여 년 동안 쿠르드족의 독립을 위한 무력 투쟁을 이끎. 1999년 터키 특수부대에 체포됨.

마수드 바르자니(1946~)
Massoud Barzani

1979년 이후 쿠르드민주당(KDP)의 당수로 현재 이라크 내 쿠르드 자치 정부의 대통령.

아시아의 분쟁 [1] **39**

쿠르드족의 거주지 "쿠르디스탄"

쿠르드족은 터키의 아나톨리아 고원과 아르메니아의 카프카스 산맥, 그리고 이란의 엘부르즈 산맥과 이란 고원의 중앙부에 해당하는 산악 지역에 집중적으로 거주하고 있다. 그래서 쿠르드족이 살고 있는 고도 3,000m의 고원 및 산악 지역을 '쿠르디스탄(Kurdistan)'이라고 부르고 있다.

기원전 2000년경 고대 수메르인의 기록에서 '쿠르드'와 비슷한 이름을 가진 산악 부족들이 자주 언급되는 것을 통하여 쿠르드족의 선조들은 약 4천 년 동안 현재의 거주 지역에서 농경 및 유목 생활을 하며 살았던 것으로 추정된다. 인종적으로 코카서스 인종의 셈계에 속하며, 구체적으로는 이란계 백인에 해당한다. 쿠르드족의 언어는 인도-유럽 어족에 해당하는 페르시아어계에 속하며, 99%가 이슬람교를 신봉하는데 그중에서도 수니파가 대다수를 점하고 있다.

전통적으로 쿠르드족은 부족 단위의 유목 생활을 해 왔으며, 강한 통치권을 가진 부족장 아가의 지배를 받았다. 지금은 도시화의 영향과 주변 국가의 동화 정책 등으로 부족의 형태는 거의 소멸되었으나, 일부 고립된 산악 지대에서는 부족 단위로 생활하는 경우도 있다. 인구는 현재 약 3천만 명 정도이며 쿠르디스탄을 중심으로 터키에 약 1900만 명, 이란에 840만 명, 이라크에 560만 명, 그리고 나머지는 시리아, 레바논, 아르메니아, 아제르바이잔 등에 흩어져 있다. 산악 지대가 갖는 지형적 한계와 전통적인 부족 생활로 통합된 국가 건설에 어려움이 있지만, 이들이 수천 년 동안 국가 없는 민족이 된 것은 주변 국가들의 흥망과 서구 제국주의의 식민지 유산 때문이다. 오늘날 쿠르디스탄의 대부분이 정치적으로 터키의 영토에 해당하고, 그곳에 쿠르드인의 50% 이상이 살고 있어 쿠르드족의 독립 문제는 터키의 가장 큰 이슈가 되고 있다.

방랑과 탄압으로 얼룩진 쿠르드 민족사

쿠르드족은 수천 년 동안 언어적·문화적 독자성을 유지해 오는 등 민족적 주체성이 강함에도 불구하고, 그 역사는 거의 언제나 타민족의 침략과 지배를 받는 종속의 역사였다. 기원전 이란계인 파르티아 왕국과 사산 왕조 페르시아의 지배를 받았고, 7세기 중엽에는 이슬람 제국에 합병되어 옴미아드 왕조(661~750), 아바스 왕조(750~1258)의 지배를 받았다. 아랍인에게 정복되면서 쿠르드족은 이슬람교를 믿게 되었다.

10세기 후반 아바스 왕조의 칼리프 정권이 통치 능력을 잃으면서 쿠르드계의 지방 정권이 성립하였으나, 셀주크투르크에 의해 멸망되었다. 그 후 쿠르드족은 몽고 제국의 침입을 받았고, 16세기 이후에는 오스만 제국의 지배하에 놓이게 되었다. 17세기에는 쿠르디스탄 서부의 2/3가 오스만 제국의 영토가 되었고, 동부의 1/3이 이란의 영토가 되면서 쿠르드족은 두 나라에 나뉘어 살기 시작하였다.

제1차 세계대전이 끝나고 오스만 제국이 해체되면서, 미국의 윌슨 대통령이 발표한 민족자결주의 원칙에 힘입어 쿠르드족 민족주의자들은 쿠르디스탄 국가를 수립할 수 있다는 희망을 갖게 되었다. 그러나 제1차 세계대전 이후 서구 열강들의 이해관계에 따라 그어진 중동의 정치적 국경선은 쿠르디스탄 지역을 더욱 세분하는 결과를 가져왔다. 쿠르드족 민족주의자들은 여러 차례의 무장 투쟁을 통해서 독자적인 국가를 수립하려고 노력하였으나, 주변 국가들의 무력에 의해 번번이 좌절되었다.

제2차 세계대전 직후 소련이 점령하고 있던 이란 영토의 쿠르드족이 소련의 지원을 받아 쿠르드인민공화국*을 수립하였으나 소련군의 철수로 11개월 만에 좌초되고 말았다. 그 후 오늘날까지 쿠르디스탄에 거주하는 쿠르드족은 중동 지역의 국제 정세 변화 속에서 각 국가들의 이해관계에 따라 이용당하거나 탄압을 받았다.

쿠르드인민공화국
1946년 이란 마하바드에 세워졌던 역사상 유일한 쿠르드족의 국가이다.

터키에서의 민족 운동

쿠르드족이 가장 많이 살고, 가장 처절한 전투를 벌이고 있는 국가는 터키이다. 터키의 동남부에는 쿠르드족의 약 55%(터키 전체 인구의 약 25%)가 거주하고 있다. 쿠르드가 터키와 앙숙이 된 건 제1차 세계대전이 끝난 약 90년 전으로, 당시 쿠르드를 지배한 오스만 제국이 전쟁에서 패하자 승자인 연합군은 오스만을 쪼개 쿠르디스탄을 건국하기로 했다. 그러나 1920년 터키공화국의 출범과 함께 무스타파 케말 정권은 쿠르드족의 자치를 인정하지 않았고, 쿠르드인들은 적극적으로 저항했다. 1930년대에는 쿠르드 이주법이 제정되었고, 쿠르드 유목민에 대한 이주 정책을 강행하여 많은 유목 공동체를 파괴시켰다. 1950년대와 1960년대에는 쿠르드족에 대한 민족말살정책이 추진되어 언어 사용 및 민족의상 착용이 금지되고, 교육의 기회와 같은 권리가 박탈되었다.

이러한 터키의 탄압에 대항하여 쿠르드족은 1978년 지도자 압둘라 오잘란을 중심으로 쿠르드노동자당(PKK, Partia Karkaren Kurdistan)을 결성하여 시리아와 그리스의 지원을 받으며 터키 정부군을 상대로 독립 투쟁을 벌였다. PKK는 1984년부터 본격적인 무장 투쟁을 전개하였는데, 터키 정부와의 내전으로 약 3만 7000명의 희생자를 냈고, 정부는 3,700개의 쿠르드 마을을 파괴하고, 200만 명의 난민을 발생시켰다. PKK의 지도자 압둘라 오잘란은 1999년 2월 케냐에서 체포되어 터키로 송환되었다.

그러나 2008년 12월 초 터키와 쿠르드 반군 교전에서는 50여 명이 죽었고, 터키는 2009년 1월에도 이라크 북부의 쿠르드 반군 은신처를 1시간 동안 폭격하는 등 분쟁은 계속되고 있다. 또한 터키는 PKK 소탕을 이유로 걸핏하면 이라크 국경을 넘는다. 주권 침해 소지가 다분한데도 이라크 정부는 이를 짐짓 모르는 체하고 있다. 터키 정부의 쿠르드족에 대한 대대적인 탄압은 미국의 원조와 밀접한 관련이 있다. 터키는 미국의 전략적 동맹국이기 때문에 상당한 군사원조를 받아왔는데, 터키군 장비의 약 80%를 미국이 제공했다.

이란과 이라크에서의 민족 운동

터키가 쿠르드족을 철저하게 탄압하고 차별하는 정책을 취하는 반면, 이란은 쿠르드족을 동화시키려는 유화 정책을 펴고 있다. 그러나 수니파인 이란의 쿠르드족은 이란

쿠르드족 문제를 둘러싼 터키의 국론 분열

1999년 쿠르드족 반군 지도자인 압둘라 오잘란이 체포된 이후에도 쿠르드족에 대한 그의 영향력은 여전히 줄지 않고 있다. 오잘란은 종신형을 선고받고 현재 이스탄불 남부의 임랄리 섬 교도소 독방에 수감 중이지만 쿠르드족의 독립과 자치를 향한 그의 의지와 생각은 아직도 그가 창설한 쿠르드노동자당(PKK) 게릴라들에 전달되고 있다. 그가 케냐 나이로비에서 체포된 매년 2월 중순이면 터키 남동부 쿠르드족 거주지역은 그의 석방을 요구하는 시위가 끊이지 않고 있어 그가 여전히 쿠르드족의 투쟁에 상징적인 인물임을 시사한다.

반군 지도자 압둘라 오잘란의 사진이 담긴 포스터를 들고 시위하는 쿠르드족

오잘란은 1980년대 초반 PKK를 창설한 뒤 시리아를 거점으로 터키 정부를 상대로 한 무력 투쟁을 주도했으나, 오잘란을 계속 체류시킬 경우 군사 공격을 가하겠다는 터키의 위협에 시리아를 떠나 그리스, 러시아, 이탈리아 등을 떠돌다가 결국 1999년 2월 16일 케냐에서 터키 정부가 보낸 특공대에 의해 체포되었다.

-연합뉴스, 2009. 2. 10

의 시아파 이슬람교도들에 의해 종교적인 박해를 받고 있다. 이란의 쿠르드족 역시 이란 혁명 이후 지금까지 자치권 확보를 위해 무장 투쟁을 전개하고 있다.

이란과 이라크에서의 쿠르드족 독립운동은 이란과 이라크 양국의 정치 관계에 영향을 받았고, 각국 내의 쿠르드 민족은 많은 수모를 겪어야만 했다. 1960년대 후반에는 이란이 이라크의 약화를 목적으로 이라크 내 쿠르드족을 지원하였으나, 1975년 알제리 협정을 통해 이란과 이라크 모두 쿠르드족에 대한 지원 중단에 합의를 하는 등 쿠르드족 문제가 양국 간의 갈등에 이용되었다.

이라크의 북부 지역에 거주하고 있던 쿠르드족은 1960년대 말부터 1970년대 중반까지 이라크 정부와 격렬한 내전을 전개하였다. 그래서 1970년 이라크의 바스당 정부는 매우 제한된 것이기는 하지만 쿠르드족에게 자치권을 부여하기도 하였다.

그러나 1980년 이란과 이라크의 전쟁이 발발하자 이라크 내의 쿠르드족은 이란의 지원을 받아 게릴라 활동을 전개하였다. 그 결과 이란·이라크 전쟁이 끝난 직후인 1988년 이라크는 쿠르드족의 거주지인 북부 이라크 지역에 독가스를 살포하여 많은 쿠르드족을 학살하였다. 이란과 이라크 간의 8년 전쟁에 대한 휴전이 선포된 다음 날인 1988년 7월 이라크는 이란과 대치하던 병력을 이라크 북부로 이동시켜 쿠르드족에 대한 대대적인 토벌을 단행했다. 8년 전쟁 중에 이란을 지지했다는 이유 때문이었다. 이라크의 화학무기 살포로 5천여 명의 사상자가 발생했고, 이라크 북부에 거주하였던 많은 쿠르드족이 인접한 터키와 이란으로 이주하여 난민 생활을 하게 되었다. 10만여 명은 터키로, 2만여 명은 이란으로 대피하였다. 당시의 후세인 정권은 쿠르드족이 떠난 지역에 이라크인들을 이주시키는 정책을 실시하였다.

이라크의 쿠르드인 탄압은 국제사회의 거센 비난을 받았으며 국제 연합은 미국 주도 하에 인도적 목적을 위한 무력 개입을 시도하고 무기와 각종 물자의 수입과 수출을 금지하는 금수안을 통과시켰다. 그러나 미국은 터키의 쿠르드인 탄압에 대해서는 냉담한 태도를 취하고 지난 10년간 터키에 10억 달러 이상의 무기를 판매했다. 터키가 수입한 많은 무기들은 산악 지형에 유리한 것으로 쿠르드인 공격에 쓰이고 있다.

한편 1991년 걸프전에서 승리한 미국은 이라크의 북위 36도 이북 지역을 비행 금지 구역

쿠르드족 출신 게릴라들의 군사훈련

으로 설정하여 이라크군의 군사 활동을 억제하고, 쿠르드족의 안전지대를 일방적으로 설정하여 이라크군의 공격으로부터 쿠르드족을 보호하는 정책을 취하였다. 1992년 5월에는 이라크와 별도의 정부를 출범시키기 위한 총선을 실시하여 쿠르디스탄 자치 정부를 수립하였다. 그러나 쿠르드족 내의 쿠르드민주당(KDP, Kurdistan Democratic Party)과 쿠르드애국동맹(PUK, Patriotic Democratic Party) 간의 권력 투쟁은 사담 후세인의 개입을 초래했다. 1996년 이란의 지원을 받은 쿠르드 애국동맹과 후세인에게 지원을 요청한 쿠르드민주당의 전투로 100만 명 이상의 쿠르드족 난민이 발생했다.

쿠르드족 독립국가 건설의 걸림돌 : 내부 분열과 강대국의 이해관계

이라크의 쿠르드 정파
현재 마수드 바르자니 쿠르드 자치 정부 대통령이 이끄는 쿠르드민주당(KDP)과 잘랄 탈라바니 이라크 대통령이 이끄는 쿠르드애국동맹(PUK)이 주축을 이룬다.

쿠르드 반군 단체에는 친이라크계인 쿠르드민주당(KDP)과 친이란계인 쿠르드애국동맹(PUK)의 양대 세력과, 터키에 근거지를 둔 쿠르드노동자당(PKK) 등의 정치 조직*이 있다. PUK는 1975년 도시 지역에서의 토지 분배와 지주 및 부족 지도자의 권한을 억제하는 정책의 사회주의 노선을 취하며 결성되었는데, 이러한 PUK의 활동은 쿠르드 부족 전통에 충실한 KDP와 잦은 노선 마찰을 일으켰다. 걸프전 때에는 KDP와 PUK가 힘을 합쳐 이라크에 저항하였다. 그러나 1992년 5월 자치 정부를 구성하기 위한 선거를 치르면서 두 세력 간의 갈등이 시작되었고, 그 후 약 1년 동안이나 영역 확대를 위한 싸움을 전개하였다. 이러한 상황에서 1995년 8월에는 터키에 기반을 둔 PKK가 KDP를 공격하는 등 동족상잔의 싸움에 끼어들어 쿠르드족의 독립운동을 더욱 복잡하게 하고 있다.

2000년 7월에는 PKK 반군 지도자인 압둘라 오잘란이 체포되면서 세력이 급격히 약화된 PKK가 이라크 북부 지역으로 거점을 옮기면서 이라크계인 KDP와 충돌하여 동족상잔의 비극이 벌어졌다. 또한 터키 정부와 서로 적대 관계에 있었던 이란계의 PUK가 독립국가 포기를 선언하면서 PKK와 갈등 관계를 형성하였다. 특히 미국 및 서유럽 국가들로부터 테러 조직으로 지탄을 받은 PKK가 2002년 4월부터 공식 명칭을 '쿠르드자유민주회의(KADEK)'로 개정하고, 쿠르드족의 권리를 찾기 위한 투쟁 전략을 무장 투쟁에서 평화적 투쟁으로 전환할 것을 선언하면서, 터키계 쿠르드족의 분리주의 운동은 새로운 국면을 맞았다.

이런 상황에서 2003년 미국의 이라크 침공과 후세인 정권의 제거 작전에 결정적인 역할을 한 세력이 이라크 북부에 거주하고 있는 KDP계 세력이다. 후세인의 쿠르드족 말살 정책에 대항해 오던 이라크 북부의 쿠르드족 지도자들은 후세인 정권의 전복을 위해 미국에 적극 협력하였다. 미국의 이라크 침공 과정에서 모술과 키르쿠크 등지의 북부 지역은 전략적으로 매우 중요한 지역이었다. 미군은 이곳에서 활동하던 쿠르드족 민병대를 끌어들여, 2003년 3월에 미군과 협동 작전으로 바그다드를 점령하고 후세인 정권을 붕괴시켰다. 현재 쿠르드족은 미군과 함께 유전 지대로 유명한 이라크 북부의 키르쿠크 일대를 점령하고 있고, 우리나라의 자이툰 부대가 파견된 곳도 바로 이 지역이다.

후세인 정권의 붕괴 이후, 새로운 이라크 정권 수립에 골몰하고 있는 미국은 시아파 지도자들과 함께 전후 이라크 건설 회의에서 쿠르드족 처리 문제를 논의하였다. 그러나 쿠르드족만의 독립국가 건설보다는 통합 이라크에서 자치권을 행사하는 지방 정부로서 이라크를 구성하는 것이 바람직스럽다는 의견이 지배적이다. 이런 여건에서 2005

석유의 땅 키르쿠크

'기름 위에 떠 있는 도시'라는 이라크 북부 최대 유전 지대 키르쿠크가 이라크 인종, 종족 간 분열의 화약고로 떠오르고 있다. 세계 2위의 산유국인 이라크 석유의 40%, 전 세계 매장량의 6~7%는 바로 키르쿠크 땅 밑에 있다. 키르쿠크는 역사적으로도 언제나 분쟁의 땅이었다. 메소포타미아 문명의 발상지인 키르쿠크는 이라크에서 가장 비옥한 땅으로 천여 년 간 아랍과 쿠르드, 터키계 등이 이곳을 놓고 다퉜다. 1927년 영국인들이 원유를 채굴하면서 갈등의 골은 더 깊어졌고 1970년대 사담 후세인이 집권하고서야 진정 국면에 들어섰다. 후세인 정권은 당시 이곳에서 주류를 이뤘던 쿠르드족과 투르크멘족 30여 만 명을 20년에 걸쳐 쫓아내고 남부의 아랍계 주민들을 이주시켜 유전 지대를 접수했다.

2년 전 미군이 가장 먼저 키르쿠크를 점령했고 이라크는 '이 곳만은 뺏길 수 없다'며 총반격을 펼쳤던 사실에서도 중요성은 확인된다. 당시 미군을 적극 도왔던 쿠르드족은 치안유지권과 북부석유공사(NOC) 사장 자리를 따냈고 임시 헌법을 통해 자치권까지 보장 받았다.

쿠르드족은 한발 더 나아가 키르쿠크를 수도로 삼고 이라크, 터키, 이란, 시리아 등에 흩어진 동족을 모아 대(大)쿠르디스탄공화국 건설을 꿈꾸고 있다. 이미 미군 점령 후 곳곳에서 8만여 명의 쿠르드족이 키르쿠크로 모여든 상태다. 지난 총선에서 쿠르드족 동맹이 키르쿠크 지방의회 의석의 60%를 차지하고, 제헌의회 의석 275석 중 77석을 얻으면서부터 쿠르드족의 목소리는 더욱 커졌다. 이 같은 움직임에 대해 키르쿠크의 수니파 아랍계와 터키계 투르크멘인은 반발하고 있다. 쿠르드족이 독립국가를 건설하는 것에 본능적인 알레르기 반응을 보이는 터키 정부는 키르쿠크가 '쿠르디스탄'의 본거지가 되는 것을 결사적으로 막겠다는 입장이다. 이러한 터키의 개입 방침으로 키르쿠크는 이라크의 화약고로 부상하고 있다.

-한국일보, 2005. 3. 17 / 2008. 4. 28

년 2월 실시된 이라크 총선거에서 쿠르드연맹리스트(KAL, Kurdistan Allicance List)가 70석 이상을 확보하여, 시아파에 이어 이라크 제2의 정치세력으로 등장하였다.

그러나 이라크 정치적 불안이 잦아들고 미국의 영향력이 줄면서 쿠르드족은 또 한 번 위기를 맞게 되었다. 실권자인 누리 알 말리키 총리를 필두로 시아파 세력이 정권 중심부에 안착하면서 차츰 쿠르드족을 밀어내기 시작한 것이다. 쿠르드가 유전 지대인 키르쿠크를 장악하고 있다는 점도 시아파의 입장에서는 달갑지 않다. 말리키 총리는 2008년 12월 레제프 타이이프 에르도안 터키 총리와 함께 PKK를 소탕하기로 합의했다.

쿠르드족은 터키를 비롯한 주변의 5개 나라로 흩어져서 4천 년 동안이나 유랑 생활을 한 결과, 언어와 종교, 문화적인 측면에서 민족 간의 이질성이 크게 증폭되었다. 독립국가를 이루기 위해서는 민족 간의 동질성을 회복하고, 여러 나라에 흩어져 있는 민족들을 하나로 통합할 수 있는 구심점 역할을 할 강력한 지도자가 필요하다. 그러나 현재 강력한 리더십을 발휘할 수 있는 민족적인 지도자가 없는 실정이며, 쿠르드족 내부의 문제와 주변 강대국 간의 이해관계가 독립국가 건설의 걸림돌이다.

한편 중동의 강대국들은 예로부터 쿠르드족이 독립된 국가를 건설하는 것에 대해 근본적으로 부정적인 시각을 가지고 있다. 과거의 오스만 제국과 소련을 비롯하여 오늘날의 미국, 영국 등도 자국의 정치적인 목적에 따라 쿠르드족을 교묘하게 이용하였다.

걸프전을 계기로 서방 세계와 이라크가 대결할 때 미국과 이스라엘, 이란 등은 이라크를 견제하고 후세인에게 압력을 가하기 위하여 쿠르드 반군을 지원하였다. 그러나 이는 고도의 정치적인 계산에 의한 일시적인 지원 정책에 불과하였다. 중동 지역에 정치적 이해관계를 가지고 있는 미국과 소련, 영국, 프랑스 등의 강대국들은 쿠르드족의 독립국가 건설에는 전혀 관심을 기울이지 않고 있는 것이 오늘의 현실이다.

쿠르드족은 앞으로 중동 지역에 새로운 분쟁의 씨앗을 제공할 가능성이 매우 높다. 쿠르드족이 거주하고 있는 고원 지대는 중동의 젖줄인 유프라테스 강과 티그리스 강의 수원지이다. 앞으로 수자원 확보를 둘러싼 관련 국가들 간의 갈등이 심화되면, 물 문제는 중동의 새로운 화약고로 등장할 것이다. 세계 최대의 유랑 민족인 쿠르드족이 팔레스타인 아랍인들처럼 자기들만의 독립된 국가를 건설할 수 있을까?

영화로 읽는 지역 분쟁

착한 쿠르드, 나쁜 쿠르드 : 산 말고는 친구가 없다
Good Kurds, Bad Kurds: No friends but the mountains
케빈 멕키넌 감독 / 2000 / 미국 / 79분

미국의 언론인이자 다큐멘터리 제작자인 케빈 맥키넌의 이 영화는 2000년 애틀랜타 영화제 최고의 다큐멘터리 상, 샌타바버라 영화제 인권상을 수상했다. 〈착한 쿠르드, 나쁜 쿠르드〉는 쿠르드족이 처한 국제적 현실을 보여 주고 있으며, 쿠르드족을 자신의 입맛 대로 해석하고 이용하는 미국의 이중성을 다룬다.

줄거리 _ 미국의 이익에서 본다면 항이라크전을 벌이는 '착한 쿠르드'와 미국의 우방 터키에 대항하는 '나쁜 쿠르드' PKK(쿠르드노동자당)가 있다. 프리랜서 저널리스트 케빈 맥키넌은 1991년 걸프전을 취재하기 위해 들어간 이라크에서 쿠르드 민족을 발견했다. 터키와 이란, 이라크, 시리아 등지에 흩어져 있는 세계에서 가장 큰 이산 민족 쿠르드인들은 국제사회로부터 아무런 관심도 끌지 못한 채 중동의 산악 지대를 누비며 '독립 투쟁'을 하고 있었다. 영화에서 보여 주는 쿠르드 독립투사들은 단지 중동 지역에 국한되지 않는다. PKK의 지도자 압둘라 오잘란이 1999년 체포되면서 쿠르드 독립투사들의 존재가 알려지기 시작했지만 미국으로 이민 온 쿠르드인 카니 형제들도 미국 안에서 '항터키전'에 주력하였다. 이들의 투쟁은 터키 정부가 저지르고 있는 쿠르드 말살정책의 잔혹함을 미국과 국제사회에 폭로하는 것이다. 터키 규탄 집회를 열고, 의회와 정부 인사들을 상대로 로비 활동을 벌이는 이들에 대해 미국 정부는 '없어져 주었으면' 하는 존재로 여기고 있다. 감독은 이 작품을 만들면서 억울하게 죽어간 쿠르드 민중들과 아직도 산악을 헤메며 투쟁할 수밖에 없는 게릴라들의 실상을 알려 이들을 도울 수 있을 거라고 희망했다. 그러나 그는 그것이 '순진한 꿈'이었다는 것을 이내 깨닫게 된다. 뉴스를 제공했던 방송국들은 티벳의 인권 문제와 같은 경우 미국의 도덕성을 치장하게 하는 좋은 '거리'로 생각 하지만 '쿠르드 인권 문제'는 그 반대의 경우로 꺼리고 있기 때문이다.

미국은 이라크전에 쿠르드족을 끌어들였고, 2003년 12월 사담 후세인 전 대통령을 생포할 때에도 쿠르드 반군의 결정적 도움을 받았다. 그러나 쿠르드족이 더 이상 도움이 되지 않는다면 미국은 그들을 버릴 것이나. 이미 미국은 전쟁에서 승리한다 하더라도 중동을 소수 민족 단위의 민족국가로 재편할 뜻이 없다고 밝히고 있다. 쿠르드 민족의 오랜 격언처럼 이들은 정말 "산 말고는 친구가 없다".

4장 아프가니스탄
소련과 미국의 격전장

파키스탄-아프가니스탄 국경 지역이 '탈레바니스탄'(탈레반의 땅)으로 굳어지고 있다. 아프간에 이어 파키스탄에서도 탈레반 세력이 강해지면서, 세계적 오지인 이곳이 국제 정치의 최고 '핫 스팟'(뜨거운 현장)으로 변하고 있다. 2007년 하반기 이후 이슬람 무장세력과 파키스탄 정부군 사이의 총성이 그치지 않았던 파키스탄 북서변경 주(NWFP)의 스와트밸리 지역에서 이슬람 율법에 따른 통치를 파키스탄 정부가 곧 허용할 전망이라고 현지 언론들이 전했다.

― 한겨레신문, 2009. 2. 17

리처드 홀브룩 미 아프가니스탄 특사의 방문을 하루 앞두고 아프간 수도 카불의 정부청사 건물 세 곳에서 자살폭탄 테러와 총격으로 최소 26명이 숨지고 50명 이상이 부상했다고 아프간 정부 관계자가 밝혔다. 탈레반은 "우리가 이번 공격을 감행했으며 탈레반 대원들을 교도소에 가둔 것에 대한 대응"이라고 밝혔다. 탈레반 대변인 자비울라 무자히드는 "자살 공격단 16명이 카불로 진입했으며 연쇄적으로 공격할 것"이라고 말했다.

― 경향신문, 2009. 2. 12

오바마는 17일 "안정화를 위한 긴급한 안보 필요에 대한 대처"라며, 미군 1만 7천 명의 아프간 추가 파병을 승인했다. 해병 8천 명, 육군 4천 명, 지원 병력 5천 명이 오는 8월까지 차례로 증파된다. 아프간 주둔 미군은 현재 3만 8천 명에서 5만 5천 명으로 늘어나게 된다.

― 한겨레신문, 2009. 2. 19

아프가니스탄은 소련의 침공, 이슬람 근본주의 정치 실험, 2001년 9.11테러 사건과 미국의 반테러 전쟁으로 세계인의 이목이 집중되었던 곳이다. 지금도 아프가니스탄에서의 평화로운 일상은 요원해 보인다. 국토의 대부분이 해발 1,000m가 넘는 험준한 고원 지대이며, 천연가스 외에 이렇다 할 자원도 없는 이 나라가 왜 종족 분쟁과 이에 직간접적으로 연계된 열강의 각축장으로 변해 끊임없이 피를 흘리는 전쟁터가 된 것일까?

지도로 읽는 지역 분쟁

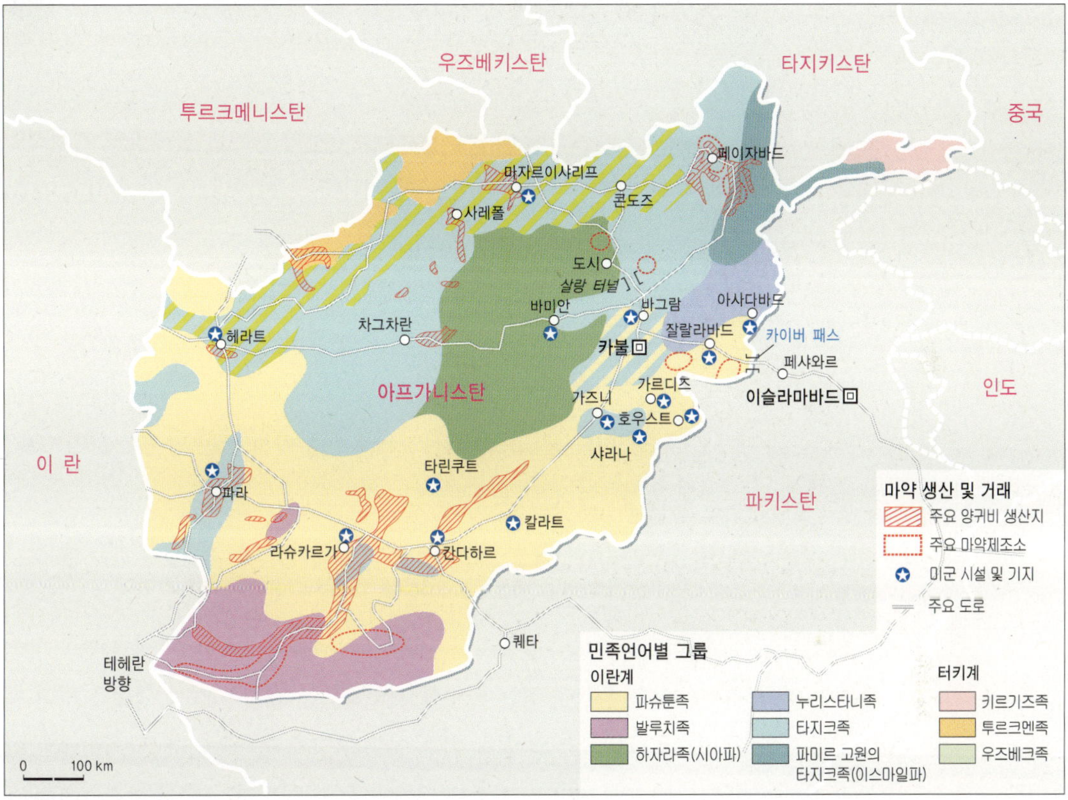

분열된 아프가니스탄

주요 인물

무함마드 오마르 (1959~)
Muhammad Omar

이슬람 원리주의에 입각한 신정 국가 창설을 목표로 하는 탈레반의 최고 지도자.

하미드 카르자이 (1957~)
Hamid Karzai

파슈툰족 출신으로 2004년~현재 아프가니스탄의 대통령

동서 문명의 교차로, 실크로드의 중심부 아프가니스탄

'아프간족의 토지'를 의미하는 아프가니스탄은 파미르 고원의 남서부, 인도 대륙의 북서부에 위치한다. 아프가니스탄의 국토는 남북 길이 약 970km, 동서 길이 약 1,300km의 직사각형이다. 동쪽은 중국, 남쪽과 남동부는 파키스탄, 서쪽은 이란, 북쪽은 투르크메니스탄·우즈베키스탄·타지키스탄 등 6개의 국가로 둘러싸인 전형적인 내륙 국가로서, 국경선의 길이가 약 5,826km에 이른다. 아프가니스탄의 면적은 약 64만 7500km², 인구는 약 3천 360만 명(2009)이다.

아프가니스탄 지역의 북부는 중앙아시아와, 동부는 인더스 유역과, 그리고 서부는 이란과 접하고 있기 때문에 오래 전부터 동양과 서양의 다양한 문화가 교차하는 점이지대였으며, 중국·인도와 서남아시아를 잇는 전략적 요충지이다. 북부의 평원과 아프가니스탄의 대부분을 차지하는 사막 및 반사막으로 이루어져 있는 남서부 고원, 그리고 중부의 산악 지대로 이루어져 있다.

아프가니스탄은 파슈툰족 42%, 타지크족 27%, 하자라족 9%, 우즈베크족 9%, 기타 13% 등으로 구성되어 있다. 이들 종족 중에서 파슈툰족과 타지크족이 전체 인구의 절반 이상을 차지하며, 이슬람교의 수니파를 신봉한다. 남부와 동부 지역에는 주로 파슈툰족이 거주하는데, 유목 생활을 하는 일부를 제외하고는 대부분 정착 생활을 하며 농업에 종사한다. 파슈툰족은 소련의 침공 이후 인구가 크게 줄어들었다. 파키스탄과 이란 등지로 흩어진 난민 약 620만 명 가운데 약 85%, 대부분의 탈레반이 파슈툰족에 속한다.

북부 동맹의 중심 세력인 타지크족은 헤라트의 북동부와 서부 주변 지역에 주로 거주한다. 수도 카불에 거주하고 있는 타지크족은 아프가니스탄의 엘리트 집단을 이룬다. 다른 도시에 거주하는 타지크족 또한 중산층을 형성한다.

13세기부터 정착한 하자라족은 칭기즈 칸의 후손들로 중부 산악 지대에서 유목 생활을 하고 있다. 이슬람 수니파가 다수인 아프가니스탄에서 하자라족만이 시아파로 극심한 종교적·인종적 탄압을 받았고, 경제적으로도 최하층을 형성한다. 북부 지역에 주로 거주하는 우즈베크족은 힌두쿠시 산맥 북쪽 지역에서 주로 농사를 지으며 살고 있다. 이 밖에 투르크멘계와 키르기스계, 발루치족 등 소수 종족이 약 13%를 차지하지만, 큰 영향력은 없다. 종교는 수니파 이슬람교도가 전체의 80% 정도를 차지하고, 나머지는 시아파 이슬람교도로 구성되어 있다.

아프가니스탄 경제는 농업을 바탕으로 발전하기 때문에, 1인당 국민 소득이 낮은 세계 최빈국 중의 하나이다. 대부분의 경작지에서는 곡식을 비롯해서 채소·과일·견과·목화 등을 재배하지만, 그 중 피스타치오를 비롯한 야생 견과류는 수출할 정도로 많이 생산된다. 산악 국가임에도 불구하고 각종의 지하자원 매장량은 적어, 광업의 발달은 상대적으로 미약한 편이다.

아프가니스탄은 1980년 이후 크고 작은 내전으로 인해 국가 발전에 필요한 각종의 인프라가 대부분 파괴되었다. 특히 산악 국가의 특성상 교통수단이 발달되지 못하여, 도로는 전체의 40% 정도만이 포장된 상태이다. 게다가 전쟁으로 인해 많은 피해가 발생해 국가 재건에 어려움을 겪고 있다.

아프가니스탄을 둘러싼 그레이트 게임

실크로드의 중심부에서 동서문명의 교차로 기능을 해왔던 아프가니스탄은 예로부터 여러 민족의 침입을 받아 많은 민족이 이 지역에 혼재하게 되면서 분쟁의 불씨를 키워 왔다. 19세기에는 남방 진출을 도모한 러시아와 인도를 지배하고 있던 영국 사이에서 격렬한 세력 다툼이 벌어지기도 했는데 아프가니스탄을 둘러싼 양국의 대결을 '그레이트 게임'이라고 불렀다.

19세기에 들어와 인도의 대부분을 장악한 영국은 인도 북서부의 변경 지방 부족들을 자국의 영향하에 두기 위해 3차례의 아프가니스탄 전쟁(1838~1842, 1878~1880, 1919)을 일으켰다. 그러나 아프가니스탄인들의 완강한 저항으로 식민지화에는 실패하고, 외교권을 양도받는 데 만족해야 했다. 영국이 아프가니스탄을 침공한 목적은 러시아의 남진 정책이 인도에 미치게 될 잠재적 위험을 제거하려는 것이었다.

제1차 세계대전 후에 치러진 제3차 아프가니스탄 전쟁으로 아프가니스탄은 외교권을 되찾아 완전한 독립을 이룩하였다. 제2차 세계대전 이후 냉전이 시작되면서 아프가니스탄은 비동맹 중립 노선을 표방하였으나, 이웃하고 있는 이란과 파키스탄에 대한 경쟁의식 때문에 소련에 의존하게 되었다.

소련에게 아프가니스탄 지역은 페르시아 만과 인도·파키스탄에 이르는 통로에 해당하기 때문에 지정학적으로 매우 중요하여 이 지역에 안정된 친소 정권을 유지할 필요가 있었다. 또한 소련 남부의 변경 지역에는 소련의 일부인 여러 이슬람공화국들이 위치해 있었는데, 이슬람 원리주의가 이들 남부공화국으로 확산되면, 종교 분쟁은 물론 경우에 따라 이슬람 국가로의 독립을 요구할 가능성도 있었다. 따라서 소련은 아프가니스탄을 이슬람 원리주의의 확산을 차단하기 위한 방패막이로 삼고자 했다.

소련의 침공과 개입(1979~1989)

1945년 이후 소련은 미국이 지리적으로 인접한 멕시코에 대해서 취했던 정책과 같이, 인접한 아프가니스탄의 내정에 직·간접으로 간여하였다. 1973년 자히르샤 아프가니스탄 국왕의 친족인 무하마드 다우드가 쿠데타를 일으켜, 1747년 이후 2백 년 이상 지속되던 아프가니스탄 군주제를 전복시켰다. 그는 공화제를 선포하고 대통령이 된 후 소련과 밀착 관계를 맺고, 파키스탄에 대해 양국 국경 일대에 거주하는 아프간족(파슈툰)을 통합하여 '파슈투니스탄 자치국'을 창설하는 문제를 제기하였다.

1947년 파키스탄이 독립한 이래 아프가니스탄은 기회가 있을 때마다 양국 간의 국경을 부정해 왔다. 아프가니스탄의 파슈투니스탄 창설 주장은 파키스탄 영토의 일부를 아프가니스탄의 통제하에 둠으로써 인도양으로의 접근로를 확보하려는 소련의 의도가 반영된 것이었다. 소련은 다우드 대통령의 친소 노선에 만족하여, 공산주의 정당인 '아프가니스탄인민민주당(PDPA, People's Democratic Party of Afghanistan)'을 통해 그를 지원하였다.

1978년 4월에는 공산세력에 의한 쿠데타가 일어나 다우디 대통령이 살해되고 타라키(Taraki) 정권이 수립되었다. 1979년 9월에는 쿠데타로 아민(Amin) 정권이 수립되었다. 12월 소련군은 혼란에 빠진 아프가니스탄에 침공하여 수도 카불을 장악하였으며, 소련의 개입 아래 카르말 정권이 수립되었고, 10만여 명에 이르는 소련군의 지원을 받아 지방에 대한 통제력을 회복하려 하였다. 그러나 이슬람 반군은 카르말 정권과 소련에 대한 지하드(Zihard, 성전)를 선포하고 게릴라전을 전개하여 카르말 정권은 도시지역과 도로망을 장악하는 데 그쳐야 했다.

아프가니스탄에 대한 소련의 개입은 이미 악화되고 있던 동서 관계를 급랭시켰다. 미국은 1980년 모스크바 올림픽에 불참하는 등 소련에 대한 외교적·경제적·문화적 제재에 앞장섰으며, 중국 등 각국의 공산당도 소련을 비난하였다. 그러나 국제적 비난과 국제 연합의 각종 평화안에도 불구하고 소련은 철군을 거부하였으며, 1985년 미하일 고르바초프가 집권하기 전까지는 아프가니스탄 정책에 대한 재검토가 전혀 이루어지지 않았다.

무자헤딘
아랍어로 '성스러운 이슬람 전사'를 뜻하며, 보통 이슬람 국가의 반정부 단체나 무장 게릴라 조직이 스스로 자칭하는 말로 쓰인다. 아프가니스탄에서는 온건파 및 수니파 원리주의자를 비롯한 7개 이슬람 반군 세력이 1985년 결성한 이슬람 동맹 저항운동 조직을 가리킨다.

국제 문제 전문가들은 아프가니스탄을 '소련의 베트남'이라 부르기도 한다. 왜냐하면 미군이 베트남에서 굴욕적인 패배를 당했던 것처럼, 소련군 역시 아프가니스탄에서 무자헤딘(mujahidin)*을 제압하지 못하였기 때문이다.

많을 때는 약 11만 5천 명의 소련군이 아프가니스탄에 배치되었지만, 그들은 대도시 이외의 지역을 거의 장악하지 못하였다. 파키스탄과 이란에 거점을 둔 무자헤딘은 소련군의 보급로를 공격하면서 큰 싸움은 회피하는 고전적인 게릴라 전술을 사용하여 소련군을 곤경에 빠뜨렸다. 이들은 미국 등 서방 국가들과 파키스탄으로부터 무기와 자금을 지원 받았으며, 수백만에 달하는 아프가니스탄 난민으로부터 병력을 무제한 공급 받을 수 있었다. 파키스탄 내의 무자헤딘 게릴라 거점에 대한 소련의 공습은 무자헤딘의 전력 약화에 아무런 영향을 주지 못했으며, 오히려 파키스탄의 대소 감정만 악화시킨 결과를 초래하였다.

내셔널지오그래픽 표지를 두 번이나 장식한 아프가니스탄 소녀 1985년 6월호 내셔널지오그래픽의 표지를 장식하여 세계인의 관심을 끌었던 파키스탄 난민촌의 아프가니스탄 소녀가 2004년 4월호 표지에 다시 실렸다.

고르바초프의 개혁·개방 정책과 동서 화해는 아프가니스탄에 대한 소련의 정책에도 커다란 변화를 가져왔다. 이 같은 변화를 알 수 있는 최초의 사건은 소련이 1986년 5월 나지불라로 하여금 카르말을 대신하도록 하고, '민족 화합' 프로그램에 착수하도록 한 사실이다. 이 프로그램에는 무자헤딘에 대한 휴전과 사면을 제안하는 동시에, 신헌법을 마련하여 PDPA의 권력 독점을 금지한다는 안이 포함되었다.

이 같은 제안에 대한 무자헤딘의 거부에도 불구하고 국제 연합의 중재로 협상이 시작되었다. 결국 1988년 4월 제네바에서 아프가니스탄과 파키스탄 간에 일련의 협정이 체결되었고, 1989년 2월 15일까지 소련군이 아프가니스탄에서 완전 철수한다는 협정이 미·소 간에 체결되었다. 비록 철수에 앞서 무자헤딘과 아프가니스탄 정권 간에 사전 화해를 도모하려는 소련의 외교적 노력은 실패로 돌아갔지만, 소련은 국제적 약속을 이행하였다.

사분오열의 아프가니스탄

1989년 2월, 10만여 명의 소련군이 제네바 합의에 근거하여 철수를 완료함으로써 친소 정권인 모하마드 나지불라 정권이 약화된 가운데, 각 지역의 무자헤딘 반군세력은 대대적 군사 공격을 개시하여 1992년 4월 25일 수도 카불을 점령하였다. 이로써

1978년부터 14년 동안 계속된 장기간의 내전은 무자헤딘 측의 승리로 끝났다. 그러나 다양한 집단으로 구성되어 조직적인 연계를 갖추지 못했던 무자헤딘 게릴라에 의한 수도 카불의 함락은 아프가니스탄 내전을 새로운 국면으로 전환시켰다. 즉, 공동의 적을 타도한 무자헤딘의 각 파벌은 정권 이양 과정에서 주도권을 잡기 위해 내전에 돌입하였던 것이다.

10여 개에 이르는 반군 파벌 중 가장 강한 세력을 가졌던 것은 파슈툰족 출신의 헤크마티야르와 타지크족 출신인 마수드가 이끄는 파벌이었다. 마수드는 도스탐 장군의 우즈베크 민병대의 지원을 받아 제일 먼저 카불에 입성하여 경쟁자인 헤크마티야르 세력이 카불에 들어오는 것을 막았다. 그리하여 1992년 12월에 실시된 선거에서 마수드와 가까운 부르하누딘 랍바니가 대통령에 선출되고, 마수드는 국방 장관에 취임하였다.

그러나 파슈툰족의 지지를 받던 헤크마티야르는 카불 남쪽에 거점을 구축하고 랍바니 정권을 계속 공격하였다. 이에 랍바니는 권력 배분을 조건으로 헤크마티야르와 타협을 시도하고, 무자헤딘 각 파벌과 평화 협정을 체결하는 등 사태 수습을 위해 노력하였다. 그러나 마수드와 헤크마티야르 사이의 적대감이 민족의 차이에 근거한 만큼 대립 관계는 쉽게 해소되지 않았다.

한편 소수 민족인 우즈베크인을 중심으로 아프가니스탄 북부 지역을 장악하고 있던 라시드 도스탐 장군의 세력이 크게 확대되면서 내전은 더욱 복잡한 양상을 띠게 되었다. 도스탐은 나지불라 정권을 무너뜨리는 데 큰 공을 세웠음에도 불구하고, 고용된 용병 조직이라는 이유로 이슬람 정권에서 배제되었기 때문에 큰 불만을 가지고 있었다. 게다가 이란의 지원을 받는 헤즈브 이 와다트 등 각 파벌도 권력 배분을 요구하여 평화 협상은 계속 난항을 겪었다.

탈레반의 등장과 극단적 이슬람 원리주의의 실험

1994년 가을부터 활동을 개시한 수니파 이슬람 원리주의 학생 단체인 탈레반의 등장은 아프가니스탄 내전을 보수 이슬람 파벌 대 정통 이슬람 파벌 간의 대립으로 양극화시켰다. 파슈툰어로 '구도자', '학생'을 의미하는 탈레반은 1994년 초 파키스탄 접경의 코란 학교에서 태동하였다.

탈레반은 파벌 싸움에만 골몰하며 살인과 약탈을 일삼던 다른 무장세력과는 달리 인민 제일주의에 바탕을 둔 철저한 이슬람 원리주의를 내세워 오랜 내전에 지친 국민들의 지지를 받게 되었다. 그리하여 처음에는 8백 명에 불과했던 병력이 1년도 되기 전에 수만 명으로 늘어나는 등 급속히 세력을 확장하였다. 이에 따라 각 파벌의 지도자 가운데 상당수가 탈레반 진영에 가담함으로써 각 파벌의 총체적인 지휘 구조가 흔들리기 시작하였다.

새로운 사태를 맞이하게 된 랍바니 대통령과 헤크마티야르는 1996년 5월 임시 정부 구성을 위한 6개의 항으로 된 평화 협정에 서명함으로써 탈레반 민병대의 공격에 공동으로 대처하였다. 그러나 1996년 9월 27일 탈레반은 수도 카불을 점령하고 엄격한 정통 이슬람 국가의 출범을 선포하였다. 이 과정에서 랍바니 대통령을 비롯한 정부군은 별다른 저항도 못한 채 북부 지역으로 도주하고 말았다.

6인의 집행 위원회를 정점으로 과도 정부를 구성한 탈레반은 이슬람 지상주의 사회 건설을 통치 목표로 내걸었다. 그리하여 이슬람 율법인 샤리아의 전면적 시행, 주류·마약의 판매 금지, 여성들의 부르카(온몸을 감싸는 옷) 착용 의무화, 여학교 폐쇄, 여성의 공직 참여 금지 등의 정책을 실시하였다. 또한 나지불라를 비롯한 친소련계 공산 정부의 관리들을 처형하는 등 과거 청산 작업에도 적극 나섰다.

한편 북부 지역으로 밀려난 랍바니 전 대통령과 마수드 세력은 도스탐의 뒤를 이은 우즈베크 민병대 지도자 압둘 말리크 상군 세력과 시아파 이슬람 세력인 헤즈브 이 와다트와 연합하여 탈레반에 대항하였다. 그러나 이미 전 국토의 3/4을 장악한 탈레반이 권력 기반을 굳히고 있어 반탈레반 세력의 승리는 어려울 것으로 보였다.

탈레반의 득세로 아프가니스탄에 강력한 이슬람 원리주의 체제가 수립될 가능성이

바미얀 석굴의 석불과 파괴 모습 유네스코가 세계문화유산으로 지정한 바미얀 석불은 2001년 3월 탈레반에 의해 우상숭배라는 이유로 파괴되었으며, 현재 복원 중이다.

커지자 러시아 등의 주변 국가들은 민감한 반응을 나타냈다. 러시아는 아프가니스탄과 인접해 있는 독립국가연합(CIS) 소속의 타지키스탄, 투르크메니스탄, 우즈베키스탄, 키르기스스탄 등 이슬람교도가 다수인 4개국에 이슬람 원리주의가 전파되지 않을까 우려하고 있다. 또한 시아파 이슬람교도가 지배하는 이란은 수니파인 탈레반의 등장에 거부감을 가지고 있어, 암암리에 반탈레반 세력을 지원함으로써 북부 동맹 측은 우즈베키스탄과 타지키스탄 접경의 산악 거점을 중심으로 산발적인 저항을 벌여 왔다. 반면 수니파가 지배하는 파키스탄은 탈레반을 적극 지원하여 탈레반 정부군의 북부 동맹과의 내전을 유리하게 전개해 왔고, 미국도 이란을 견제하기 위해 탈레반에 호의적인 태도를 보였다.

　탈레반은 전쟁과 기아로 어려운 생활에 처해 있는 아프가니스탄에 극단적 이슬람 원리주의에 집착한 이른바 실험 통치를 실시하여, 주민들의 삶을 최악의 상태에 빠뜨렸다. 탈레반 정권은 여성을 보호한다는 이유로 사회 활동을 철저히 제약했고, 국제사회의 비난에도 아랑곳하지 않고 세계 최대의 석불상을 우상 숭배라는 이유로 폭파시켰다. 이와 같은 탈레반의 극단적 원리주의 통치에 많은 아프가니스탄 주민들은 등을 돌리기 시작했다. 따라서 대부분의 주민들은 초기에 남부의 칸다하르에서 보였던 깨끗한 도덕적 정치보다는 20여 년에 걸친 내전으로 피폐해진 경제 재건을 우선하는 정치를 선호하게 되었다. 그러나 탈레반 정권은 이에 부응하지 못했고, 이런 와중에 미국 뉴욕의 9.11 테러 사건이 발생하면서 탈레반 정권은 위기에 빠졌다.

미국의 침공과 테러와의 전쟁

아프가니스탄의 탈레반

　탈레반 정권은 한때 미국과 동맹 관계를 유지했으나, 사우디아라비아의 부호인 오사마 빈 라덴의 도주를 방조하고 은신처를 제공한 것을 계기로 반미주의 성향으로 변모했다. 이슬람권에서 이상적인 국가인 이슬람 원리주의 국가의 실현을 목표로 한 빈 라덴은 1990년대 이후 자신의 사재를 들여 국제적인 테러 조직을 구성했다. 빈 라덴은 친미 성향의 중동 국가를 비난하고 미국의 친이스라엘 정책에 반기를 들면서, 미국에 대한 테러 공격을 위해 알카에다라는 조직을 결성했고, 결국 이 조직이 미국을 공격하였다. 빈 라덴의 반미 감정과 극단적 이슬람 원리주의 사상은 탈레반 세력에 그대로 확산되었다. 1998년 외국 주재 미국 대사관의 폭탄 테러에 대해 미국이 수단과 아프가니스탄을 빈 라덴의 근거지로 추정하고 이곳에 미사일 공격을 단행함으로써, 결국 탈레반의 반미 투쟁을 강화시키는 동인을 제공했다.

2001년 9월 11일 미국에서 발생한 알카에다의 동시다발적 테러 사건을 계기로 아프가니스탄 내전은 미국과의 국제전 양상으로 비화되었다. 테러 이후 미국은 즉각 테러와의 전쟁을 선언하고, 빈 라덴의 색출과 체포에 주력했다. 이런 상황에서 아프가니스탄은 빈 라덴에게 은신처를 제공하고, 신병 인도를 거부했다. 이에 미국은 10월 7일 아프가니스탄에 본격적인 군사 보복 작전을 전개했다.

탈레반의 경제력

아프가니스탄의 6월은 양귀비 수확의 계절이다. 4~5월에 붉고 아름다운 꽃이 피고 6월이 되면 이 열매가 익는데 칼로 열매를 가르면 짙은 보라색 유액이 흘러나온다. 그 유액을 채취해 건조시키면 아편이 되고 화학약품을 첨가하면 헤로인이 된다. 아편 생산은 아프가니스탄 탈레반의 대표적 자금줄이다. 그동안 탈레반은 국가 연합과 아프간 정부의 단속으로 힘들어하는 아프간 양귀비 재배 농가에 무력 지원을 아끼지 않고 아편 생산에 전념할 수 있게 해 주며 민심을 얻고, 수수료도 챙기면서 군자금 마련의 기본을 마련했다. 유엔 마약범죄국(UNODC) 자료에 따르면, 아프카니스탄은 지난해 생아편 8,200t을 생산해 전 세계 아편 생산량의 92%를 차지했다. 탈레반은 아편 재배 농부들의 중간 창구 구실을 하면서 각종 아편 관련 수출입까지 주관한다.

탈레반의 자금력은 아편 사업뿐만이 아니다. 걸프 만 각 국가에서 탈레반에 보내는 기부금도 한몫 한다. 걸프 만 국가 중에서 수니파 이슬람 국가의 부호들이 '알라의 사업'을 지원한다는 명목 아래 탈레반에 많은 돈을 대준다. 반미 감정이 강한 이들은 탈레반이 미국과 맞선다는 생각에 자금 지원을 아끼지 않는다. 그중에서도 탈레반을 열심히 돕는 나라가 사우디아라비아인데, 양측이 공감대를 이루는 것은 수니파 안에서도 가장 우파 계열인 와하비즘(극단적인 이슬람주의)을 신봉하기 때문이다. 역사적으로 탈레반 지도부는 사우디아라비아를 정신적 종주국이자 마음의 고향으로 여긴다. 게다가 탈레반을 통해 와하비즘을 확산하고 수니파에 반대하는 이슬람 시아파의 확장세를 저지하기 위해 거의 전원이 왕족인 사우디 석유 부호들이 탈레반에 적극적으로 자금을 지원한다. 또한 파키스탄 일간지 더 뉴스는 "탈레반이 정부로부터 빼앗은 에메랄드 광산 등 파키스탄 스와트의 천연자원을 '돈줄'로 활용한다"고 보도했다. 아프리카 군벌의 군자금으로 악용되는 '블러드 다이아몬드'나 버마의 루비처럼 스와트의 '블러드 에메랄드'도 탈레반의 손을 거쳐 세계 귀금속 시장으로 팔려간다. 탈레반은 올해 2월 에메랄드 광산을 장악한 이후에만, 약 300만 달러(약 37억 원)를 벌어들인 것으로 추산된다. 또 이들은 파키스탄 북부의 대리석 채굴 사업에도 적극적이다. 2008년 4월에는 지아트라의 대리석 채석장을 점령했다. 또한 탈레반은 2007년 8월 이후, 스와트 지역에 있는 미안담 숲 등의 풍부한 목재를 베어다 팔기 시작했다. 파키스탄 정부는 탈레반이 불법 벌목으로 한 해 약 8억 달러를 번다고 주장한다. 이처럼 탈레반은 '돈이 되는' 모든 것을 군자금 조달을 위한 사업 아이템으로 생각한다. 미군이 아프가니스탄에서 탈레반과 새로운 전쟁에 대해 상당히 부담을 느낄 수밖에 없고, 탈레반의 자금이 바닥나지 않는 한 앞으로 아프가니스탄과 파키스탄의 탈레반은 건재할 것으로 보인다.

— '김영미의 탈레반 리포트' 시사인 93호

아프가니스탄에서 작전 중인 미군_아프간 전쟁은 미국 역사상 가장 긴 전쟁이 되었다.

미국은 반테러 국제 연대를 결성하여 탈레반 정권을 압박했고, 2001년 11월 12일부터는 미국과 반탈레반 세력인 북부 동맹이 주축이 되어 수도 카불을 점령했다. 북부 동맹이 아프가니스탄의 절반 이상을 장악하면서, 아프가니스탄의 90%를 장악했던 탈레반 세력의 기반은 크게 붕괴되었다. 그리고 탈레반의 거점 도시인 남부의 칸다하르가 함락되고, 탈레반의 지도자 무함마드 오마르와 알카에다의 빈 라덴이 도주함으로써 지난 5년간 유지된 탈레반 정권은 사실상 와해되었다.

탈레반 세력이 붕괴하면서 아프가니스탄은 북부 동맹이 전 국토의 75%를, 반탈레반 파슈툰 군벌들이 20%를 차지하고, 탈레반은 칸다하르 주변의 5%를 각각 통제하였다.

2002년 6월 13일 아프가니스탄 북부 동맹군은 수도에 입성해 과도 정부를 수립하고, 과도 정부의 수반으로는 친미 성향의 하미드 카르자이를 정식으로 선출했으며, 아프간 신헌법 제정 및 이에 기초한 선거를 통해 정식 정부가 출범할 때까지 존속하였다.

새로운 헌법에 의해 2004년 10월 아프가니스탄은 새로운 대통령을 뽑는 총선거를 실시하였다. 선거 결과, 탈레반의 거점인 남부 칸다하르 출신인 파슈툰족의 하미드 카르자이가 대통령으로 선출되었다.

지금 아프가니스탄에는 이슬람 근본주의 탈레반 정권이 무너지고 친미 정권이 세워져 피폐해진 국가 재건 사업이 전개되고 있다. 그러나 탈레반의 무장 저항이 계속되고 있고, 빈 라덴의 은신처로 지목되고 있는 등 이슬람 '반미 성전'의 전초기지가 되면서 곳곳에서 총성이 이어지고 평화와 안정은 여전히 요원해 보인다.

영화로 읽는 지역 분쟁

천상의 소녀 Osama

세디그 바르막 감독 / 2003 / 아프가니스탄, 일본, 아일랜드 / 83분

〈천상의 소녀〉는 탈레반 정권 붕괴 이후 만들어진 최초의 아프가니스탄 영화로, 외면하고 싶은 참담한 아프가니스탄의 현실을 담담하게 그려 낸다.

줄거리 _ 탈레반이 정권을 잡은 아프가니스탄. 탈레반 정권은 법적으로 여자가 밖에서 일하는 것을 금지한다. 이런 법을 개정하려는 아프간 여인들의 시위와 혹독한 가난으로 절망에 휩싸인 마을. 남자들은 모두 전쟁에서 죽고 가족이라고는 할머니와 어머니뿐인 열두 살 소녀 오사마는 집안의 생계를 책임지기 위해 남장을 하게 된다. 식료 잡화상에서 일하던 어느 날, 마을의 모든 소년들이 탈레반 군대 교련을 위한 학교에 소집되고 소년으로 위장한 오사마도 학교에서 훈련을 받는다. 훈련을 받던 중 교관에게 여자인 것을 들키게 된 오사마는 재판에 부쳐져 남장을 한 죄로 사형의 위기에 처하지만, 사형은 면하고 팔려 간다.

인디스월드 In this World

마이클 윈터바텀 감독 / 2002 / 영국 / 90분

이 영화는 아프가니스탄 난민에 대한 관심을 불러일으키기 위해 기획되었으며, 부제는 "세상에서 가장 슬픈 로드 무비"이다. 비참한 환경에서 벗어나기 위해 파키스탄에서 런던까지 희망을 찾아 목숨을 건 밀입국을 시도하는 자말과 에나야트, 두 아프가니스탄 난민의 가슴 아픈 여행을 담아냈다.

줄거리 _ 사촌형의 런던 밀입국 여정에 동행한 아프간 소년 자말은 먼 옛날 아시아의 거부들이 무역로로 삼았던 그 길 '실크로드'를 되짚어 올라가지만, 어쩐지 행복이나 풍요의 꿈과는 점점 멀어지는 듯 느낀다. 온갖 산전수전을 다 겪으며 파키스탄의 난민촌에서 이란과 터키, 이탈리아와 프랑스를 거쳐 고대하던 런던에 도착하지만 지옥같은 여행의 끝에서 이들이 만난 것은 자신들이 꿈꾸던 밝은 미래가 아니라 차디찬 현실이었다.

2

아시아의 분쟁 [2]

남아시아 카슈미르 분쟁과 스리랑카 내전
인도네시아 동티모르, 아체, 파푸아의 분리 독립운동
중국 티베트, 위구르의 독립운동
일본 조어도, 쿠릴 열도를 둘러싼 힘겨루기

아시아의 주요 분쟁은 서아시아(중동) 외에 동남아시아, 인도 반도를 중심으로 한 남부 아시아에서 주로 발생하였다. 동남아시아의 분쟁 및 갈등의 주요 배경은 민족의 분리 독립 문제인 데 반해, 남부 아시아에서는 종교 및 민족 문제가 정치적 이해관계와 복잡하게 뒤얽혀 있다.

복잡한 민족 분포와 언어를 가지고 있는 인도 반도의 갈등은 주로 종교와 민족 문제이고, 이러한 문제가 복합적으로 표출된 것이 인도-파키스탄 전쟁이다. 스리랑카에서는 타밀족의 분리 독립운동으로 20년 넘게 내전에 시달리다 최근 진정 국면에 들어섰다. 인도네시아의 동티모르 지역에서는 인도네시아의 영토 확장 과정에서 빚어진 오랜 종족 간의 갈등이 내전으로 확대되었고, 동티모르는 21세기 최초의 독립국이 되었다.

중국의 소수 민족 문제는 아직 내전으로 확대되지는 않았다. 그러나 아시아의 공룡으로 불리는 중국이 개방 정책으로 시장 경제를 점점 확대하게 되면 소수 민족 문제는 필연적으로 등장하게 될 것이다. 그리고 최근 국제적인 관심 지역으로 등장한 곳이 바로 동중국해의 조어도이다. 조어도는 중국과 일본이 서로 영유권을 주장하면서 동북아시아의 새로운 문제 지역으로 등장할 가능성이 매우 높은 지역이다.

최근 국제사회에서 벌어지는 영토(국경·도서 포함) 분쟁의 근원은 식민 지배 또는 전후 처리 과정에서 비롯되었다. 제국주의 국가들이 식민지 정책을 위해 원주민을 분리, 대립, 경쟁 상태로 만들고 식민 시대가 종식된 후 무책임하게 분쟁의 불씨를 남긴 것에서 연유한다. 이런 현상은 동북아시아를 비롯하여 아시아, 아프리카 중남미 대륙에서 흔히 찾아볼 수 있다.

5장 남아시아
카슈미르 분쟁과 스리랑카 내전

2008년 11월 26일 밤 인도 경제수도 뭄바이에서 발생한 테러로 170여 명이 사망하고 300여 명이 부상당했다. 선박을 이용해 뭄바이에 잠입한 테러범은 호텔과 역 등 10곳을 동시다발적으로 공격했다. 인도-파키스탄 분쟁 지역인 카슈미르에서 주로 활동하는 파키스탄 지하드 단체 '라슈카르에타이바'가 테러 배후로 지목되면서 인도와 파키스탄 관계는 한층 악화됐다.

— 내일신문, 2008. 12. 30

26년 동안 불을 뿜은 스리랑카 내전이 막을 내렸다. 마힌다 라자팍세 대통령은 5월 19일 '승리'를 공식 선언했다. 타밀족의 독립국가 수립을 내걸고 총을 들었던 '타밀엘람해방호랑이'(LTTE·이하 타밀호랑이)도 패배를 시인했다. 벨루필라이 프라바카란 사령관을 포함한 지도부 대다수도 사살된 것으로 전해진다. 스리랑카 땅에 평화는 오는가?

— 한겨레 21, 2009. 5. 29

1947년 영국에서 독립한 인도는 종교 갈등을 극복하지 못하고 인도, 파키스탄, 방글라데시로 분리되었다. 특히 인도에서 힌두교와 이슬람교 사이의 갈등은 매우 뿌리 깊고, 가장 전형적인 인도 테러의 원인이다. 핵으로 무장한 힌두교 인도와 이슬람교 파키스탄은 분리 독립을 원하는 카슈미르인들 의사는 제쳐둔 채, 반세기 이상 카슈미르 지역을 둘러싸고 첨예하게 대립해 왔다. 스리랑카에서는 불교를 믿는 다수민족인 신할리족과 이들의 차별에 저항하는 힌두교를 믿는 타밀족 사이의 분쟁으로 지금까지 7만 명 이상이 숨졌다. 이러한 남아시아의 갈등은 어디에서 비롯된 것일까?

지도로 읽는 지역 분쟁

카슈미르

남아시아의 종교와 주요 분쟁

스리랑카

 주요 **인물**

마하트마 간디(1869~1948)
Mahatma Gandhi
본명은 모한다스 카란찬드 간디로 인도의 민족 운동 지도자이자 인도 건국의 아버지, 영국에 대한 반영·비협력 운동 등의 비폭력 저항 운동 전개.

페르베즈 무샤라프(1943~)
Pervez Musharraf
1999~2008년 파키스탄 대통령, 1999년 쿠데타로 군사 정부를 출범시켰으며 미국의 대테러 정책에 적극적으로 협조.

아시아의 분쟁 [2] **65**

남아시아의 여러 나라들

16세기 말 서유럽 열강의 식민지 경영 시대, 영국은 인도의 마드라스·뭄바이(봄베이)·캘커타를 손에 넣고 원료와 식료품의 값싼 구입지이자 자국 공업 제품의 판매지로 식민지 경영을 시작하여, 1858년에는 인도를 직할 통치하였다. 그러나 20세기에 들어와 인도 전역에서 반영 운동이 일어났고 1947년에 이르러 마하트마 간디의 지도로 영연방 자치령으로 독립한 후, 1950년 공화국이 되었다.

'친디아(Chindia)', '향후 세계 최대의 경제발전 가능 지역'이라고 불리는 인도는 면적이 329만km²로 유럽 대륙과 비슷하며, 인구는 약 11억 6천 6백만 명(2009)이다. 현재 사용되는 언어는 800여 종에 이르며, 공용어로 규정한 언어만 18개에 이른다. 종교는 힌두교가 81.5%로 압도적인 비중을 차지하고, 이슬람교 11.2%, 기독교 2.7%, 시크교 2.4%, 불교 0.7%를 차지하고 있다. 이와 같은 다양성이 오늘날 인도 사회가 당면한 크고 작은 분쟁의 원인이 되고 있다.

파키스탄은 이슬람교 국가로서 1947년 인도에서 분리 독립했으며 1979년 '이슬람교공화국'을 선언했다. 미국·소련·중국과 등거리 외교정책을 유지해 왔으나, 인접국 아프가니스탄에 대한 소련의 군사 개입에 자극되어 '미국의 원조'를 받아들이고 친미로 선회했다. 면적은 79만 6천km²이고, 인구는 약 1억 7천 6백만 명(2009)이다.

스리랑카*는 인도의 남동쪽에 있는 섬나라로 행정수도는 콜롬보이며, 정치수도는 스리자야와르데네푸라코테이다. 면적은 약 6만 6천km², 인구는 약 1억 5천 6백만 명(2009)이다. 1948년 영연방 내의 자치국으로 독립하였고, 1975년 스리랑카공화국으로 국명을 개칭하면서, 완전 독립을 이룩하고 비동맹 중립외교정책을 취하고 있다. 스리랑카는 아프리카 남부의 희망봉과 마다가스카르 섬을 지나던 유럽 상인들에게 망망대해의 인도양에서 처음으로 만나는 섬이기 때문에 '찬란하게 빛나는 섬'이라는 뜻을 가지고 있다. 중부의 고원 지대에서 재배되는 차는 세계적으로 유명하여 스리랑카의 주요 수출품이다.

스리랑카의 주민은 약 74%가 아리아계의 신할리족으로 남서부와 고지에 많이 살고 있으며, 대부분이 불교도이다. 그 다음으로 드라비다계의 타밀족이 총인구의 약 18%를 차지하며, 대부분이 힌두교도이다. 그외 무어족, 말레이족, 버거족 등의 소수 민족이 있다. 스리랑카 타밀족과 인도 타밀족은 문화적·경제적 차이로 인해 동질감이 비교적 약하며, 거주 지역도 다르다. 스리랑카 타밀족은 주로 자프나를 중심으로 하는 섬의 북부 및 동부에 거주하고, 인도 타밀족은 차 농장이 집중 분포하는 중부의 고지대에

스리랑카
1972년에 국명을 '실론'에서 '스리랑카공화국'으로 바꾸었고, 1978년에 '스리랑카 민주사회주의공화국(Democratic Socialist Republic of Sri Lanka)'으로 다시 바꾸었다.

살고 있다. 그리하여 소수 민족인 타밀족이 다수 민족인 신할리족의 지배로부터 벗어나기 위해 분리 독립운동을 벌여 왔다.

영국 식민 통치의 유산? 종파적 민족주의?

카슈미르를 둘러싼 인도와 파키스탄, 스리랑카에서 불교를 믿는 신할리족과 힌두교를 믿는 타밀족의 대립이 단지 종파적 민족주의의 산물일까? 아니면 영국 제국주의 정책과 통치의 잔재일까?

제2차 세계대전이 끝나고 중동과 아시아, 아프리카 등의 식민지에서는 민족주의를 기반으로 한 신생국가들이 생겨났다. 그러나 민족주의란 배경은 또 다른 분쟁의 원인이 되었다. 신생 국가 내의 소수 민족과 다수 민족 사이에 권력을 둘러싸고 민족 문제가 불거지거나 인근 국가들과 종교, 인종적인 갈등을 시작했기 때문이다.

힌두 국가였던 인도에 무슬림이 섞인 것은 12세기 말 무슬림 왕조가 수립되면서이다. 영국의 식민 통치를 받던 200여 년 동안 힌두의 관직 진출은 무슬림보다 많았다. 이에 19세기 후반 무슬림의 지도자인 사예드 아메드 칸은 무슬림 민족주의를 내세우며, 영국 정부로부터 무슬림에게 유리한 분리 선거제의 특혜를 얻어냈다. 당시 영국 정부의 결정은 인도에 이해관계가 상충하는 두 개의 민족공동체가 존재한다는 것을 인정한 것으로, '분리 통치'를 통해 식민지 내부에서 정치적 급진주의를 억제하고, 종파적 균형을 유지함으로써 통치의 안정을 확보하려고 한 것이다.

파키스탄의 탄생과 인도와의 끊임없는 갈등, 스리랑카의 민족 간 갈등은 결국 영국의 '분리 통치' 정책과 관련이 있다. 영국이 원활한 통치를 위해 종교와 민족이 서로 다른 타국 사람들을 이주시켜 '분리해서 통치하라'는 원칙을 가지고 한 국가를 분열시켰기 때문이다.

인도와 파키스탄의 대립 : 힌두교와 이슬람교의 갈등

인도에서 힌두교와 이슬람교의 대립

인도의 양대 종교인 힌두교와 이슬람교 사이의 갈등은 뿌리가 매우 깊다. 원래 무슬림들은 영국 식민 시대 이전까지 무굴 제국의 주축 세력으로 인도를 통치했으나, 영국의 식민지가 되면서 힌두 세력에 밀렸다. 그 후 1947년 파키스탄이 독립하면서 대부분의 무슬림들은 이동해 갔지만 지금도 1억 4천 5백만 명이 인도 내에 살고 있다.

인도의 무슬림들은 파키스탄에 심정적으로 동질감을 느끼며, 특히 무슬림이 많은 카슈미르에서 중앙 정부에 대한 반감이 심하다. 그리하여 카슈미르 지역에서 분리 운동과 이슬람 극단주의 무장 투쟁이 시작되었고, 최근 인도 전역으로 확산되었다. 여기에 가장 큰 몫을 한 것은 무슬림에 대한 정치적·경제적 차별이었다. 무슬림의 비중은 점점 늘어나는데, 정치적 발언권은 커지지 않았다. 인도 정부 기관에서 일하는 공직자 중 무슬림은 4.9%에 불과하며 주로 저임금 직종에 종사하는 까닭에 경제 발전에서도 소외되었다. 이 같은 현실에 불만을 품은 젊은 무슬림들은 이슬람 극단주의의 유혹에 쉽게 빠지고 있다.

양대 종교의 갈등이 유혈 분쟁으로 비화될 때마다 진원지로 등장하는 곳이 바로 북동부 아요디야 시의 이슬람 사원이다. 원래 아요디야 시에는 힌두교의 영웅신인 라마를 모시는 사원이 있었다. 인도의 고대 설화에 따르면, 아요디야는 라마의 탄생지였고, 라마가 태어난 자리에 그를 기리는 사원이 있었던 것으로 전해진다. 그러나 16세기 초 인도 동부까지 세력을 확장시킨 무굴 제국이 힌두교 사원을 없애고 그 자리에 이슬람 사원을 건설하면서 양대 종교 간 갈등이 시작되었다.

구자라트 주
파키스탄과 국경을 접하는 인더스 강 하류에 있는 구자라트 주는 일찍부터 이슬람교가 확산되어 많은 사람들이 믿고 있다.

1992년 5만 명이 넘는 힌두교도가 아요디야의 바브리 사원 정문 앞에 모여 라마 사원을 짓기 위한 기초 공사를 시작하였다. 그러나 이를 저지하려는 이슬람교도와 대규모 충돌이 발생하였고, 열광적 힌두교도들은 이 이슬람 사원의 모스크를 파괴하였다. 이를 계기로 힌두교도와 이슬람교도 간의 종교 대립은 인도가 독립한 이래 최대의 종교 폭동이 되어 1992년 12월 말까지 수천 명의 희생자가 발생하였다.

바브리 사원 충돌 후 2002년 자행된 힌두 세력의 무슬림 학살은 무슬림들을 이슬람 극단주의로 경도되게 했다. 2월 마하트마 간디의 고향인 구자라트 주*에서 이슬람교도의 힌두교 열차 방화 습격 사건으로 두 종교 간 최악의 종교 분쟁이 발생하였다. 그리고 5월에는 힌두교도가 이슬람교도 사업체를 공격하는 비극적 유혈 충돌로 약 900명이 사망하였고, 힌두 우익 집단이 무슬림 2,000여 명을 학살했다. 그러나 힌두 민족주의를 내세웠던 바라티야자나타당(BJP, Bharatiya Janata Party) 정권은 이를 사실상 방치하고 이슬람 조직들을 억압했다. 국제 연합이 구자라트 사태는 이슬람교도를 몰아내기 위해서 사전 계획한 인도

힌두교도들에 의해 파괴되고 있는 바브리 사원

정부의 의도적인 '인종 청소'라고 조사 결과를 발표해 주목을 받기도 했다. 이때부터 아프가니스탄과 파키스탄에서 건너온 무장세력의 영향으로 인도 무슬림 조직들이 알 카에다 식 테러에 눈뜨게 되었고, 연쇄 테러가 빈발하였다. 인도에서 정치적, 경제적, 사회적 차별이 무슬림 청년들을 과격 단체의 유혹에 빠지게 만들고, 결국 테러라는 부메랑이 되어 돌아온 것이다.

카슈미르 분쟁 : 인도와 파키스탄의 치열한 대립

카슈미르는 인도 북부와 파키스탄, 아프가니스탄, 중국에 접해 있는 히말라야 산록 지역으로, 인도, 파키스탄, 중국이 지배하는 세 지역으로 나누어져 있다. 전체 면적은 약 22만km², 인구는 500만 명 정도이고, 이슬람교도가 70%다. 이 지역은 히말라야의 아름다운 경관과 잠무카슈미르의 스리나가르 도처에 산재한 무굴 제국 제왕들의 여름 궁전, 달(Dahl) 호수의 풍광 등으로 '행복의 계곡', '지상의 낙원'으로 일컬어졌다. 관광산업 외에 융단 제조가 주요 산업이지만 오랜 분쟁으로 낙후되고 피폐한 모습을 면치 못하고 있다. 인도와 파키스탄 간의 분쟁 결과 지금은 파키스탄에 속한 아자드카슈미르와 인도 영토인 잠무카슈미르로 양쪽을 1,300여 km의 카슈미르 통제선(LoC, Line of Control)이 가르고 있다.

14세기 이후 이슬람교도가 절대다수를 차지해 왔던 카슈미르 지방은 1586년에 무굴 제국의 일부가 되었다가, 19세기 초에는 시크교도의 지배하에 들어갔다. 19세기 중엽 시크교도가 영국과의 전쟁에서 패배함에 따라 영국의 동인도 회사에 귀속되었다. 그런데 1846년 잠무 지방의 번왕(藩王) 그라브 싱이 이 지방을 동인도 회사에서 구입하여, 다시 힌두교도의 지배하에 들어가게 되었다. 그 후 카슈미르는 영국의 간접 지배를 받는 자치 왕국이 되었는데 왕족은 지역 주민의 약 20%인 힌두교계였고, 주민 대다수는 무슬림이었다. 제2차 세계대전이 끝난 후 1947년 영국이 인도에서 철수하면서 종교별로 인도(힌두)와 파키스탄(이슬람)이 분리 독립했다. 주민 절대다수가 이슬람교도인 카슈미르는 파키스탄 편입을 요구했으나, 힌두계 토후왕(土侯王) 마흐라자 하리 싱이 인도 편입을 결정했다. 카슈미르 비극의 시작이었다.

그해 10월 카슈미르 이슬람 세력이 파키스탄의 지원 아래 수도인 스리나가르 점령을 시도하자, 인도가 군대를 파견해 제1차 인도-파키스탄 전쟁이 시작되었다. 양측 충돌로 엄청난 사상자가 발생했다. 국가 연합의 개입으로 이듬해 8월 정전 합의가 이뤄졌고, 카슈미르는 인도와 파키스탄에 각각 63%, 37%씩 쪼개져 최초의 통제선이 만들

카슈미르의 시위자들

어졌다. 1964년 파키스탄이 인도령 카슈미르 지역을 공격하면서 제2차 인도-파키스탄 전쟁이 발발했다. 중국이 파키스탄을 지원하면서 카슈미르 사태는 더욱 복잡해졌다. 인도는 파키스탄·중국 두 개의 전선에서 싸워야 했고, 소련의 중재로 1966년 1월에 전쟁이 끝났다. 5년 뒤인 1971년 3차 전쟁이 터졌다. 파키스탄 내분으로 방글라데시가 독립하는 과정에서 인도가 개입하여 무력 충돌이 재개되었다. 전쟁은 1년 동안 계속되었고, 그때 지금의 통제선이 확정되었다.

카슈미르 지방은 정치적 요인 외에 군사적·전략적 측면에서 인도와 파키스탄 모두에게 매우 중요한 지역이다. 파키스탄으로서는 인더스 강 등 주요 하천이 모두 카슈미르 지방에서 파키스탄으로 유입되어 수자원 확보 측면에서 매우 중요한 지역이다. 한편 인도의 경우 예로부터 인도의 영토였던 카슈미르의 아크사이친 지역과 그 밖의 히말라야 영토를 중국이 자국의 영토라고 주장하고 있기 때문에 정치적 측면에서 중요하다.

이러한 정치적 이해관계 속에서 파키스탄은 중국 및 미국과 우호 관계를 맺고, 인도는 소련과 점차 긴밀한 관계를 맺게 되었다. 이에 카슈미르 문제는 인도-파키스탄 간의 단순한 영토 분쟁에서 미국과 소련의 대리전으로 변질되었다.*

1980년대 들어 인도령 잠무카슈미르 내 이슬람 세력이 분리 독립운동을 시작하면서 양측 간 충돌도 빈번해졌다. 이때 결성된 '잠무카슈미르해방전선(JKLF, Jammu Káshmir Liberation Front)'은 파키스탄의 지원 아래 테러전을 시작했다. 인도군은 이들과 이슬람 주민을 상대로 무자비한 보복을 자행했다. 인도와 파키스탄의 경쟁 관계는 1998년 두 나라가 핵무기를 보유하고 있다고 발표하면서 더욱 악화되었다.

미국-파키스탄 관계
미국은 테러와의 전쟁을 개시하면서 당시 아프가니스탄에서 탈레반과 알카에다를 몰아내기 위해 필요한 현지의 주요 동맹국으로 파키스탄을 선택하였다. 당시 파키스탄은 페르베즈 무샤라프 대통령이 집권하고 있었다. 무샤라프 정권은 2001년 미국에 아프가니스탄 전쟁 기지를 내준 뒤 지금까지 총 110억 달러를 받았다.

대화의 길로 들어선 인도와 파키스탄

2004년부터 인도와 파키스탄에서 카슈미르의 분쟁으로 불거진 대립 관계와 군비 경쟁을 완화하려는 움직임이 나타나기 시작하였다. 특히 2월 17일 양국은 카슈미르 분쟁을 비롯하여 무기 개발 등의 문제를 해결하기 위한 로드맵을 발표하였다. 6월에는 양국이 대사급 외교 관계를 복원하고, 억류 중인 상대편 민간인의 조기 석방에 합의하였다. 양국의 평화 정착 로드맵에 의해, 2005년 4월 7일에는 파키스탄령 카슈미르의 무자파라바드에서 인도령 잠무카슈미르의 스리나가르를 연결하는 170km의 버스 노선이 58년 만에 개통되었다. 이에 따라 두 나라 사이에 평화의 물꼬를 트는 계기를 만들 수 있을지 세계의 이목이 집중되고 있다.

인도와 파키스탄 무기 공급국

그러나 2005년 6월 13일 잠무카슈미르에서 차량 폭탄 테러가 발생하여, 12명이 사망하고 70여 명이 부상을 당하는 사건이 발생했다. 카슈미르에서는 평화 정착을 위한 양국 간의 회담과 노력이 진행되고 있지만, 다른 한편에서는 크고 작은 테러와 갈등이 여전히 발생하면서 카슈미르의 평화 정착이 쉽지 않다는 것을 증명하고 있다.

스리랑카 내전 : 25년간의 피의 역사

스리랑카 내전의 배경 : 영국 식민 통치의 유산

신할리어로 '사자의 자손'을 의미하는 '신할리' 왕조는 비자야가 기원전 483년에 700명의 부하와 함께 실론 섬에 건너와 원주민을 정복하고 건설하였다. 신할리족은 기원전 3세기에 불교를 받아들였고, 이후 대부분이 불교를 믿게 되었다. 한편 타밀족은 예로부터 거주했던 스리랑카 타밀족과 19세기 이후에 이주한 인도 타밀족으로 분류된다. 전자는 남인도의 촐라 왕조가 스리랑카의 북부를 점령한 시기에 이주한 타밀족의 후손으로, 총인구의 12%를 차지한다. 후자는 19세기 이후 영국이 커피·차 등의 플랜테이션을 위해 반강제적으로 이주시킨 타밀족의 후손으로 총인구의 6%를 차지한다.

16세기 초 포르투갈인이 서남 해안에 도착하여 콜롬보를 건설했으나, 영국은 신할리족이 세운 캔디 왕조의 내분을 틈타 1815년에 실론 섬을 정복하여 식민지로 삼았다.

영국은 스리랑카인들을 분열시키기 위해 원주민이자 다수 민족인 신할라족보다 타밀족을 우대하는 정책을 실시하였고, 이에 따라 타밀족은 시민권 행사나 각종 전문적인 업종의 취업에서 신할리족보다 훨씬 좋은 대우를 받았다. 이러한 상황에서 1948년에 스리랑카가 독립하고 신할리족이 집권하면서 신할리족과 타밀족 간에 분쟁이 일어나게 되었다.

타밀족의 분리 독립운동

1948년 2월, 영국으로부터 독립한 후 통일국민당(UNP, United National Party)과 스리랑카자유당(SLFP, Sri Lanka Freedom Party)이라는, 신할리족의 이익을 대변하는 2개의 정당이 서로 교대로 정권을 장악하였다. UNP는 친영·친서방 색채가 강한 반면, UNP에서 배제된 집단이 결성한 SLFP는 신할리 민족주의에 입각하여 사회주의 국가들과 우호적인 정책을 펼쳤다. 독립 직후부터 집권한 신할리족 정부는 소수 민족인 타밀족을 차별하고 박해하는 강력한 신할리화 정책을 추진하였다. 신할리어를 유일의 공용어로 채택하고 불교 우대 정책을 펴는 등 힌두교도인 타밀족의 반발을 샀다. 특히 타밀족에게 불리한 대학 입학 제도를 채택하고, 타밀족이 많이 거주하고 있는 동부 지역에 신할리족을 이주시키는 정책을 실시하였다. 이러한 정책은 결과적으로 1970년대 후반 타밀족의 분리 독립운동을 촉발시키는 계기를 만들었다.

타밀족의 폭동은 1977년, 1981년에 간헐적으로 발생했으나, 1983년 7월에 최대 규모의 폭동이 발생했다. 타밀족 급진파 조직이 자프나에서 정부군을 습격하여 신할리족 병사 13명을 살해한 것이 발단이 되었다. 이로 인해 콜롬보 시에서 신할리족에 의한 무차별 보복전으로 타밀족 정치범 52명이 옥중에서 학살되고 타밀계 주민의 상점이나 주택이 신할리족 폭도의 공격을 받았다. 이 사건으로 최소한 400명의 타밀족들이 사망했고, 15만 명의 타밀족들이 캐나다, 영국, 호주 등으로 피신했다. 1983년 7월의 폭동 이후 스리랑카 정부가 타밀족 온건파 정당인 '타밀통일해방전선(TULF, Tamil United Liberation Front)'을 불법화시키고 무력에 의한 해결을 시도하자, 타밀족 조직 가운데서도 가장 급진적인 '타밀엘람해방호랑이(LTTE, Liberation Tigers of Tamil Eelam)'가 주도권을 잡고 분리주의 무장 투쟁에 돌입하여, 지금까지 아시아에서 가장 오랫동안 내전이 지속되었다.

스리랑카 정부가 타밀족을 박해하자 다수의 타밀족 난민이 포크 해협을 건너 인도의 타밀나두 주로 피신하였고, 이는 인도 정부가 스리랑카 민족 분쟁에 개입할 수 있는 구실을 마련해 주었다. 인도는 동족 문제라는 명목하에 무력을 행사하여 스리랑카 정부에게 타밀족 문제 해결을 위한 협정을 체결하도록 강요하였다. 이 협정에서 스리랑카 정부는 타밀족이 다수를 이루고 있는 북부와 동부의 잠정적 통합 및 이들 지역에 대한 자치권 부여를 약속하고, 인도 정부는 타밀족 무장 단체의 무장해제를 보장하여 민족 분쟁은 끝나는 듯하였다. 그런데 인도 정부가 강경파 타밀 게릴라들을 무장해제시키기 위해 '인도평화유지군(IPKF, Indian Peace Keeping Force)'을 스리랑카로 파병하자 타밀 반군이 크게 반발하여, 내전은 인도군과 타밀족 사이의 전쟁으로 비화되었다. 결국 인도 정

스리랑카 국기 칼을 가진 사자는 전 인구의 70%를 차지하며 주로 불교를 믿는 신할리족이 사자의 자손임을 나타내는 상징이다. 네 귀퉁이의 보리수 잎은 불교국이라는 상징이며, 이슬람교·힌두교의 소수 민족을 초록과 주황의 2색 줄로 나타냈다.

부는 IPKF의 전면 철수를 요구하는 스리랑카 신정권과의 협정으로 1990년 3월에 완전히 철수하게 되었다. 그러나 인도 정부의 조치에 배신감을 갖게 된 LTTE는 1991년에 선거 유세를 위해 타밀나두 주를 방문한 라지브 간디 인도 총리를 암살하여 보복을 하였다.

내전의 종식, 그리고 스리랑카의 미래

1995년 스리랑카 정부는 타밀족 반군에게 중앙 정부의 권한을 대폭 이양하는 연방제적 성격을 가진 평화안을 제시하였으나 LTTE는 이를 거부하고 자살 테러를 벌였다. 정부군은 반군에 대한 대대적인 공세를 펼쳤지만 내전 상태는 계속되어 지금까지 5만여 명의 사람들이 목숨을 잃고 콜롬보와 인근 지역은 커다란 피해를 보았다.

미국과 스리랑카 정부가 LTTE를 불법 단체로 규정하고 자국 내 활동을 금지하자, LTTE는 이러한 조치에 반발하면서 콜롬보 번화가에서 폭탄을 떨어뜨리는 등 오히려 테러 행위를 강화했고, 1998년부터 1999년까지 수백 명의 사상자를 냈다.

2000년 5월 북부 도시 자프나 공격에 이어 6월 자살폭탄 테러로 구네라트네 산업부장관 등 23명이 숨지고 60여 명이 중경상을 입는 대규모 참사가 발생해 스리랑카 내전은 중대 고비를 맞았다. 하지만 그동안 스리랑카의 내전을 종식시키기 위한 유럽 연합 및 노르웨이 정부군의 노력으로 2002년 2월 22일 정전 협정이 체결되었다. 같은 해 12월 제3차 평화 회담에서 타밀 반군이 독립국가 건설을 철회하는 대신 타밀 반군 지역의 자치를 허용하는 연방제 형태의 권력 분점안을 받아들였다.

그러나 2005년 12월 이후 다시금 분쟁이 격화되었고 이후 사망자만 5,000여 명에

이르렀다. 양측은 2006년 말 스위스 제네바에서 8개월 만에 평화 협상을 재개했으나, 합의 도출에 실패했다. 스리랑카 정부는 2008년 일방적으로 타밀 반군과의 휴전 협정 종료를 선언하고 타밀족이 모여 있는 북부 지역에 대한 대대적인 공세에 들어갔다. 그리하여 1983년부터 타밀족의 독립을 요구하며 26년 동안 자살테러와 무장 공격을 감행한 LTTE가 정부군의 총공세로 붕괴 상태에 이르렀다. 2009년 5월, LTTE는 패배를 시인하고 전쟁 포기를 선언*함으로써 스리랑카 내전이 사실상 막을 내리게 되었다.

스리랑카는 영국의 식민지배를 받았기 때문에 영어를 구사할 수 있는 중산층이 많고, 문맹률이 낮으며, 법과 제도가 잘 정비되어 있다. 또한 콜롬보는 근대적인 항만 시설도 구비하고 있어, 인도 수출입 물량의 약 30%가 스리랑카를 경유할 정도이다. 스리랑카는 이 같은 조건을 바탕으로 금융 중심지로의 도약과 함께 인도 관문으로서의 역할을 하겠다는 계획을 가지고 제2의 싱가포르를 꿈꾸고 있다. 이런 차원에서 타밀족과의 공존공영을 모색하는 평화 기원 운동인 '사르보다야 운동'을 전개하고 있다. 그러나 계속되는 정치적 불안은 외국인 투자자들에게 위협 요소로 작용했다. 비록 스리랑카 내전은 끝났지만, 국지적으로 게릴라전이 벌어질 가능성은 남아 있어 성급하게 스리랑카 평화를 낙관할 수 없으며, 경제적인 불안 요소는 여전히 존재한다.

LTTE의 전쟁 포기 선언

LTTE 측 국제 협력 담당자 셀바라사 파트마나탄은 5월 17일 웹사이트 타밀넷에 발표한 성명에서 "이 전쟁은 비극적 결말에 도달했다"며 "우리에게는 마지막 선택만이 남았다. 우리는 총을 거두기로 했다"고 밝혔다. 그는 "지금 폭격과 질병, 굶주림으로 죽어 가는 사람들이 바로 우리 국민들"이라며 "이들이 더 이상 해를 입게 둘 수 없다"고 말했다

시사상식

타밀엘람해방호랑이(Liberation Tiger of Tamil Eelam 약칭 LTTE)

타밀엘람해방호랑이는 스리랑카의 소수 민족인 타밀족의 분리 독립을 주장하며 무장 투쟁을 해 온 반군 단체로, 스리랑카 북부에 '엘람국(State of Eelam)' 창설을 목표로 1983년 결성되었다. '엘람'이란 '스리랑카'를 뜻하는 타밀어이고, '호랑이'는 11세기에 스리랑카 북부를 점령한 남인도의 타밀족 촐라 왕조의 상징이다. 즉, 드라비계 타밀족은 신할리족의 상징인 사자에 대항한다는 뜻에서 호랑이를 선택한 것이다.
LTTE는 스리랑카 북동부를 중심으로 1만 명의 전사를 거느리고, 자체 경찰력에 교도소를 갖췄으며 로켓발사기·야포·탱크뿐 아니라 해군력도 갖췄다. 세계적으로 악명 높은 자살특공대 '검은 호랑이'를 앞세워 인도와 스리랑카에서 테러를 주도했으며, 미국, 유럽 연합, 일본 등 31개국에 의해 테러 단체로 규정되었다.

영화로 읽는 지역 분쟁

미션 카슈미르 Mission Kashmir
비드후 빈노드 쵸프라 감독 / 2000 / 인도 / 160분

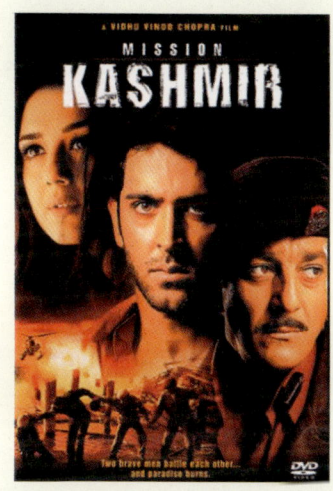

인도와 파키스탄의 국경 지역인 카슈미르에서 힌두교와 이슬람교도 간의 분쟁을 담은 인도 영화이다.

줄거리 _ 인도와 파키스탄 사이의 국경 분쟁으로 카슈미르는 인도의 지배를 받게 된다. 하지만 주민의 대부분이 이슬람교도이다. 이 때문에 힌두교와 이슬람교 사이의 분쟁이 끊이질 않고 있다. 정찰 중 지뢰를 밟아 위험에 처한 부하를 구한 칸 준장은 다리에 찰과상을 입고, 의사인 아크다에게 치료를 받는다. 이날 저녁 이슬람교도 독립을 주장하는 무장단체인 말리쿨칸 일행이 아크다 집에 들이닥쳐 경찰을 치료해줬다는 이유만으로 아크다와 그의 가족을 총살한다. 며칠 후, 칸 준장의 아들 이르판이 2층에서 떨어지는 사고가 발생하고, 말리쿨칸의 보복을 두려워하는 의사들은 칸 준장의 아들을 치료해 주지 않는다. 결국 이르판은 죽고, 이에 분노한 칸 준장은 말리쿨칸 일행이 머물고 있는 곳을 찾아가 무차별 사살을 한다. 이 가운데 무고한 그 집의 가족들까지 사살하게 되고, 집의 아들 알타프가 현장을 목격하게 된다. 칸 준장의 아내 닐리마는 칸이 복면을 하고 있어 얼굴을 못 봤을 것이라며 그 아이의 부모가 되어 주자고 말한다. 이렇게 그들은 묘한 가족의 인연을 맺는다. 알타프가 악몽에서 벗어나 보통의 아이처럼 생활을 시작할 즈음, 우연히 알타프는 칸이 그날 밤의 복면 쓴 사내임을 알게 되고 집을 떠난다. 알타프가 집을 떠난지 10년. 힌두교와 이슬람교도를 이간질해 종교 분쟁을 더욱 부채질하고 인도를 분열시킬 목적의 '카슈미르 작전'을 꾸미는 무장단체들이 활동을 시작한다. 그리고 그 중심에 알타프가 서있다.

6장 인도네시아
동티모르, 아체, 파푸아의 분리 독립운동

국제사회가 동티모르에 걱정스러운 눈길을 보내고 있다. 불발에 그쳤지만 권력 심장부를 노린 반군 쿠데타가 발생, 안정을 찾아가던 동티모르의 정세에 먹구름이 드리웠기 때문이다. 1996년 노벨 평화상 수상자인 호세 라모스 대통령이 11일 수도 딜리의 관저에서 반군의 총격을 받고 혼수상태에 빠졌다고 외신들이 보도했다.
— 서울신문, 2008. 2. 12

인도네시아의 파푸아(이리안자야) 주민 1천여 명이 24일 주도(州都)인 자야푸라에서 총선과 대선 대신 분리 독립 여부를 묻는 주민투표를 요구하며 시위를 벌였다고 로이터통신이 보도했다. 파푸아 주민들은 이날 '선거는 노(No), 주민투표는 예스(Yes)', '파푸아 학살 중단' 등이 쓰인 플래카드를 들고 정부군의 철수를 요구하며 거리 시위를 벌였으나 경찰과의 충돌은 없었다. 〈중략〉 천연자원이 풍부한 파푸아 주는 뉴기니 섬의 서쪽 절반을 차지하고 있으며 1960년대에 인도네시아에 합병됐다. 이후 이곳 주민은 분리 독립을 요구하며 반군 단체인 자유파푸아운동(OPM)을 중심으로 끊임없는 무장투쟁을 벌여왔다.
— 연합뉴스, 2009. 3. 25

유럽의 식민 지배에서 독립한 제3세계 국가들 가운데 일부는, 지난날 식민 제국이 그랬던 것처럼 영토 확장에 강한 집착을 보이면서 현지 주민의 자결권을 무참하게 짓밟고 있다. 혈연적 유대에 근거한 것이든, 과거의 잘못된 정치적 결정에 기인한 것이든, 또는 식민 시대에 설정된 경계에 대한 불만 때문이든, 이들 국가에서 일어난 자치권에 대한 주민의 요구는 정당한 주장임에도 불구하고 철저하게 유린당하였다. 유럽의 식민 지배에서 독립한 인도네시아는 영토 확장을 위하여 일방적으로 동남아시아의 여러 도서를 합병하면서 주변 나라 및 현지 주민과 마찰을 빚어왔다. 1970년대 인도네시아에 합병된 동티모르는 치열한 독립운동 끝에 2002년 독립을 쟁취했다. 21세기 최초의 독립국이 된 동티모르, 독립을 요구하며 무장투쟁을 벌이고 있는 파푸아에게 어떤 미래가 기다리고 있을까?

지도로 읽는 지역 분쟁

내부 폭발의 위험을 안고 있는 인도네시아

 주요 **인물**

수하르토(1921~2008)
Haji Mohammad Suharto

1968~1998년 인도네시아 대통령, 6선 대통령, 1998년 대규모 반정부 시위로 실각.

호세 라모스 오르타(1949~)
José Manuel RamosHorta

2007년~현재까지 동티모르 대통령, 동티모르 저항운동 대변인, 1996년 노벨 평화상 수상.

카를로스 벨로(1948~)
Carlos Filipe Ximenes Belo

동티모르의 인권 운동가, 1996년 노벨 평화상 수상.

인도네시아 속의 슬픈 열대

인도네시아는 동남아시아의 크고 작은 1만 8천여 개의 섬들로 이루어진 세계 최대의 도서(島嶼) 국가이다. 동서 교통의 요지에 위치하여 역사적으로 문화적·민족적인 교류와 이동이 가장 두드러지게 나타났다. 제2차 세계대전 이전 네덜란드령 동인도였으며, 1945년에 독립을 선언하여 1949년 네덜란드와의 연합이 성립되었으나 1956년 완전한 독립국이 되었다.

인도네시아의 인구는 중국, 인도, 미국에 이어 세계에서 4번째로 많다(약 2억 4천만 명). 2000년 인도네시아 정부의 통계에 의하면, 종교의 비율은 이슬람교 약 90%, 개신교 5.9%, 가톨릭교 3.1%, 힌두교 1.8%, 불교 0.8%, 기타 0.2%이다.*

유럽의 식민 지배에서 독립한 인도네시아는 수하르토 정권 당시 영토 확장에 강한 집착을 보이면서 현지 주민과 상관없이 일방적으로 동남아시아의 여러 도서들을 합병하여 주변 국가들과 마찰을 빚어 왔다. 특히 1975~1976년 이루어진 티모르 섬 동부 지역에 대한 인도네시아의 침략은 국제적인 논란을 불러일으켰으며, 인도네시아 정부

인도네시아의 종교
세계에서 가장 많은 무슬림이 사는 인도네시아는 헌법 29조에서 5개 종교(개신교, 로마 가톨릭, 불교, 힌두교, 이슬람)에 대해 신앙의 자유를 보장한다. 종교가 없는 사람은 공산주의자로 간주되기 때문에 신분증에 반드시 종교가 명시되어야 한다.

시사상식 — 수하르토에 대한 평가

2008년 1월 27일 사망한 수하르토 전 인도네시아 대통령에 대한 평가에 인도네시아의 국론이 분열되고 있다. 파이낸셜타임스(FT)는 "수하르토의 애도 기간 동안 자카르타 시내는 조기를 게양한 집들과 그렇지 않은 집들로 양분되어 서로 다른 두 도시를 합쳐놓은 것 같다"고 31일 전했다. 이는 대학생과 재야 세력은 수하르토 장례식을 국장(國葬)으로 치르는 것에 반대하는 시위를 벌이고 있는 반면, 경제적으로 풍족한 일부 중산층은 수하르토의 사면을 거론하면서 신경전을 벌이고 있다. 수하르토의 사면에 대한 찬반 양측은 경제발전과 인권유린 등에 대한 평가에서 극명하게 엇갈린다. 사면을 찬성하는 측은 수하르토가 경제발전과 국가 통합에 크게 기여했다고 주장한다. 수하르토는 1965년 권좌에 오른 후 반공·친서방 정책을 펼치면서 경제개발을 최우선 과제로 삼았다. 이에 따라 미국 등 서방 국가들이 원유, 목재 등 자원개발에 경쟁적으로 뛰어들면서 매년 7% 이상의 경제 성장률을 기록했고 1960년대 650%에 달하던 인플레는 1970년 들어 한 자릿수로 떨어졌다. 이들은 수하르토가 350개 종족과 1만 7650개의 섬으로 구성된 인도네시아를 통합하는 과정에서 무력 통치로 인한 인권유린은 불가피했다는 입장이다. 그러나 수하르토의 단죄를 요구하는 이들은 수하르토에 대한 향수는 단지 경제 성장률이란 숫자에만 근거한 것으로 평가 절하한다. 실제 국제투명성기구(TI)가 발표한 지난해 부패인식지수 순위에서 인도네시아는 파키스탄, 필리핀에도 뒤진 143위에 머물렀다. 이들은 경제발전도 국익이 아닌 사익을 챙기기 위한 것이라고 여긴다. 최근 공개된 미국 정부 문서에 따르면 목재 수출 과정에서 자국 목재산업의 장기적 발전보다 단기적 이익에만 몰두한 것으로 밝혀졌다. 이 과정에서 수하르토는 150억~350억 달러에 달하는 부정 축재를 했고 TI는 2004년 수하르토를 '20세기 가장 부패한 지도자'로 꼽기도 했다. 수하르토가 국가 통합을 이유로 공산주의자, 좌파, 친중국인사 등에 대한 무자비한 탄압과 동티모르, 아체, 파푸아 지역의 분리를 막는 과정에서 50만~100만 명의 희생자를 발생시킨 것도 비판 대상이다.

―한국일보, 2008. 2. 1

와 동티모르의 자치를 주장하는 현지 주민 사이에 심각한 마찰을 초래했다.

티모르 섬의 전체 면적은 약 3만 3900km²인데, 섬의 동부와 서부 지역은 종족이나 종교적으로 뚜렷한 차이를 보인다. 티모르 섬의 서부 지역은 말레이 인종이 대부분을 차지하는 데 반해, 동부 지역에는 인종적으로 멜라네시아 및 파푸아뉴기니 사람들과 같은 계통의 종족이 주로 거주하고 있다. 또한 종교적으로 서티모르 지역에서는 이슬람이 절대적 우위를 차지하고 있는 데 반해, 동티모르 지역에서는 로마 가톨릭이 주류를 이루고 있다. 그리하여 서티모르 지역은 세계 최대의 이슬람 국가인 인도네시아와의 합병이 전혀 어색하지 않았으나, 로마 가톨릭의 동티모르와 인도네시아의 합병은 어떤 형태로든 분쟁의 불씨를 지닐 수밖에 없었다.

수마트라 북부의 아체 지역은 면적이 수마트라 섬의 12% 정도이며, 인구는 약 400만 명으로 인도네시아 전체 인구의 2%이다. 하지만 이 지역에서 인도네시아 천연가스의 30% 이상, 석유의 20% 이상이 생산되어 중앙 정부 예산의 13%를 차지하고 있다. 주민은 이슬람교를 처음 인도네시아에 들여 온 아랍계 후손이 많고, 오랫동안 독립적인 이슬람 왕국을 유지한 역사적 배경 때문에 종교도 훨씬 보수적이다.

파푸아는 대서양 북부의 그린란드에 이어 세계에서 두 번째로 큰 섬인 뉴기니 섬의 서부 지역으로, 영국과 독일 및 네덜란드가 동서로 나누어 지배한 1848년 이래 영토가 분리되어 동부 지역은 파푸아뉴기니라는 국명으로 1975년에 영국으로부터 독립하였다. 그러나 1963년 인도네시아가 서부 지역을 장악하여 이리안자야로 지역 명칭을 바꾸고, 26번째 주로 편입시켰다.

21세기 최초의 독립국가 동티모르

티모르 섬의 식민 역사

티모르 섬은 아시아 대륙의 말레이 반도를 거쳐 인도양으로 이어지는 길목인 소순다 열도의 동쪽 끝에 동서 방향으로 길게 위치하고 있다. 유럽 제국주의 세력, 즉 포르투갈이 이 지역에 처음 발을 들여놓은 것은 1520년 무렵이다. 포르투갈인이 이 섬을 지배하기 전에 중계 무역으로 번영을 누리던 말레이 반도의 말라카 왕국이 동쪽으로 영토를 확장하는 과정에서 티모르 섬 서부에 이슬람교가 전파되었다. 유럽의 상인들, 특히 네덜란드와 영국의 동인도 회사가 동티모르를 포함한 몰루카 제도로 세력을 확대한 주요한 이유는 이 지역에서 재배되는 향신료 때문이다.

1613년 포르투갈이 스페인, 네덜란드 등과 식민지 쟁탈전을 벌이는 와중에 동·서 티모르로 분리되었다. 제2차 세계대전이 끝나고 1949년에 네덜란드령 동인도 제도가 인도네시아로 독립할 당시, 서티모르는 자동적으로 인도네시아로 편입되었다. 그러나 오랫동안 포르투갈과 함께 들어온 가톨릭의 영향을 받은 동티모르는 계속 포르투갈의 지배하에 남았다. 그러나 1974년 포르투갈 내전을 계기로 동티모르에서는 본격적인 독립운동이 전개되었고 포르투갈은 동티모르에서 철수하기로 했다. 이 틈을 타 티모르 해의 유전을 탐내던 인도네시아가 1975년 동티모르를 침략해 동티모르 인구 절반에 달하는 20만여 명을 학살하고 강제로 인도네시아 27번째 주로 편입했다.

인도네시아의 동티모르 강점

인도네시아의 수하르토 정권은 영토 확대라는 목표를 추구하는 데 동서 냉전을 교묘하게 이용하였다. 당시 베트남에서 철수한 미국은 공산주의에 대항할 수 있는 보루로서 강력한 인도네시아를 원하고 있었으며, 오스트레일리아도 미국과 같은 입장을 취하였다. 한편 군사적 약세를 의식한 포르투갈은 동티모르의 자결 원칙을 지지할 것인가, 아니면 이 지역으로부터 하루빨리 벗어날 수 있는 그럴듯한 구실을 찾아낼 것인가 하는 입장 사이에서 망설이고 있었다.

이러한 상황에서 인도네시아는 1975년 12월 동티모르인들의 '해방 투쟁'을 지원한다는 명목으로 군대를 파견하였다. 해군의 함포 사격 지원을 받으면서 약 1천 명의 공수 부대원들이 동티모르의 수도인 딜리 시가에 입성하였다. 인도네시아는 국제 연합과 포르투갈의 철군 요구를 묵살한 채 동티모르의 의회 구성을 발표하였다. 이는 곧 친인도네시아계 정당에 의한 정부 수립을 의미했으며, 그 후 합병에 반대하는 프레틸린(동티모르독립혁명전선)에 대한 무자비한 탄압이 시작되었다. 국제적 비난에도 불구하고 1976년 8월 인도네시아는 형식상 동티모르 지방 의회의 청원을 수용하는 형식을 빌려 동티모르를 완전 합병하고 말았다.

인도네시아는 비동맹 회의와 아세안(ASEAN) 내에서의 영향력을 이용하여 제3세계 국가들을 대상으로 동티모르 합병의 정당성을 인정받으려 하였다. 이러한 노력에 의해 동티모르를 지지했던 중국, 북한 등 사회주의 국가들까지도 1978년을 기점으로 친인도네시아 정책으로 입장을 바꾸었다. 특히 미국과 유럽 각국은 자국의 경제적 이해 때문에 동티모르 문제를 회피했으며, 1983년 이후에는 국제 연합 총회에서도 동티모르 문제 자체가 전혀 거론되지 않았다.

독립운동과 신생 독립국 동티모르의 출범

프레틸린은 1980년대 초 게릴라전을 시작하였다. 이들의 목표는 동티모르에서 인도네시아군을 축출하고 자결권을 확보하는 것이었다. 프레틸린의 활동이 활발해지면서 인도네시아 당국은 심한 당혹감에 빠지게 되었다. 이는 프레틸린이 동티모르인 사이에서 광범위한 지지를 받고 있었기 때문이다.

이에 대해 인도네시아는 이 지역 주민을 탄압하는 한편 주둔군을 증강하고 대규모 주민 재정착 사업을 추진하는 등 과거의 식민 제국과 동일한 방식으로 대응하였다. 수하르토 정부는 인도네시아인들의 동티모르 이주를 적극 권장하여 상권을 장악하게함으로써 현지 주민들의 생존 기반까지 위협하였다. 1976년 이후 지금까지 인도네시아의 탄압과 기근 등으로 사망한 동티모르인은 무려 20만 명에 이르는데, 이는 전체 인구 70만 명의 1/3에 육박하는 숫자이다.

시위에서 산타크루즈 대학살을 재현하는 모습

사진으로 남은 대학살

국제 외교 무대에서 독립운동이 난관에 봉착하자, 프레틸린 지도부는 외교 전략을 수정하였다. 즉, 동티모르의 자결권보다는 인권 탄압 문제를 부각시키면서 국제적인 인권 단체의 관심과 지지를 유도하는 데 주력하였다. 이 전략은 성공을 거두어 동티모르의 인권 보호를 위한 국제 연대 조직, 국제 변호사 모임, 국회의원 모임 등 각종 지원 조직이 잇따라 결성되었다.

한편 동티모르의 자결과 독립을 위해 싸우던 게릴라 조직들은, 1991년 11월 딜리에서 자행되었던 이른바 '산타크루즈 대학살'* 사건을 계기로 모베레 민족저항평의회 (CNRM, National Council of Maubere Resistance)라는 단일 지도부로 통합되었다. CNRM의 대변인 호세 라모스 오르타는 외교관 출신으로서 동티모르의 실상을 세계에 호소하고, 사태의 평화적 해결을 주장하여 동티모르의 인권운동가 카를로스 필리페 시메네스 벨로 주교와 함께 1996년 10월 노벨 평화상을 수상하였다.

산타크루즈 대학살
1991년 11월 12일 살해된 독립운동가를 추모하기 위해 산타크루즈 묘역에서 시위를 벌이던 군중을 향해 인도네시아 군대가 발포하여 공식 집계로 최소한 250명이 살해되었다.

오르타 중심의 CNRM이 주장했던 3단계 평화안은 첫째, 동티모르 주둔 인도네시아군 축소와 국제 연합의 기능 회복(2년), 둘째, 인도네시아군 철수와 국제 연합 감독하의 동티모르 주민 자치 실시(5년), 셋째, 완전한 자결권 행사(1년) 등이었다. 그러나 이런 평화안에 대해 인도네시아는 동의하지 않았다. 국제적인 비난 여론에도 불구하고 인도네시아 정부가 동티모르 지역에 강한 집착을 보이는 것은 동티모르 인근 해역에 위치한 거대한 유전 때문이었다.

1999년 9월부터 국제 연합의 주도로 독립파와 자치파 간의 협상이 개시되었고 국제 연합 평화유지군이 동티모르에 파견되었다. 우리나라의 상록수 부대도 파병되었다. 8월 30일 국제 연합이 주관하여 독립과 자치를 놓고 주민투표를 실시한 결과, 전체 주민의 78.5%가 독립을 지지하였다. 이와 같은 선거 결과에 대해 독립을 반대하는 친인도네시아 민병대가 주민들을 학살하는 난동을 벌여, 인도네시아 경찰이 투입되는 등 내전 상황이 전개되었다. 그러나 인도네시아의 하비비 대통령은 투표 결과를 수용하고, 동티모르 합병의 무효화를 선언했다. 그리고 1999년 10월 동티모르 독립을 위한 국제 연합 과도 행정 기구(UNTAET, United Nations Transitional Administration in East Timor)가 설립되어, 독립 준비 작업을 진행시켰다.

한편 독립에 반대해 서티모르로 탈출한 약 23만 명 가운데 13만여 명이 동서 티모르 경계 지역의 난민촌에서 반독립 투쟁을 전개하고, 독립을 반대하는 5만여 명의 민병대가 평화유지군을 상대로 무장 공격을 감행하였다. 그러나 2002년 5월 20일 독립운동의 영웅인 사나나 구스마오가 초대 대통령으로 취임하면서 동티모르가 독립국가로 공식 선언되어 면적 1만 4875km², 인구 약 80만 명(2003)으로 구성된 21세기 최초의 독립국가가 탄생하였다. 국민 총생산이 약 500만 달러로 세계 최빈국 가운데 하나이며, 문맹률도 50%에 이르는 신생 독립국 동티모르의 앞날은 친인도네시아 민병대의 처리와 간단하지 않은 민족 통합 문제로 인하여 순탄하지만은 않을 것으로 보인다.

2006년에는 마리 알카티리 전 총리가 반대파를 제거하기 위해 군 병력 1,400명 가운데 600명을 전격 해고하면서 37명의 희생자와 15만 명의 난민을 발생시킨 동티모르 사태가 발생했고, 2002년 독립 후 4년 만에 최악의 상황으로 치달았다. 이에 책임을 지고 알카티리 총리가 같은 해 6월 사임한 뒤 동티모르 안팎에서 명망이 높은 라모스가 총리직을 승계하고 호주군을 비롯한 2,500여 명의 평화유지군이 투입되면서 동티모르 사태가 진정되기 시작했다. 총리 신분이던 라모스는 대선에 뛰어들어 압승을 거두면서 독립국 제2대 대통령에 올랐다. 그러나 2008년 2월 불발에 그쳤지만 권력 심장부를 노린 반군 쿠데타가 발생하여 안정을 찾아가던 동티모르의 정세에 먹구름이 드리웠다.

아체의 분리 독립운동

수마트라 북부의 아체 지역은 1511년 이후 포르투갈과 영국, 네덜란드의 지배를 번갈아 받았던 곳으로 종교, 인종, 역사가 인도네시아와 다르다. 주민은 이슬람교를 처음 인도네시아에 들여온 아랍계 후손이 많고, 오랫동안 독립적인 이슬람 왕국을 유지한 역사적 배경 때문에 종교도 훨씬 보수적이다. 네덜란드가 1873년 식민지 건설을 선언한 이후 프랑스와 미국 등이 각축을 벌였지만, 서구 열강은 겨우 해안가만 지배했을 정도로 이곳의 저항은 끈질기고 격렬했다. 인도네시아가 독립한 뒤에도 저항은 멈추지 않아 1959년 중앙 정부는 아체를 특별 지역으로 선포하고 표면적으로 자치를 인정했다.

이후에도 중앙 정부의 강압적인 자원 착취로 내전은 끊이지 않았다. 오랜 저항 끝에 1976년 아체 지역 반군 조직인 자유아체운동(GAM, Gerakan Aceh Merdeka)이 결성되었다. 이어 반군 토벌이라는 구실로 인도네시아군의 인권유린과 살상이 이어졌고, 게릴라전과 평화 협정이 반복되었다. 2002년 5월 18일 중앙 정부는 아체 지역에 계엄령을 내리고 특공대를 포함한 4만 5000명의 병력과 전투기, 군함을 동원해 대대적인 반군 토벌 작전을 벌였다.

인도네시아 반다아체(Banda Aceh)에서 몸에 붉은 의상을 한 아체당 지지자들이 슬로건을 외치고 있다. 자유아체운동(GAM)의 회원들이 조직한 아체당은 이 지역에서 규모가 가장 큰 정당이다.

2004년 12월 아체 지역의 해안을 휩쓴 쓰나미

    2005년 7월 16일, 인도네시아 정부와 GAM은 1만 5000여 명의 사망자를 낸 종족 분쟁을 종식하는 평화 협상안에 잠정 합의했으며, 8월 15일 핀란드 수도 헬싱키에서 30년에 걸친 내전을 종식시키는 역사적인 평화 협정을 체결했다. 협정 내용은 반군 측인 GAM이 독립 요구를 포기하고 무장을 해제하는 대신, 인도네시아 정부는 이들의 정치 참여와 경제적 보상을 약속한다는 것이었다.

    인도네시아 정부와 아체 반군이 평화 정착을 위한 협정을 맺은 것이 이번이 처음은 아니다. 2003년에도 휴전 협정을 맺은 지 6개월 만에 정부가 비상계엄을 발표하고 반군 관계자들을 체포하면서 내전이 재연되어 지난 2년 동안 3,000여 명이 목숨을 잃었다.

    이번 협상은 2004년 말 쓰나미로 13만여 명이 숨진 아체 지역 피해 복구 지원을 놓고, 국제 사회가 인도네시아 정부에 아체 지역 유혈 분규 종식을 요구해 성사되었다. 이 합의를 이끌어내기 위해 GAM은 아체 지역 분리 독립 요구를 철회했고, 인도네시아 정부는 분리주의자를 선거에 참여시킬 수 없다는 기존의 원칙을 포기했다. GAM은 분리 독립 주장을 철회함으로써 존립 근거를 상실했고, 인도네시아 정부 역시 아체 지역이 주민투표에 의해 독립을 이룩한 동티모르의 전례를 따를지 모른다는 위험을 무릅쓰고 협정안에 동의했다.

    그러나 아직 불씨는 남아 있다. 반군 일부가 아직도 평화안 합의는 환영하면서도, 무장해제는 성급하다는 입장을 버리지 않고 있기 때문이다. 또 초안에서 반군들이 아체 지역에서 자유롭게 선거를 실시할 수 있지만 전국적인 선거를 요구할 수는 없도록 했다. 지방 자치를 통해 힘을 키운 반군들이 독립을 위해 장차 전국적인 선거를 요구할 수 있기 때문이다. 또한 아체에 주둔 중인 5만 명의 군대 철수 문제가 남아 있다. 양측은 이번 협정에서 반군은 무장해제하고 정부군은 철수한다는 데 잠정 합의했지만, 이를 감시하고 확인할 기구는 유럽 및 이웃 국가의 감시단 300명에 불과하다.

동티모르의 경험을 가지고 있는 정부가 독립의 발판이 될 자치를 어느 정도 허용할지 의문이다. 더구나 최근까지 계속된 수많은 학살을 경험한 주민들이 무장해제에 순순히 응할지도 미지수이다. 일단 지진 해일의 피해에서 벗어나야 한다는 여론이 강하지만, 뿌리 깊은 독립 요구와 저항의 역사는 쉽게 사라지지 않을 것이라는 관측이 지배적이다.

파푸아의 분리 독립운동

파푸아(일명 서뉴기니, 이리안자야)는 뉴기니 섬의 서부 지역으로, 영국과 독일 및 네덜란드가 동서로 나누어 지배한 1848년 이래 영토가 분리되어 오늘에 이르고 있다. 동부 지역은 파푸아뉴기니라는 국명으로 1975년에 영국으로부터 독립하였다. 그러나 1963년 인도네시아가 무장 병력을 파견하여 네덜란드령 뉴기니였던 서부 지역을 접수하였다. 이 지역의 통치권을 인수한 인도네시아는 이리안자야로 지역 명칭을 바꾸고, 원주민들이 세운 웨스트파푸아 의회를 강제 해산시켰다. 또 1969년에는 자유 선택법에 따라 주민 대표에게 합병에 대한 찬반 투표를 실시하여, 국제 연합으로부터 인도네시아의 영토임을 공식적으로 인정받고 26번째 주로 편입시켰다.

이에 원주민들은 문화적으로 전혀 다른 인도네시아의 일원이 되기를 거부하였다. 1964년부터 자유파푸아운동(OPM, Organisasi Papua Merdeka)이라는 단체를 결성하여, 파푸아뉴기니와 접경 지역의 정글을 근거지로 삼아 무장 독립 투쟁을 벌였다. 무력 합병 이후 분리 독립운동의 열기는 수하르토 정권의 강압 통치에 눌려 소

웨스트파푸아 학생들이 인도네시아의 수도 자카르타에서 '웨스트파푸아의 정의'를 요구하며 행진을 하고 있다.

강상태를 유지해 왔으나, 1975년 파푸아 섬 동쪽의 동일한 문화와 인종적 특성을 지닌 파푸아뉴기니가 독립하면서 이들의 독립 열망은 더욱 높아졌다.

1998년 수하르토의 하야를 계기로 권력 공백이 발생하자 분리 운동은 재연되었다. 1999년 10월에 집권한 인도네시아의 와히드 대통령은 2000년 1월에 이리안자야의 명칭을 웨스트파푸아로 변경하고, 1969년에 강제 해산되었던 의회를 재개하도록 허용하는 등 유화 정책을 폈다. 그러나 웨스트파푸아 의회는 2000년 6월 3일에 인도네시아로부터 분리 독립을 선언하는 결의안을 채택했다. 자유파푸아운동은 인도네시아 정부의 특별 자치주 제안을 전면 거부하고, 군과 경찰은 물론 이들을 지원하는 모든 민간인들을 응징하겠다고 천명하면서 무력 충돌을 계속하고 있다. 2009년 수실로 밤방 유도요노 대통령이 재선되면서 인도네시아는 독재와 결별했지만 파푸아에서는 여전히 주민 분열, 영토 분할, 약탈 등이 자행되고 있다.

인도네시아 분리 독립운동의 전망

인도네시아의 분리 운동은 자원 확보, 정치 이념적 갈등, 그리고 종교적 반목 등의 원인이 복합적으로 작용한 결과라는 공통점이 있다. 아체 지역과 이리안자야 지역의 분리 운동은 석유 등 풍부한 부존자원에 비해 인도네시아 전체 평균에도 훨씬 못 미치는 빈곤 상태를 벗어나지 못하고 있는 현지 주민들이 중앙 정부에 대해 정책적 소외와 강압 통치, 그리고 경제 착취 등에 대한 불만을 표출하면서 발생되었기 때문이다.

동티모르 독립 이후 인도네시아의 '국가 분열' 가능성에 대해 국제적인 관심이 모아지고 있다. 분리 독립운동의 성공 가능성이 있는 곳으로는 위에서 살펴보았던 아체와 파푸아 두 지역을 들 수 있다. 그렇지만 무력 탄압으로 일관했던 수하르토 정권과는 달리, 와히드 대통령 정부 이래 메가와티 대통령 정부에 이르기까지 정치적 타협과 대화를 강조하면서 특별 자치권 부여 방식으로 대응하고 있다. 그리고 국제사회도 동티모르의 경우와는 달리, 나머지 분리 독립운동에 대해서는 비교적 무관심한 편이다.

따라서 국제적 지원과 동정을 샀던 동티모르의 경우처럼 독립을 달성하기는 어려울 전망이다. 비록 와히드 대통령이 실정으로 중도 하차했지만, 대부분의 인도네시아 국민들은 더 이상 '제2의 동티모르'를 만들어서는 안된다는 국민적 자존심으로 재무장되어 있는 상황이다. 최악의 경우 한 곳이 독립된다 하더라도 거대한 인도네시아가 도미노처럼 무너지는 일은 없으리라는 것이 공통된 전망이다.

영화로 읽는 지역 분쟁

한 민족의 죽음 Death of a Nation : The Timor conspiracy
데이비드 문로 감독 / 1994 / 호주 / 76분

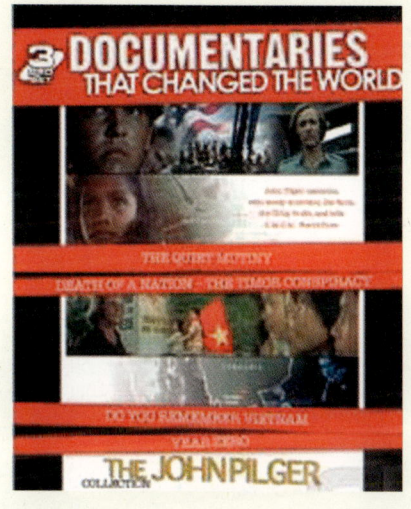

동티모르가 국제사회의 관심을 받게 된 것은 아마도 1991년 11월 12일 수도 딜리에서 벌어진, 최소 271명이 죽고 250여 명이 실종된 산타크루즈 학살 사건 이후일 것이다. 특히 한국에서 동티모르 문제에 본격적으로 관심을 두게 된 것은 1996년 벨로 동티모르 가톨릭 주교와 동티모르 독립 혁명 운동 대변인 호세 라모스 오르타가 노벨 평화상을 받은 이후이다. 이 영화는 한때 언론인들은 물론 관광객도 들어가기 어려웠던 동티모르라는 곳에서 벌어진 인종 대학살의 증언뿐만 아니라 그것을 둘러싼 국제적 음모를 다각적으로 밝혀내고 있다.

줄거리 _ 1975년 인도네시아에 의해 침공당한 후 계속 그 군부에 의해 감시받고 협박당하고 강간당하고 고문당하고 학살당하고 그것도 모자라 생존한 여인들은 영구히 임신할 수 없는 시술을 당하고 있는 곳이 바로 동티모르이다. 비밀리에 찍혀진 많은 사건, 다양하게 잔인한 방식으로 학살된 가족을 둔 생존자들의 증언들, 오히려 평화로워 보이는 포르투갈 식민지 시절의 필름, 수하르토와 악수하며 엄청난 국제적 음모에 동참한 서구 열강 지도자들의 모습, 그리고 관련 외교관들과의 인터뷰 등이 나온다. 특히 인도네시아 침공 당시 그곳에서 활동한 미국 CIA 요원의 증언과 UN 인도네시아 대사의 증언이 흥미롭다. 전자는 침공에 필요한 모든 무기를 미국이 대주었다고 증언하고 이는 비밀 문서를 통해 입증된다. 후자는 모든 영상화된 증거들과 망명자들과 생존자들의 증언에도 동티모르에서의 인도네시아군의 만행을 한마디로 거짓이라고 일축한다.

7장 중국
티베트, 위구르의 독립운동

5일 오후 중국 서북부 신장위구르(新疆維吾爾) 자치구 수도인 우루무치(烏魯木齊)에서 유혈 사태가 발생, 최소 140명이 죽고 828명이 부상했다. 이번 사건은 2008년 3월 200여 명(티베트 망명정부 추산)의 사망자를 낳은 티베트 시위 이후 최대 규모의 소수 민족 유혈 사태로 기록될 것으로 보인다. 위구르족 3,000여 명의 시위는 지난달 광둥(廣東)성에서 발생한 위구르족과 한족 근로자 간 집단 난투극의 진실 규명을 요구하면서 시작되어 위구르족 차별에 항의하는 분리 독립 요구 시위로 확산됐다.

― 국민일보, 2009. 7. 7

중국 신장위구르 자치구 유혈 사태가 5일로 한 달을 맞았다. 중국 당국은 이번 사태로 917명이 숨지고, 1,600여 명이 다쳤다고 공식 발표했으나, 세계위구르회의(WUC)는 사망자 수가 1,000~3,000명에 달한다고 주장한다.

― 세계일보, 2009. 8. 5

중국의 시짱 자치구(티베트)의 주도 라싸에서 승려들 중심의 분리 독립 요구 시위가 격렬해지면서 시위대가 진압 경찰을 향해 돌을 던지고 불을 지르며 충돌했다. 중국 경찰도 최루탄을 쏘며 무력 진압에 나서서 시위대 상당수가 부상당해 병원으로 실려 간 것으로 전해졌다. 미국과 유럽연합(EU) 등은 중국에 무력 진압 자제를 촉구하며 중국을 압박하고 나섰다.

― 한국일보, 2008. 8. 15

다민족 국가인 중국 내 55개 소수 민족은 13억 인구의 8%에 불과하지만 전체 면적의 65%에 걸쳐 살고 있다. 넓은 지역과 낮은 인구밀도, 교통 불편 등으로 개발이 늦어 경제와 문화 등이 상대적으로 낙후되어 소수 민족의 박탈감이 심해지면서 시위와 유혈 진압이 연례행사처럼 반복되고 있다. 1990년대 이후 유혈 사태만 20여 차례나 벌어졌다. 특히 2008년 3월 티베트 유혈 사태에 이어 2009년 7월 5일에 발생한 신장위구르 자치구 위구르족의 유혈 사태로 소수 민족 정책이 또다시 도전을 받고 있다. 더욱 깊어지는 중국과 소수 민족의 갈등 속에서 중국, 위구르족과 티베트족은 앞으로 어떤 길을 걸어갈까?

지도로 읽는 지역 분쟁

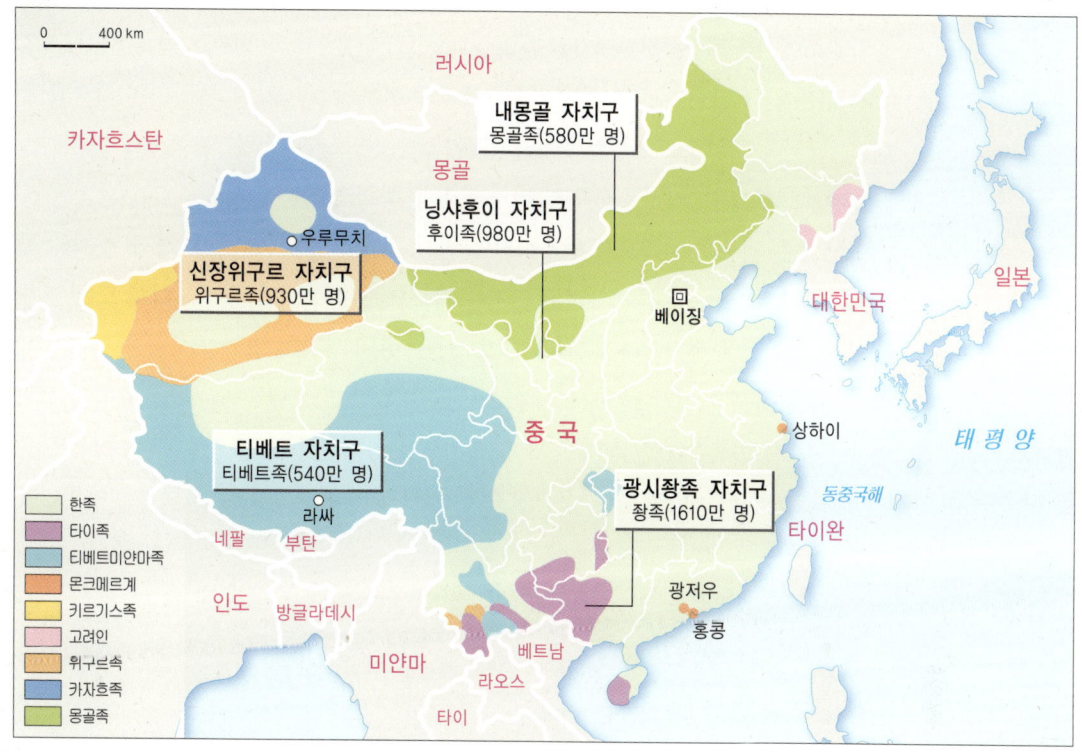

중국의 자치구와 분쟁 지역

 주요 인물

달라이 라마 14세(1935~)
Dalai-Lama XIV

티베트의 정신적 지도자로 비폭력 노선을 견지하며 지속적으로 독립운동을 전개함. 인도에 티베트 망명 정부를 세우고, 티베트 문화의 정체성을 지키는 데 주력함.

레비야 카디르(1947~)
Rabiye Qadir

위구르족 출신의 여성 사업가이자 중국 서북부 신장의 위구르 분리 독립 운동가로 위구르인의 어머니로 불림. 2006년 뮌헨에서 열린 세계위구르인대회에서 대통령으로 선출됨.

아시아의 다민족 국가 중국과 화약고 변경 지역

아시아 대륙의 동부에 위치한 중국은 그 범위가 동서로 5,000km, 남북으로 5,500km에 이르고, 총면적이 957만 2900km²로 세계에서 세 번째로 큰 나라이다. 영토가 넓은 만큼 인접국 또한 많아서 남쪽으로는 베트남·라오스·미얀마와 국경을 맞대고, 남서쪽으로 인도·부탄·네팔·파키스탄·아프가니스탄, 북쪽으로 타지키스탄·키르기스스탄·카자흐스탄 및 러시아 연방, 몽골과 접해 있다.

또한 많은 인종과 어족으로 이루어진 다민족 국가이다. 언어, 지역, 경제, 문화의 공유 여부와 민족 단위로 존재하려는 의지를 기준으로 민족 식별 작업을 하여 모두 55개의 소수 민족이 확정되었다. 그러나 아직도 중국에는 73만여 명의 미식별 민족이 남아 있다. 가장 최근 이뤄진 2000년의 제5차 인구 센서스를 보면 12억 4261만 명의 전체 인구 중 소수 민족은 1억 449만 명으로 8.41%를 차지했다. 가장 많은 소수 민족은 좡(壯)족으로 약 1618만 명, 그 다음으로 만주족이 약 1078만 명이며, 조선족은 약 192만

중국 56개 민족 인구 구성

민족명	한자	인구	민족명	한자	인구	민족명	한자	인구
한족	漢族	1,230,117,207	쉐족	畲族	709,592	타지크족	塔吉克族	41,028
좡족	壯族	16,178,811	리수족	傈僳族	634,912	아창족	阿昌族	33,936
만주족	滿族	10,682,263	거라오족	仡佬族	579,357	푸미족	普米族	33,600
후이족	回族	9,816,802	둥샹족	東鄉族	513,805	예벤키족	鄂溫克族	30,505
먀오족	苗族	8,940,116	고산족	高山族	458,000	누족	怒族	28,759
위구르족	維吾爾族	8,399,393	라후족	拉祜族	453,705	징족	京族	22,517
투자족	土家族	8,028,133	수이족	水族	406,902	지눠족	基諾族	20,899
이족	彝族	7,762,286	와족	佤族	396,610	더앙족	德昂族	17,935
몽골족	蒙古族	5,813,947	나시족	納西族	308,839	바오안족	保安族	16,505
티베트족	藏族	5,416,021	치앙족	羌族	306,072	러시아족	俄羅斯族	15,609
부이족	布依族	2,971,460	투족	土族	241,198	유구르족	裕固族	13,719
둥족	侗族	2,960,293	무라오족	仫佬族	207,352	우즈벡족	烏孜別克族	12,370
야오족	瑤族	2,637,421	시버족	錫伯族	188,824	먼바족	門巴族	8,923
조선족	朝鮮族	1,923,842	키르기스족	柯爾克孜族	160,823	어룬춘족	鄂倫春族	8,196
바이족	白族	1,858,063	다워르족	達斡爾族	132,394	두룽족	獨龍族	7,426
하니족	哈尼族	1,439,673	징포족	景頗族	132,143	타타르족	塔塔爾族	4,890
카자흐족	哈薩克族	1,250,458	마오난족	毛南族	107,166	나나이족	赫哲族	4,640
리족	黎族	1,247,814	사라족	撒拉族	104,503	뤄바족	珞巴族	2,965
다이족	傣族	1,158,989	부랑족	布朗族	91,882			

*2000년 제5차 인구 센서스 결과(2000년 이후 전국조사를 한 적이 없다)

명으로 13위이다.

중국에 거주하고 있는 소수 민족들은 주로 광시, 신장, 윈난, 구이저우, 티베트, 내몽골 등 변경 지대에 분포하지만, 거주 공간은 전 국토의 73%에 이르는 광대한 영역을 차지하고 있다. 특히 소수 민족 자치 구역은 2만 2000km에 달하는 중국의 육지 국경선 가운데 90%인 1만 9000km를 차지한다. 조선족과 몽골족, 러시아족 등 34개 소수 민족이 이웃 국가와 국경을 마주하고 있는 변경 지대에서 살고 있다.

중국 소수 민족의 경우 하나의 소수 민족이 일정한 지역을 점유하는 경우는 극히 드물고, 한족 등 타민족과 섞여 살거나 작은 거주지에 살고 있는 경우가 많다. 이와 같은 소수 민족의 '대분산, 소집거'의 상황으로 민족적 정체성을 강력하게 유지하는 데 한계가 있으며, 한족에 동화되는 경향을 나타내고 있다. 한때 중원을 지배했던 만주족은 현재 2천여 지역에 분산되어 이미 자기의 문화와 습관을 거의 잃어버린 채 한족에 동화된 상태이다.

그러나 5개 자치구의 소수 민족들은 그들만의 고유한 전통문화를 계승해 왔을 뿐만 아니라 혈연·종교에 기초한 결속력이 매우 강하기 때문에 중국 정부와 크고 작은 마찰을 일으키고 있다. 중국 내에서 분리 독립 움직임이 가장 활발한 지역이 신장웨이우얼과 티베트(시짱), 그리고 내몽골 자치구이다. 2008년에 티베트 유혈 사태에 이어 2009년에 신장위구르 자치구의 유혈 사태는 최대 규모의 중국 소수 민족 유혈 사태로 기록되었다.

중국 민족 정책의 역사적 배경과 소수 민족 정책

중국의 민족 정책 배후에는 특수한 지리적·역사적 배경이 내재되어 있다. 중국의 특수한 역사적 배경을 보면 다음과 같다. 첫째, 중국은 진·한 제국 이래 2천 년이 넘는 동안 통일적 중앙 집권 국가였다. 둘째, 혁명 전의 중국은 반식민지·반봉건 국가였다. 셋째, 중국의 소수 민족은 지배적인 민족인 한족에 비해 인구 구성에서 매우 소수이며 전 국토에 분산 거주하고 있다. 몽골족 등 일부 소수 민족은 중국 국경 밖의 동포 민족을 포섭하고 있으며, 이것이 주변 국가와의 국경 분쟁 및 민족 분쟁으로 발전하는 요인이 되고 있다. 국경으로 분단되어 있는 몽골족은 내몽골 자치구를 중심으로 하는 중국령, 몽골인민공화국, 러시아연방공화국 내 브랴트자치공화국 등 3국으로 분리되어 있다. 또한 중국의 카자흐족은 위구르 자치구의 북부에 90만 명이 거주하고, 카자흐스탄

공화국을 중심으로 하는 소련 영내에 660만 명이 거주하고 있다.

넷째, 중국에서는 영내 소수 민족의 자치권을 인정하지 않았다. 소수 민족이 거주하는 지방에 구역 자치가 실행되나, 각 민족 자치구 모두 중화 인민공화국과 불가분의 관계를 맺고 있었다. 1982년 헌법에서도 소수 민족 정책의 기본은 각 민족이 단결해서 통일된 중국과 사회주의 건설을 추진한다고 되어 있다. 그리고 헌법상 어떤 민족에 대한 차별 및 억압을 금지한다는 뜻이 명기되어 있다.

중국 정부는 민족의 자결권·분리권을 부정한 상태로 민족 정책을 펴고 '대한족주의'와 '지방민족주의'를 형성시켰다. 대약진기(1952~1962) 이후에 민족 융합론이 제창되어, 한족이 소수 민족 거주지에 대량으로 이주하는 한족으로의 동화책이 추진되었다. 한족의 대량 이민이 가장 비약적으로 전개된 지역은 신장웨이우얼 자치구이다. 1955년 당시 신장의 총인구 487만 명 중 30만 명을 점하는 데 불과했던 한족은, 1982년 500만 명을 넘어 지역 인구의 40.2%를 차지했다. 그리하여 신장웨이우얼 자치구 전체의 70%를 차지할 정도로 다수파 주민이었던 위구르족이 오히려 소수 민족으로 전락하고 말았다.

한편 문화 대혁명기에 민족 문제가 아직 해결되지 않은 것은 각 민족 내부에 반동 세력이 잔존하기 때문이라고 생각하였다. 따라서 민족 문제의 해결은 계급 투쟁에 의해서만 이루어진다는 이데올로기에 입각하여 소수 민족의 전통문화 파괴, 급격한 한족으로의 동화책 등이 추진되었다. 그 결과 소수 민족 주민의 대부분이 심한 박해를 받았다. 중국의 소수 민족이 거주하는 변경 지역은 한족 거주지보다 경제적으로 낙후되어 있다. 1급 행정구의 1인당 농업 생산성의 경우, 구이저우 성이나 시짱(티베트) 자치구, 윈난 성, 광시 자치구 등 남서부의 소수 민족 거주지는 농업 생산성이 가장 높은 지역에 비해 1/10 정도로 낮고, 재정 구조 또한 매우 취약하다.

그러나 이들 거주지에는 석탄, 석유, 알루미늄 등 풍부한 광물 자원이 매장되어 있으며, 전체 산림 면적의 약 37%와 3억kW의 수력 발전 자원을 보유하고 있다. 특히 신장 지역의 석유 매장량은 중국 전체 매장량의 약 1/3(740억 배럴)에 달한다. 이와 같은 사정 때문에 중국 정부는 소수 민족 대책에 고심하고 있다. 오늘날 중국은 개방화 정책 이후 급속한 경제발전을 이룩하고 있다. 그러나 소수 민족이 거주하는 지역에서는 공업 발달이 아닌 소규모의 관광지 개발이 이루어지고 있는 실정이다.

오늘날 중국에서는 1급 행정구로서 내몽골, 신장웨이우얼, 광시쫭족, 닝샤후이족, 시짱 등 5개 자치구가 설정되고, 그 아래 2, 3급 행정 단위로서 31개의 자치주, 80개의 자치현 등이 있다. 각 자치구에는 입법권을 포함한 소수 민족의 자치권이 보장되고, 일정한 우대 정책이 채택되고 있다. 그러나 중국 정부는 소수 민족의 자치구를 중화인민공화국의 일부로 간주하기 때문에, 민족의 자치권과 분리권에 대해서는 부정적인 태도로 문화적 민족주의는 허용하되 정치적 민족주의는 불허하고 있다.

신장위구르(웨이우얼) 지역의 독립운동

신장(新疆, 새로운 강역)이란 이름이 말해 주듯 신장위구르 자치구를 중국이 다스리게 된 것은 역사적으로 그리 오래되지 않았다. 과거 서역(西域)이라고 불리면서 서유기(西遊記)의 무대가 된 이 지역은 청나라 초기만 해도 줄곧 독립을 유지해 왔다. 하지만 1759년 만주족 황제인 청의 건륭제에 의해 정복당했고 이후 청에 맞서 간헐적인 독립 상태를 유지하다 1884년 청 말 정치가 좌종당(左宗棠)이 이 지역을 재정벌한 다음 청의 직할령으로 완전히 복속되었다. '신장성(新疆省)'이란 말도 이때 나왔다.

'위구르' 자치구라는 이름을 통해서 알 수 있듯이 자치구 주민의 절반이 55개 소수 민족 중 다섯 번째로 많은 위구르족이다. 지역에 따라 몽골 인종과의 혼혈도 있지만, 위구르족 전체로는 코카서스 인종에 속한다고 보고 있다. 언어적으로 현대 위구르어는 알타이어족에 속하고, 우즈베크어와 비슷하며 대부분 수니파 이슬람교를 믿고 있다.

이슬람교는 14~17세기에 동투르키스탄*의 위구르족 사이에 전파되어, 점차 마니교, 불교 등의 다른 종교를 밀어냈다. 오늘날의 위구르족이라고 하는 명칭의 민족 집단은 이 시기에 형성되었다고 한다. 장기간에 걸친 이민족의 지배로 인해 인종적 혼합화와 이슬람화가 진행됨과 동시에 언어와 문자도 아랍어의 영향을 많이 받았다.

오늘날 신장웨이우얼 지역의 전체 주민 2095만 명(2007년 기준) 가운데 위구르족이 897만 명으로 전체의 약 45%를 차지하고 있다. 그러나 자치구에서 위구르인들이 차지하는 비중은 줄어드는 추세다. 소수 민족 자치구에는 '독생자 정책(1자녀 갖기 산아제한정책)'이 적용되지 않아 한때 조출생률(인구 1,000명당 출생률)이 높았지만 한족은 거듭 유입되는 데 반해 위구르인은 일자리를 찾아 자치구 밖으로 나가기 때문에 비중이 줄어들고 있는 것이다. 위구르 자치구로 들어오는 한족의 집단 이주 움직임은 위구르족에게 위협적이다. 1949년 중국 인민해방군의 진주 이후 군인과 그 가족들이 대량으로 이주했고 지난 1990년까지 위구르 지역 사막화를 막기 위한 타림강 댐 건설 공사를 벌이면서 또 한번 한족들이 대량 이주했다. 현재 위구르 자치구에서 한족은 전체의

동투르키스탄
'투르키스탄'은 '투르크 민족의 영토'라는 뜻으로 현재 중국의 신장웨이우얼 자치구 지역이며, 서투르키스탄은 소련 영토였던 중앙아시아의 5개 공화국 즉 카자흐스탄, 우즈베키스탄, 타지키스탄, 키르기스스탄, 투르크메니스탄을 일컫는다.

40%에 달하는 780만 명에 달한다.

위구르족의 독립 움직임은 오랜 역사를 가지고 있다. 위구르족은 아랍인과 같은 외모는 물론 종교, 문화, 언어 등 모든 면에서 한족과 이질적이다. 1759년 청나라 지배를 받기 시작한 이후 42차례에 걸쳐 독립운동을 벌였고 1865년에는 봉기로 잠시 독립을 이루기도 했다. 국공내전*의 틈을 타 1933~1934년, 1943~1949년 독립국가인 동투르키스탄공화국을 건립했으나 1949년 완전히 중국의 지배 체제에 편입되었다. 이후에도 무장 분리 독립운동 단체인 동투르키스탄이슬람운동(ETIM, East Turkestan Islamic Movement)이 주도하는 독립운동을 벌여 왔다. 1949년의 중화인민공화국 성립 이후, 1955년 우루무치(烏魯木齊)를 수도로 하는 신장웨이우얼 자치구가 정식으로 발족하여 자치가 인정되었다.

그러나 1990년 4월 신장에서 독립을 요구하는 폭동이 일어나 수십 명이 사망하였다. 그리고 1995년 4월에는 신장에서 위구르족과 카자흐족 5만여 명이 중국으로부터의 독립과 공산당 통치의 종식을 요구하는 시위를 벌여 88명이 사망하였고, 3백여 명이 부상하였다. 이어 1997년 2월 이슬람교계 1천여 명의 주민들이 다수 세력인 한족을 공격하자 인민 정부는 중앙 정부의 명령에 의해 분리주의자들에 대한 무력 진압에 나서는 등 이슬람교 분리주의자에 의한 소요 사태가 날로 증가하고 있다. 이러한 상황에서 2009년 7월 신장위구르 자치구 수도 우루무치에서 유혈 사태가 발생하여 917명이 숨지고, 1,600여 명이 다쳤다.

유혈 사태의 가장 직접적인 원인이 이 지역의 경제적 취약성 때문이라는 데는 이견이 없다. 이 지역은 사막이라 기본적으로 생필품이 부족하고 교통과 물류도 불편해 물가도 상당히 비싼 편으로 알려졌다. 과거부터 한족은 이 같은 점에 주목해 보따리 무역, 국경 중개무역 등으로 부를 쌓았고, 1949년 이후 이 지역으로 몰려들어 특유의 장사 수완을 발휘해 상권을 장악하다시피 했다. 최근 실크로드를 자원으로 삼아 비약적으로 발전하고 있는 관광산업의 이익도 한족이 독점하고 있는 것으로 알려졌다. 이번 소요 사태 때 한족들이 운영하는 상점이 집중적으로 피해를 입었다는 사실에서도 한족 상인들에 대한 위구르인의 반감을 짐작할 수 있다. 중국 정부가 이번에 이례적으로 외국 언론의 취재를 허용한 것도 한족의 피해가 상대적으로 많았기 때문이다.

국공내전(國共內戰)
항일전쟁 후 중국 재건을 둘러싸고 국민당과 공산당 사이에 벌어진 국내 전쟁

신장 지역의 인구 변화

이 지역에 풍부한 천연가스와 석유를 비롯한 에너지자원과 광물자원도 한족이 주로 거주하는 동부 연해 지역으로 계속 유출되고 있다. 중국 정부가 10차 5개년 계획(2001~2005)의 일환으로 서기동수* 프로젝트를 추진해 지난 2004년 신장에서 상하이까지 이르는 총 길이 4,000km의 가스 파이프라인을 개통시킨 것이 대표적인 예다. 신장위구르 자치구의 천연가스 매장량은 중국 천연가스 매장량의 34%에 해당하는 10조m^3에 달하는 것으로 알려져 있다. 또 신장위구르 자치구에는 타림 유전, 준가르 유전, 투하 유전 등 3대 유전이 있다.

서기동수(西氣東輸)
중국의 서부 대개발 사업 가운데 하나로, 중국 서부 지역의 풍부한 천연가스를 동부 지역으로 운송하기 위한 가스 수송관 건설사업

현재 중국 정부는 이 지역의 소요 사태가 외세의 개입에 의한 것이라고 판단하고 있다. 사실 러시아, 중앙아시아 국가들과 국경을 맞대고 있는 이 지역은 늘 외세의 개입이 있어 왔다. 과거에도 소련이 이 지역을 넘어서 아프가니스탄까지 진출하려고 했고,

 투르크 민족 국가와 위구르의 분리 독립운동

위구르인들은 1930년대부터 중국에서 독립하여 동투르키스탄(Eastern-Turkystan)공화국을 건설하려는 민족 운동을 전개해 왔다. 특히 1990년대 이후 소련(蘇聯, Union of Soviet Socialist Republics : USSR)이 해체되고 카자흐스탄(Kazakhstan), 키르기스스탄(Kyrghyz), 우즈베키스탄(Uzbekistan) 등 투르크계 이슬람 민족이 다수를 차지하는 국가들이 독립하면서 위구르의 분리 독립 움직임도 본격화하였다.

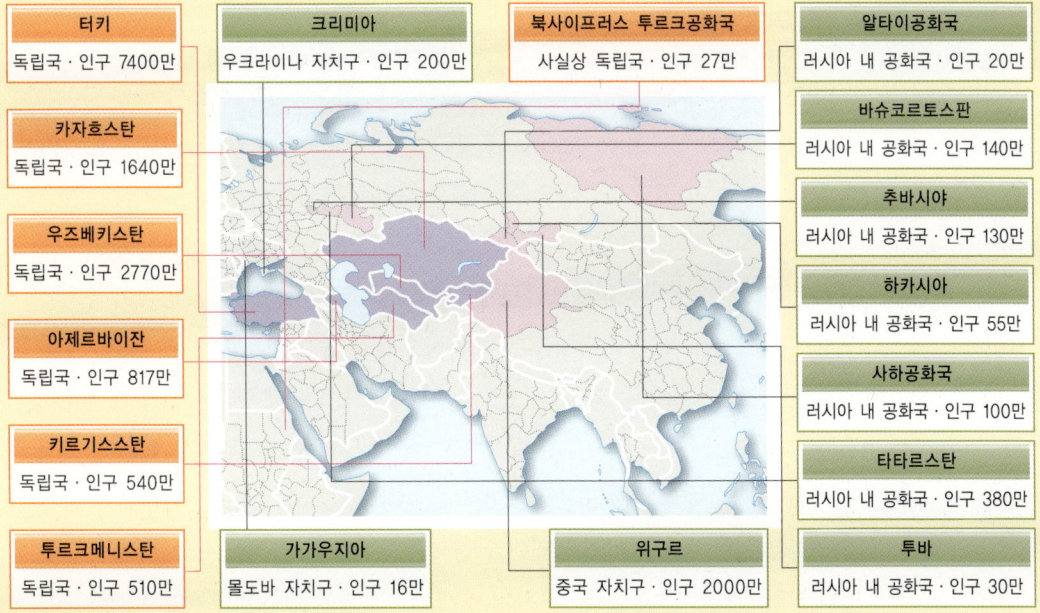

터키 이스탄불에서 터키 국기와 위구르 깃발을 함께 펄럭이며 위구르 지지 시위를 하고 있는 위구르계 터키 소년들

일본도 군국주의 시절 중국의 분열을 노리면서 신장 지역을 포함한 만주와 몽골의 독립을 주창한 바 있다. 동투르키스탄 독립운동도 소련과 영국의 지지를 받았다. 이 지역 주민들 역시 민족적·역사적 배경이 유사한 중앙아시아 여러 국가들이 러시아의 지배에서 벗어나 독립국가를 세우자 이를 모델로 독립운동을 벌이는 것으로 알려졌다. 또한 중국 정부는 이번 시위의 배후에 미국에서 망명 생활을 하고 있는 위구르 독립운동의 대모(代母) 레비야 카디르가 있다고 화살을 돌렸다.

티베트(시짱) 지역의 독립운동

현재 티베트 자치구에는 티베트족 전체의 절반 가량인 270만 명(2008년 기준)의 티베트족이 살고 있다. 한족 인구가 급속히 늘고 있는 다른 자치구와 달리 시짱 자치구는 여전히 티베트족이 전체 인구(287만 명)의 95% 가량을 차지하고 있다. 자치구 전체 면적도 신장위구르 자치구에 이어 두 번째로 중국 전체 면적의 13%를

위구르의 민속춤

차지하고 있다.

티베트족(짱족·藏族)은 중국 내 55개 소수 민족 가운데 국제적으로 가장 널리 알려진 민족이다. 전체 인구는 541만 명으로 인구 순으로 9번째에 불과하지만 최근 위구르 유혈 사태가 터지기 전까지만 해도 중국의 소수 민족 문제를 상징하는 단어는 '위구르'가 아닌 '티베트'였다. 독자적인 종교와 언어를 가지고 있는 등 독립심이 강한 그들은 중화인민공화국이 공식 건국한 이듬해인 1950년 10월 중국인민해방군이 진주하여 1951년 티베트를 강제 합병한 이후 분리 독립 문제로 중국 정부와 잦은 마찰을 빚어 왔다. 특히 1959년 3월에는 티베트의 정치와 종교의 지도자인 달라이 라마를 중심으로 독립을 요구하는 대규모의 시위가 발생하여 1만여 명의 티베트인이 사망하였다. 종교를 부정하는 사회주의 국가인 중국과 종교를 삶의 핵심으로 여기는 티베트 주민 사이에 분쟁이 발생한 것은 어쩌면 당연한 일인지도 모른다.

달라이 라마는 1959년 중국으로부터 티베트의 독립을 쟁취하기 위한 봉기가 실패하

자 망명길에 올라, 인도 북부 지역 다람살라에 망명 정부를 수립했다. 그는 1979년까지 20년 동안 중국을 타도 대상으로 삼고 접촉 자체를 기피해 왔으나, 1979년 진상 규명 대표단 파견을 시작으로 중국 정부와의 접촉을 시작했다.

1987년 9월 달라이 라마는 미국 의회에서 티베트를 평화 지역으로 선포하고 중국에 미래 문제를 위한 협상을 시작하자는 제안을 처음 내놓았다. 이어 1988년 유럽 의회 연설을 통해 중국에 외교권만 넘겨주고 티베트 자치 정부를 수립하는 '티베트 평화를 위한 5개 조항'을 대안으로 제시했다. 그러나 중국 정부는 이를 받아들이지 않았을 뿐만 아니라 1989년 3월 티베트 봉기 30주년을 목전에 두고 라싸에서 대규모 폭동이 일어나자 이 지역에 계엄령을 선포하기도 하였다. 1992년 4월과 1993년 10월에도 티베트에서 폭동이 일어났으며, 현재 티베트 지역의 사원은 대부분 폐쇄 상태에 있다. 이는 중국 정부가 1996년 4월 5일 티베트의 민족 지도자인 달라이 라마의 사진을 티베트 사원에서 철거하도록 지시한 것에 대항해서 발생한 일련의 시위에 대한 조치였다.

1996년 6월 14대 달라이 라마는 히말라야 산맥의 해발 2,200m 다람살라에서 중국의 탄압을 피해 거주하고 있는 750만 난민의 잠정적인 정치 기구로 티베트 망명 정부의 12대 내각을 출범시켰다. 1999년 3월 10일 티베트 봉기 40주년 기념 연설에서 달라이 라마는 분리 독립 포기를 설득할 수도 있다는 유화적인 입장으로 선회했고, 2005년

왼쪽 : 티베트 지역은 북쪽의 쿤룬 산맥을 경계로 신장위구르 자치구와 이어져 있고, 남으로는 히말라야 산맥을 경계로 인도·네팔·부탄·미얀마와 국경을 마주하고 있다. 히말라야 산맥에서 가장 높은 산이자 세계 최고봉인 에베레스트 산(해발 8,848m)을 티베트인들은 '성스러운 어머니'란 뜻의 '초몰랑마'라고 부른다. 만년설로 뒤덮인 '히말라야'는 티베트어로 '눈의 고장'이란 뜻이다. 이 만년설은 최근 중국의 만성적인 물 부족 문제를 해결할 '신무기'로 급부상하고 있다.
오른쪽 : 티베트 라싸에 있는 포탈라 궁의 모습으로 달라이 라마의 궁전이다.

독립 포기, 다짱취 고도 자치 쟁취

달라이 라마가 1970년 처음 제창한 것으로 외교와 국방은 중국에 맡기되 내치(內治)는 티베트인이 알아서 하겠다는 것이 핵심이다. 다짱취란 현 티베트 자치구뿐 아니라 원래 티베트 땅이었다가 현재 칭하이(靑海) 성과 간쑤(甘肅), 쓰촨(四川), 윈난(雲南) 성으로 분할, 분리된 지역까지 포함한다. 티베트 자치구는 122만 8,400km²에 불과하지만 다짱취는 240만km²에 이른다.

3월 10일 티베트 봉기 46주년 기념 연설에서는 티베트 독립을 추진하지 않겠다고 선언하며 중국과의 협상에 새로운 돌파구를 열었다. 이는 티베트의 정치·경제·외교 문제에 대해서는 중국에 주권을 양보하고, 대신 종교와 문화 문제에 대해서만 자치를 요구하는 쪽으로 입장을 선회한 셈이다.

그러나 2008년 3월 라싸에서 티베트인의 독립 요구로 200여 명의 사상자가 발생한 대규모 유혈 사태(3·14 사태)가 일어났다. 이후 티베트의 정신적 지도자 달라이 라마가 40년 가까이 추구해온 '독립 포기, 다짱취(大藏區) 고도자치(高度自治) 쟁취'*라는 중도 노선을 폐기하고 티베트 망명 정부가 '독립 추구'라는 강경 노선으로 돌아설 가능성이 보이면서 앞으로 중국과 티베트인 간의 갈등이 더 격화될 것으로 예상된다.

시사상식 — 티베트의 종교 라마교

라싸의 승려들

라마교로 알려진 티베트 불교는 티베트족을 이해하는 하나의 키워드이다. 인도와 국경을 마주하고 있는 티베트는 불교를 가장 빨리 받아들인 곳이다. 현재도 티베트에는 1,700여 개의 불교 사원과 종교 단체들이 있는 것으로 알려졌다. 특히 불교가 들어오면서 티베트는 종교 지도자가 정치까지 관장하는 신정일치 체제로 변했다. 달라이 라마 역시 정치 지도자이기 전에 엄연한 라마교 최대 계파인 거루파의 수장이다. 거루파는 노란 가사를 걸치고 노란 모자(황모)를 쓴다고 해서 '황모파' '황교(黃敎)'로도 불린다. 티베트 불교인 라마교는 모자 색깔에 따라 황모파·홍모파·흑모파·백모파 등으로 구분한다. 티베트에 외세를 끌어들인 것도 이들 교파들의 세력 다툼이 빌미가 되었다. 몽골족이 중국을 지배하던 원나라 때는 군사적으로 우위에 있는 몽골족에 티베트 불교(라마교)라는 지배 이념을 제공하기도 했다. 원나라의 실질적 지배를 받던 고려 왕들 가운데는 티베트 라마교 사원에서 귀양살이를 한 왕도 있다. '티베트'라는 말도 과거 몽골족을 비롯한 유목민들이 토번족을 부르던 '투보트(土伯特)'란 말에서 비롯되었다. 하지만 지금 중국에서 '티베트'란 말은 철저히 금기시된다. 중국 공산당은 1951년 티베트 무력 점령의 명분으로 '종교'를 들었다. '부패한 종교의 압제로부터 농노(農奴)로 전락한 티베트 인민을 구한다'라며 6,000여 개의 종교 사원을 파괴했다. 지금도 중국은 티베트 점령을 '농노해방' '민주개혁'으로 자찬하고, 달라이 라마를 비롯한 기존의 종교세력은 '농노주의자' '민족분열주의자'로 비난한다. 2009년부터는 1959년 발생한 티베트 무장 봉기를 진압한 3월 28일을 '시짱 100만 농노 해방기념일'로 지정해 성대한 기념 행사를 벌이고 있다.

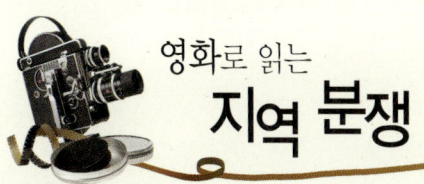

영화로 읽는 지역 분쟁

쿤둔 Kundun

마틴 스콜세지 감독 / 1997 / 미국 / 120분

티베트 지도자 달라이 라마의 삶을 다룬 전기 작품으로, 두 살의 나이에 14대 달라이 라마가 되어 중국 공산당의 침입으로 티베트에서 쫓겨나기까지의 이야기이다.

줄거리 _ 1933년 13대 달라이 라마가 서거한 뒤, 레팅 린포체('린포체'는 영적 스승을 의미하는 칭호임)는 고인이 된 라마와 역대 모든 달라이 라마의 대를 이어 관세음보살의 현신이 될 14대 달라이 라마를 찾을 때까지 섭정직을 맡고 있었다. 오랜 탐색 끝에 후보자로 여겨지는 2살의 라모 된둡이 발견된다. 승려들은 소년의 집으로 가서 똑같이 생긴 여러 개의 물건을 보여 주면서 마지막 테스트를 했다. 각각의 물건에는 13대 달라이 라마가 사용하던 것이 들어 있으며 소년은 그의 물건을 집으면 되는 것이었다. 라모 된둡은 이 테스트를 통과했다. 바로 그가 14대 달라이 라마 '쿤둔'(The Presence, 고귀한 존재)이었다. 그러나 불과 5세에 세상을 구원하는 쿤둔의 자리에 즉위한 이 소년은 가장 치열한 역사의 격동에 휩쓸린다. 공산화된 중국이 1957년 마침내 침공해오고 자신의 동포가 아무런 무기 없이 그들 앞에 무자비하게 죽어갈 때도 소년은 사춘기에 불과했다. 1959년 18세에 소년은 중국의 암살 위협을 피해 긴 망명길을 떠난다. 1959년 독립 시위에 대한 잔혹한 진압으로 티베트 전체 인구의 20%인 120만 명이 학살되었다. 문화 대혁명 기간에는 홍위병들이 4,500여 개의 사원을 폐쇄했으며, 정치적인 이유로 수많은 티베트인을 감옥에 가두었다. 그러나 UN을 비롯한 세계 열강들은 티베트을 외면했고 쿤둔은 홀로 외롭고도 기이한 저항을 시작했다. 그들의 이야기를 귀기울여 듣고 주변 사람들과 끊임없이 대화하며 서로의 마음을 들여다보려고 노력하는 것이 그의 저항이었다. 일체의 폭력도 개입되지 않았다. 시간이 흘러 세계는 그들의 말에 귀를 기울이기 시작했고, 마침내 1989년 노벨상 위원회는 그에게 평화상을 수여했다.

8장 일본
조어도, 쿠릴 열도를 둘러싼 힘겨루기

일본 어부 1명이 러시아와 영유권 분쟁이 빚어지고 있는 북방 4도 해역에서 러시아 경비병의 총격을 받아 숨지면서 일본과 러시아 간 외교 갈등으로 비화되고 있다. 16일 오전 일본의 게잡이 어선이 홋카이도 네무로 앞바다 카이가라 섬 부근 해역에서 조업을 하다 러시아 경비정에 나포됐으며 이 과정에서 어부 1명이 총격으로 숨졌다. 카이가라는 일본과 러시아 사이에 영유권 분쟁이 일고 있는 쿠릴 열도에 있는 섬이다. — CBS뉴스, 2006. 8. 17

중국·대만·일본이 갈등을 빚고 있는 '조어도'(댜오위다오·센카쿠 열도) 영유권 분쟁에서 중국과 대만이 한 목소리로 일본을 공격하고 있다. 대만은 지난 10일 조어도 해역에서 일본 순시선이 대만 어선을 침몰시킨 데 항의해 일본 주재 대표를 불러들이는 등 강력히 반발하고 나섰다. — 한겨레신문, 2008. 6. 15

조어도 부근 해역에서 일본 해상 당국의 중국어선 나포를 계기로 촉발된 중국과 일본 간 갈등이 범 중화권으로 확산하는 등 파장이 커지고 있다. 중국 본토와 홍콩, 대만은 물론 미국을 비롯한 해외에 거주하는 중국인들이 만주사변(중국명 9.18 사변) 발생 79주년인 9월 18일 동시다발적으로 대규모 시위를 벌일 예정이어서 긴장이 고조되고 있다. — 헤럴드경제, 2010. 9. 16

중국과 일본의 영유권 분쟁 지역인 조어도에서 발생한 선박 충돌 사고를 놓고 양국의 갈등이 확대되고 있습니다. 중국은 총리가 직접 보복 경고에 나서는 등 외교전으로 번지는 양상입니다. — MBC뉴스, 2010. 9. 26

아시아의 여러 국가들이 그동안 별로 관심을 갖지 않았던 해양 도서 영유권에 주목하기 시작했다. 일본은 현재 독도, 조어도, 쿠릴 열도의 영유권을 놓고 한국, 중국, 러시아와 각각 갈등 중이다. 이러한 영토 분쟁이 발생하게 된 역사적 기원은 무엇이며, 해당 지역들이 최근 관심을 끌게 된 이유는 무엇일까?

지도로 읽는 지역 분쟁

일본과 주변국의 영토 분쟁

조어도 분쟁

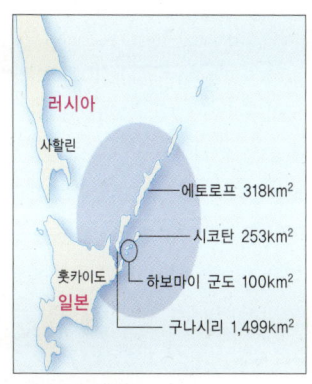

쿠릴 열도 분쟁

자원 쟁탈전의 무대가 된 바다

아시아의 많은 국가들이 해양자원 확보에 관심을 가지기 시작했다. 국제사회에서 해양 영유권 분쟁은 수산자원을 비롯해 석유, 천연가스와 같은 해양 지하자원 확보, 해상 교통, 군사적 입지 확보에서 중요한 분쟁 요인이 되고 있다.

조어도*는 동중국해에 위치한 무인도의 군도로, 5개 섬과 3개의 암초로 이루어져 있다. 가장 큰 섬의 면적은 약 $6.3km^2$이다. 이 섬은 일본 오키나와 섬의 나하로부터 남서쪽으로 약 400km, 타이완의 지룽으로부터 북동쪽으로 약 175km 떨어져 있다. 현재 일본이 점유하고 있으나 중국, 대만이 영유권을 주장하고 있다.

한동안 잠잠하던 조어도 영유권 분쟁이 다시 수면 위로 떠오른 것은 비교적 최근의 일이다. 이 영유권 다툼은 일본과 중국·타이완 등의 범중국계의 대결로 확산되고 있다. 얼핏 보기에 이 분쟁은 단순한 영토 분쟁으로 보인다. 그러나 조어도 분쟁은 순수한 영토 수호 차원이 아닌 해저 자원에 대한 경제적 이해관계가 각국의 정치적 이해관계와 맞물려 빚어진 복합적인 성격의 분쟁이다.

조어도 주변에 고등어·정어리 등 어족 자원이 풍부한 것은 잘 알려져 있는 사실이며, 1969년에는 조어도 인근 해역에 석유를 포함한 천연자원이 대량으로 매장되어 있을 가능성이 높다는 사실도 밝혀졌다. 석유 회사들은 이 해역에 100억~1000억 배럴의 원유가 매장된 것으로 추정하고 있다. 따라서 조어도에 대한 영유권 분쟁은 막대한 석유 자원을 확보하기 위한 주변 국가 간의 자원 쟁탈전이라고도 할 수 있다.

쿠릴 열도는 열도의 일부인 4개 섬, 즉 하보마이 제도, 시코탄, 구나시리, 에토로프를

조어도(釣魚島)
중국명은 댜오위다오, 일본명은 센카쿠 열도, 영어권 국가들에서는 피나클 제도(Pinnacle Islands), 한국에서는 대체로 조어도로 부른다.

시사상식 아시아 해양 도서 영유권 분쟁

세계 도서 영유권 분쟁 사례는 대략 31개 지역으로 태평양에 9개, 인도양에 9개, 대서양에 10개, 남북극해 4개 지역에서 해양 도서 영유권 분쟁이 존재하고 있다. 이 중 아시아에는 10개 이상의 지역에서 도서 분쟁이 진행되고 있고, 그 중 가장 심각한 해양 영유권 분쟁은 동북아와 동남아 지역에 있다. 동북아 지역은 식민지 침탈과 관련된 도서 분쟁으로 그 대표적인 사례가 일본과 중국(대만, 홍콩) 간의 조어도 분쟁, 러시아와 일본 간의 오호츠크 해 쿠릴 열도(북방 4개 섬) 분쟁, 그리고 한국과 일본의 독도 문제이다. 동남아시아 지역에는 양자 간의 도서 영유권, 해저 자원의 소유권, 대륙붕 경계선 문제 등을 둘러싼 해양 분쟁들이 다수 존재하고 있다. 인도네시아의 경우 약 1만 7,508개 부속 도서가 있으며 그 중 6,000개 도서에만 사람이 살고 있고 아직 이름이 없는 도서도 상당수가 있다. 이처럼 동남아시아 국가들은 주변 국가들과 산재해 있는 소도들의 영유권과 해안 경계선들을 확정지을 수 있는 개별 분쟁에 대한 협약을 체결하지 못하고 있어, 이 지역에서 해양 분쟁은 아직도 미해결 상태로 남아 있다. 그 중 국제적으로 가장 예민한 해양 영유권 분쟁으로는 6개국이 연루된 남중국해의 난사 군도 분쟁을 들 수 있다. 이 군도에는 10억 배럴로 추정되는 막대한 양의 석유가 매장되어 있으며, 인도양과 태평양을 연결하는 전략 요충지라는 점 때문에 주변

말하며, 일본은 이 북방의 4개 섬에 대해 영유권을 주장하고 있다. 1951년 샌프란시스코 강화 조약에 의해 소련이 에토로프, 구나시리와 함께 하보마이와 시코탄을 점유하게 되었고, 이에 일본은 크게 반발하였다. 러시아는 4개 섬 중 남단 2개 섬만 반환하겠다는 입장을 주장하는 반면, 일본은 4개 섬 전체의 반환을 주장하고 있어 접점을 찾지 못하고 있다.

중국과 일본의 조어도 분쟁

원래 조어도 분쟁의 주역은 일본과 타이완이었다. 그런데 중국이 타이완도 중국 땅이라는 입장에서 조어도 분쟁에 개입하여, 이 문제는 동아시아 양대 열강 간의 다툼으로 비화되었다. 중국과 일본이 조어도에 대한 영유권을 주장하는 근거는 다음과 같다.

먼저 중국은 16세기 명나라 때의 기록을 근거로 조어도가 자국 영토임을 주장하고 있다. 현재 일본 영토인 오키나와는 원래 '류큐'라는 독립 왕국이었는데, 16세기 초 류큐에 파견된 명나라 사신에 관한 기록 중에 '중국에서 출발하여 8개의 바위섬인 주어노를 지나 류큐로 간다'는 구절이 있다. 이는 당시 명나라가 조어도를 영토의 일부로 여겼다는 사실을 짐작하게 해 준다.

또한 1893년 청의 서태후가 칙서를 내려 조어도를 자국민에게 하사한 것이 일본이 조어도를 자국령으로 편입한 것보다 먼저라는 점을 들고 있다. 그리고 조어도가 제2차 세계대전이 끝날 때까지 일본의 지배하에 있었던 것은 중국이 청일 전쟁에서 패한 뒤

국가들 간에 치열한 영유권 분쟁이 벌어지고 있다. 현재 난사 군도는 중국, 타이완, 필리핀, 말레이시아, 베트남 등이 분할 점령하고 있는데, 중국이 난사 군도 전체를 자국 영토로 만들기 위해 해군력 강화에 박차를 가하고 있어 무력 충돌의 가능성이 높아지고 있다.

해양 도서를 포함한 영토 분쟁은 지역 협력과 평화 구축에 큰 장애가 되고 있다. 영토 문제에는 국가의 주권과 배타적 국민 감정이 개입되어 있기 때문에 정부 당사자만의 참여로 해결하기에는 어려움이 많다. 또 해양 도서 영유권 분쟁에서 시민 사회나 비정부기구(NGO)가 분쟁 해결에 성공적으로 참여한 사례는 찾아보기 어렵다. 일본과 중국이 대립하고 있는 동중국해 조어도 분쟁 사례에서 알 수 있듯이 분쟁 당사국의 우익단체 또는 이익단체가 국익 수호를 목적으로 개입하여 오히려 국제 갈등을 심화시키는 사례가 발견된다. 그러므로 영토·영해 문제의 평화적 해결을 모색하기 위한 시민 사회의 관심과 연대는 새로운 도전이며 개척해야 할 영역으로 대두되고 있다.

—출처 : 강성호, '생존의 터' 바다, 군대의 전유물로 내버려둘 텐가
[아시아생각] 아시아 해양 도서 영유권 분쟁과 시민사회의 과제 (프레시안, 2009. 4. 15)

조어도_ '댜오위다오'인가? '센카쿠 열도'인가?

체결된 시모노세키 조약의 결과이며, 1951년 체결된 강화 조약에서 일본이 타이완에 대한 권리를 포기할 때 조어도까지 포기한 것으로 봐야 한다는 것이다.

이러한 중국의 주장에 대해 일본이 조어도의 영유권을 주장하는 근거는 다음과 같다. 역사적으로 조어도는 류큐 왕국의 영토였고, 일본이 19세기 말 오키나와를 합병하면서 영토권을 승계했다는 것이다. 또한 조어도는 1895년부터 일본의 '실효적 지배'에 들어와 있었고, 이 기간에 조어도에 대해 주권을 행사하였으나 중국과 타이완이 반대하지 않았다는 점을 강조하고 있다.

조어도에 대해 실효적 지배를 내세우고 있는 일본 측의 주장은 독도의 반환 요구와는 모순된 논리를 가지고 있어 더욱 주목된다. 독도를 실효적으로 지배하고 있는 국가는 우리나라이기 때문이다. 또한 일본은 1900년 이전까지 조어도에 이름조차 붙이지 않았을 정도로 이 섬에 관심을 기울이지 않았다. 일본이 붙인 섬 이름인 센카쿠(뾰족한 집)는 1900년에 영국에서 제작된 해도에 이 섬이 'Pinnacle Islands(뾰족한 섬)'라고 표기된 것을 본떠 붙인 것이다.

조어도 분쟁은 1970년을 전후하여 타이완, 중국, 일본이 각각 영유권을 주장하면서 표면화되기 시작하였다. 타이완은 1969년 7월 조어도를 포함하는 주변 해역의 석유 탐사를 위하여 퍼시픽걸프사와 계약을 체결하였다. 또한 1971년에는 자국 주재 일본 대사관에 조어도가 타이완령이라는 뜻을 전달하고, 1972년 2월에는 자국령으로 편입하는 법률을 제정하였다. 중국 정부도 1970년부터 역사적인 사실에 의거하여 조어도가 고유 영토임을 주장하기 시작하였다.

그런데 제2차 세계대전 이후 오키나와를 점령하고 있던 미국이 1971년 일본과 오키나와 반환 협정을 체결하고, 1972년 5월 조어도를 오키나와에 묶어 일본에 넘겨주었다. 이를 계기로 이 일대에 대한 영유권 분쟁은 절정에 이르게 되었다. 1978년 중국과 일본이 평화 우호 조약을 체결함으로써 영유권 분쟁은 가라앉는 듯하였다.

그러나 1992년 2월 중국이 제7차 '전국 인민 대표자 대회 상임 위원회' 회의에서 조어도 열도에 대한 영유권을 제기함으로써 양국 관계는 다시 긴장 상태로 접어들었다. 1996년 2월 중국은 조어도 인근 해역에서 유전 탐사 작업을 실시했다. 그러자 그 해 7

월 '일본 청년사' 라는 일본의 극우 단체가 조어도에 등대를 설치하고, 이곳에 일장기와 오키나와 전투 희생자 위령비를 세움으로써 분쟁은 더욱 격화되었다.

이에 맞서 중국은 이 일대에 두 척의 잠수함까지 파견하여 순찰 활동을 강화하였으며, 타이완 극우 단체들은 타이베이 주재 일본 대표부 앞에서 일장기를 불태우며 항의 시위를 벌였다. 또한 홍콩에서는 홍콩 역사상 최대 규모의 반일 시위가 일어났는데, 이 시위에서는 중국의 오성홍기와 타이완의 청천백일기가 나란히 게양되었고, 국민당 퇴역 군인들이 친중국계 정치인들과 함께 시위에 참가하였다. 이는 조어도 분쟁이 단순한 영토 분쟁에서 민간이 개입한 민족주의의 대결 양상으로 변화되고 있음을 보여 준다.

1997년 7월 1일 홍콩을 반환 받은 중국은 이후 타이완과의 통일 등 '하나의 중국'을 실현하기 위한 원대한 계획을 세워 놓고 있다. 따라서 공산주의 사상의 퇴조 이후 민족주의를 부르짖어 온 중국 정부로서는 조어도나 난사 군도 영유권 분쟁 등 영토 문제에 관한 한 어떤 나라에게도 양보할 수 없는 입장이다.

한편 국제사회에서 경제력에 걸맞는 지위를 차지하기 위해 노력해 온 일본은 국제 연합 안전보장이사회의 상임 이사국 진출을 꾀하는 등 정치적 역할 확대를 도모하고 있다. 그러므로 일본 역시 영토 분쟁에서 절대로 물러서지 않을 것으로 보인다.

조어도 분쟁은 일본에 대한 중국, 타이완 등 범중화권의 자연스런 단결이라는 부산물을 낳기도 하였다. 조어도 분쟁을 계기로 중국은 중화권의 일치 단결에 회심의 미소를 보내면서도, 이로 인한 중 · 일 관계의 악화를 방지하기 위한 방침을 세우고 있다. 동시에 일본 정부도 우익계의 반발을 의식하여 조어도가 일본 고유의 영토임을 주장하고 있지만, 조어도 분쟁으로 인하여 중국을 비롯한 주변 국가와의 관계가 악화되는 것을 내심 우려하고 있다.

한편 타이완은 조어도 문제에 대해 중국과 뜻을 같이하면서도 미묘한 시각의 차이를 나타내고 있다. 중국은 조어도 관련 시위가 일본에 대해 강경한 입장을 취하지 못하는 중국 정부에 대한 반정부 운동으로 확대될 것을 염려하여 국내 시위를 철저히 억누르고 있다. 이에 반해 타이완은 민간 차원의 대규모 시위를 통해 국제적 발언권을 강화하고, 일본과의 어업 협상을 유리하게 이끌겠다는 실리적 태도를 보이고 있다.

1997년 3월 중국의 첸치천 외교 부장과 일본의 이케다 외상은 베이징에서 회담을 갖고, 조어도 영유권 분쟁이 양국 관계를 해쳐서는 안 된다는 데 인식을 같이하였다. 하지만 2004년 2월 24일 중국 활동가 7명이 조어도에 상륙하자, 일본 당국이 강제 추방시키는 과정에서 중국 정부와 외교적 갈등이 야기되었다. 계속해서 중국과의 영유권

> **시사상식** 중국과 일본의 사이버 전쟁
>
> 중국과 일본이 영토 분쟁을 벌이고 있는 동중국해의 조어도를 놓고 양국은 물론 대만 네티즌까지 가세해 3국이 사이버 전쟁을 벌이고 있다. 3국 네티즌들은 구글맵 위에 사진을 업로드 하는 기능을 이용해 자국 국기를 조어도 위에 꽂고 "중국 고유의 영토" "일본 고유의 영토-조어도" "오키나와 현 센카쿠 제도" 등의 메시지도 함께 표시하고 있다. 보도에 따르면, 한 일본 네티즌은 "중국이 지난 1970년대 조어도 부근에서 해저 유전이 발견된 후부터 이 땅에 대한 영유권을 주장하고 있다"며 "이는 중국이 강도 국가인 것을 증명하고 있다"고 말했다. 이에 대해 중국 네티즌들은 "조어도는 처음부터 중국 영토였다" "우리 땅을 침범하려 한다면 찾아가 손 봐 주겠다"며 맞서고 있다. 여기에 대만 네티즌들까지 "조어도는 대만 어장이므로 대만 영토"라고 주장하며 조어도를 둘러싼 사이버 전쟁에 가세했다.
>
> —아시아투데이, 2010. 5. 10

홍콩에서 중국인들이 "일본은 조어도에서 나가라"며 시위하고 있다.

분쟁이 빚어짐에 따라 조어도가 일본 영토임을 확인하는 국회 결의를 가졌다.

2004년 4월 4일 중국과 일본은 외상 회담을 열어 영유권 문제에 대해 논의했지만 타결의 실마리를 찾지 못한 채 평행선을 달렸다. 하지만 양국은 그 외의 외교적 문제에 대해서는 서로 협조적인 자세를 보였다. 이는 양국의 이해관계가 걸린 다른 중요한 현안이 많은 상태에서 외교 관계가 악화된다면 두 나라 모두 손해이기 때문이다. 따라서 조어도 분쟁은 극적인 상황 변화가 없는 한 앞으로도 계속 소강상태를 유지할 것으로 전망된다.

독도 문제로 일본과 갈등을 빚고 있는 우리나라로서는 조어도 분쟁을 강 건너 불 보듯 할 수만은 없다. 조어도 분쟁은 미국 이후 동아시아의 패권을 차지하기 위한 중국과 일본의 패권 다툼 과정에서 불거진 사건이기 때문이다. 비록 지금은 소강 국면에 접어들었지만, 양국의 민족 감정을 감안하면 어느 쪽도 조어도를 양보할 수 없으므로, 장차 이 분쟁이 양국 간의 무력 충돌로 이어질 가능성도 배제할 수 없다.

러시아와 일본의 쿠릴 열도 분쟁

이곳의 분쟁은 제정 러시아가 19세기 초 사할린과 쿠릴 열도까지 남하했을 때 촉발되었다. 제정 러시아와 일본은 1855년 러일 통상 우호 조약을 맺고 4개 섬은 일본령으로, 나머지 쿠릴 열도는 러시아령으로, 사할린은 양국이 공유하기로 했다.

그러나 이 약속은 얼마 가지 않아 깨졌다. 1875년 일본과 러시아는 사할린과 쿠릴 열도 교환 조약을 체결했다. 일본은 사할린에 대한 권리를 포기하는 대신 러시아령이던 우루프와 그 북쪽 쿠릴 열도의 18개 섬을 넘겨받았다. 1904년 러일 전쟁에서 승리한 일본은 다음 해인 1905년에 러시아와 강화 조약(포츠머스 조약)을 체결하고 북위 50도 이남의 남사할린을 빼앗았다.

소련은 제2차 세계대전에 참전하면 사할린과 쿠릴 열도의 영유권을 인정하겠다는 미국과 영국의 제의를 받고, 종전 직전 사할린과 쿠릴 열도 전역을 점령했다. 소련은 1946년 이들 섬의 자국령 편입을 선언했다. 쿠릴 열도의 주민들은 일본 본토로 강제 추방당했다. 1951년 일본은 연합국과 샌프란시스코 평화 조약을 체결하고 국제사회에 복귀했다. 일본은 이 평화 조약에 의해 쿠릴 열도와 남사할린의 주권을 포기했지만, 일본이 포기한 이 지역이 최종적으로 어디에 귀속되는지는 결정되지 않았다.

그러나 이때 쿠릴 열도의 지리적인 범위를 명확하게 명시하지 않은 것이 북방 영토 문제를 지금까지 끌어온 하나의 원인이 되었다. 즉, 일본은 러일 통상 우호 조약과 사할린 및 쿠릴 교환 조약을 근거로 샌프란시스코 평화 조약에서 포기한 쿠릴 열도는 우루프와 그 북쪽 섬들을 가리키는 것이라고 주장하는 반면, 러시아는 쿠릴 열도가 쿠릴 열도를 포함하는 섬들이라고 주장하고 있다.

평화 조약 체결을 위한 미소 간의 교섭은 북방 영토를 둘러싸고 몇 번이나 암초에 부딪쳤다. 결국 평화 조약은 체결되지 못했고, 1956년 국교를 회복하기 위해 소일 공동 선언이 발표되었다. 소일 공동 선언에서는 쿠릴 열도 중 하보마이, 시코탄 두 섬을 평화 조약 체결 후에 일본에 인도하기로 하는 한편 구나시리와 에토로프 섬에 대해서는 평화 조약을 체결하기 위한 협상 중에 협의를 계속하기로 했다. 이로써 북방 영토 문제 가운데 하보마이와 시코탄에 대해서는 합의가 이루어졌다고 할 수 있다.

그러나 미소 냉전의 심화는 북방 영토 문제에도 영향을 미쳤다. 1960년 일본이 미국과 미일 안전 보장 조약을 체결하자 소련은 태도를 바꾸

쿠릴 열도를 방문한 러시아 메드베데프 대통령

> **시사상식**
> 아이누, 차별받는 소수 집단
>
> 쿠릴 열도를 둘러싼 분쟁에서 러시아와 일본 양쪽이 무시해 온 하나의 측면이 있다. 17세기 말~18세기 초에 쿠릴 열도를 러일 양국의 상인·군인들이 침탈하기 이전에 이 땅은 아이누족의 삶의 터전이었다. '쿠릴'이라는 지명 자체가 아이누어 '쿨'(사람)에서 나왔다. 아이누를 불평등 무역·징세를 통해 착취하는 데서는, 러시아인과 일본인 사이에 별 차별성이 없었다. 일본인 대다수가 모르는 사실이지만 에도 시대 홋카이도 지방 정권인 마즈마에한(松前藩)에 대한 마지막 대규모 아이누 항쟁은 1789년 쿠릴 열도 중 하나인 구나시리(國後)에서 터졌다. 만약 쿠릴 열도 역사 속에서 진정한 피해자를 찾자면 그것이 바로 러일 양국의 식민주의적 침탈 속에서 쿠릴에서의 삶의 기반을 잃고 홋카이도에서는 차별받는 소수 집단으로만 남아 있는 아이누들이다. 그들의 입장에서는 러일 양국의 북방 영토 분쟁은 결국 힘이 센 도둑 사이의 장물 분배에 대한 실랑이로밖에 보이지 않을 것이다. 북방 영토에 아이누족의 자치 지구를 만들어 국제 연합이나 러일 양국의 공동 감독·보호하에 두어달라는 1992년부터 홋카이도 아이누 단체들의 탄원서들은 러시아에서도 일본에서도 주목을 받은 적이 없었다. 아이누 권익 침해의 사실을 인정한다면 양쪽에서 '고유 영토' 주장을 할 여지가 더 이상 남지 않기 때문이다.
>
> —박노자, 한겨레 21

었다. 하보마이와 시코탄을 반환하는 것을 전제로 일본에서의 외국군 철수라는 조건을 일방적으로 통보해 온 것이다. 제2차 세계대전 후 미국과 밀접한 관계를 다져온 일본으로서는 실현 불가능한 조건이었다.

1985년 고르바초프가 집권하면서 소련은 일본의 경제 지원을 얻기 위해 '영토 문제는 해결되어야 한다'는 유연한 입장으로 선회했다. 일본도 대화에 나서 1991년 고르바초프의 일본 방문으로 이어졌다. 그 이후 옐친은 일본의 대규모 경제 지원을 조건으로 4개 섬의 단계적 반환이라는 파격적인 안을 제시하기도 했다. 푸틴도 2001년 러일 정상 회담에서 시코탄과 하보마이 2개 섬의 우선 인도를 시사했다.

그럼에도 불구하고 분쟁은 쉬이 가라앉을 것 같지 않다. 세계 3대 어장의 하나인 4개 섬 주변에 막대한 해저 광물과 석유가 매장된 것으로 추정되고 있기 때문이다. 또한 이들 섬과 사할린 주 주민들은 '분리 독립 불사'까지 외치며 반환을 극력 반대하고 있다.

일본 정부는 1981년 '북방 영토의 날'을 제정해 국민 운동을 전개해 오고 있다. 일본은 애초 푸틴 대통령의 방일을 계기로 쿠릴 열도의 반환을 약속받는다는 '큰 그림'을 그려 왔으나 러시아는 섬을 2개밖에 돌려줄 수 없다는 입장을 거듭 밝히고 있으며, 이마저도 지금은 불확실한 상황이다.

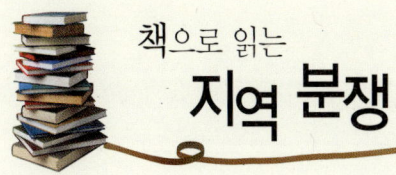

책으로 읽는 지역 분쟁

동북아 영토분쟁과 일본의 외교정책
진창수 편 / 2008 / 세종연구소 / 183쪽

이 책은 「일본의 외교정책과 영토분쟁: 전후 세대의 등장을 중심으로」(진창수), 「영토분쟁과 한일관계」(이면우), 「중일 해양영토 분쟁」(손기섭), 「러일 영토분쟁」(이용권) 등 4개의 장으로 구성되어 있다.

저자들은 일본의 외교정책 분석을 통하여 일본과 관련된 영토분쟁이 어느 시기에, 어떤 정치적 조건에서, 어떤 경로를 통해 갈등양상으로 전개되는가를 분석하였다. 1996년 이후 일본 자민당 정권은 미일동맹의 강화와 보수적 정치주의를 본격화하면서 한국, 중국, 그리고 러시아와 영토분쟁에 돌입하였다. 일본은 중국과의 조어도 분쟁에서는 실효적 지배를 강화하고, 러시아와의 쿠릴 열도 분쟁에서는 4개 섬 반환에 적극적이며, 한국과의 독도문제에서는 잠재적 분쟁 상황을 현재적 분쟁 이슈로 몰아가고자 하고 있다.

일본과 관련된 동북아 영토문제의 갈등 사이클이 그것에 영향을 주는 변수들에 의해 심화와 약화를 반복하고 있다는 점에 착안하여, 저자들은 동북아 영토분쟁에 내재된 일본 외교정책의 특성을 분석하고자 하였다. 즉 일-한, 일-중, 일-러 영토분쟁에서 나타난 갈등의 사이클을 역사적 및 통계학적으로 분석하여 한국의 적절한 대응방안을 모색하는 한편 나아가 동북아 국제질서의 바람직한 미래상을 도출하고자 하였다.

유럽의 분쟁

카프카스 체첸, 남오세티아, 아브하즈의 분리 독립운동
발칸 반도 유럽의 킬링필드 보스니아와 코소보 내전
북아일랜드 영국으로부터의 분리 독립운동
키프로스 유럽의 마지막 분단국가

유럽은 코카서스 인종, 인도-유럽 어족, 크리스트교라는 문화적 공통점을 가지고 있는 지역이다. 그러나 민족에 따라 게르만족 중심의 서부 유럽 문화권, 라틴족 중심의 남부 유럽 문화권 그리고 슬라브족 중심의 동부 유럽 문화권으로 구분된다. 특히 민족, 언어, 종교가 매우 복잡하게 얽혀 있는 러시아를 포함한 동부 유럽 지역에서는 민족 분규가 가장 많이 발생하고 있다.

유럽 지역에서 발생하였고, 현재도 진행 중에 있는 분쟁과 갈등은 주로 민족 문제에 기인한 분리주의 운동이다. 서부 유럽에서 발생한 분쟁과 갈등은 주로 민족과 종교 문제들이 서로 뒤얽혀 분리 독립운동으로 확대된 것이 특징이다. 북아일랜드 문제는 민족 간 갈등과 개신교와 가톨릭 사이의 종교 문제가 주요 원인이다. 에스파냐에서의 민족 운동은 바스크족과 카탈루냐어를 사용하는 민족이 에스파냐로부터 독립을 요구하는 경우이며, 프랑스 브르타뉴에 거주하고 있는 켈트족 역시 민족 문제로 독립을 요구하고 있다. 키프로스는 지중해의 대표적인 갈등 지역으로서 민족 및 종교 문제가 결합되어 분쟁이 발생한 지역이다.

한편 사회주의 체제의 붕괴와 소련의 와해로 인하여 발생한 지역 문제는 구유고슬라비아의 민족 문제, 아르메니아와 아제르바이잔의 민족 문제, 그루지야의 소수 민족 독립 문제, 체첸 사태, 발트 3국의 분리 독립 등이 그 대표적인 사례이다.

'보스니아 사태'로 잘 알려진 구유고슬라비아 내전은 다민족 국가에서 발생한 대표적인 민족 분규이다. 예로부터 발칸 반도의 화약고였던 구유고슬라비아의 내전은 민족적 차별성과 종교적 문제가 복합적으로 작용하여 내전으로 확대된 민족 분규이다.

다민족 국가였던 소련의 해체와 함께 발생한 분쟁과 갈등은 대부분 민족에 그 원인이 있다. 리투아니아, 라트비아, 에스토니아 등 발트 3국의 독립과 아르메니아와 아제르바이잔의 민족 분규, 그루지야의 소수 민족 독립 문제, 체첸 사태 등은 모두 민족의식의 확산에 따라 일어난 각 민족의 독립운동 과정에서 내전이 발생한 사례이다. 특히 그루지야, 체첸 등이 위치한 카프카스 지역은 소수 민족의 분리 독립운동과 더불어 안보, 경제적 측면이라는 복잡한 국제 관계 속에서 강대국들의 주도권 경쟁까지 얽혀 세계의 화약고로 떠올랐다.

9장 카프카스
체첸, 남오세티아, 아브하즈의 분리 독립운동

러시아가 16일 0시를 기해 체첸공화국 분리 독립주의자를 대상으로 한 대테러 작전을 종료했다. 이에 따라 1999년 9월 당시 블라미디르 푸틴 총리의 '테러와의 전쟁'은 10년 만에 종지부를 찍게 되었다. 그러나 이 결정 직후 러시아군과 분리주의자들 간 교전이 발생했다.

— 경향신문, 2009. 4. 17

러시아 남부 카프카스 산맥 북쪽에 위치한 잉구세티아, 다게스탄, 체첸공화국에서 분리주의자들의 소행으로 보이는 잇단 테러가 발생해 긴장감이 고조되고 있다. 유럽의 '화약고'인 카프카스 지역 안정을 위해 러시아가 강력하게 대응할 것이라는 전망도 나오고 있다.

— 문화일보, 2009. 8. 18

'지구촌의 축제' 올림픽이 개막한 8일, 러시아와 그루지야 사이에 사실상 전쟁이 발발했다. 그루지야가 자국 내 친(親)러시아계 자치공화국인 남오세티아를 기습 공격하자 러시아가 곧바로 반격에 나섰다. 러시아·그루지야·남오세티아 간 충돌로 이미 민간인 수백 명이 사망했다. 러시아는 수만 명의 병력을 파견해 그루지야 영토 절반을 장악했다. 이에 미국은 그루지야 인근 해상에 군함을 파견하면서 '신냉전' 우려를 불러일으켰다. EU의 중재와 러시아의 철군으로 사태는 마무리 됐으나 러시아는 결국 고집을 꺾지 않고 남오세티아와 아브하즈 두 자치공화국의 독립을 선포했다.

— 경향신문, 2008. 8. 9

1991년 소련이 해체된 이후 체첸과 러시아 사이에 끊임없는 유혈 사태가 발생하고, 그루지야와 남오세티아 사이에서도 분쟁이 끊이지 않고 있다. 그루지야와 남오세티아 사이의 분쟁은 그루지야와 러시아 간의 전쟁으로 이어졌으며, 미국은 그루지야 편에 섰다. 오랜 민족 간의 갈등과 소수 민족의 독립 때문에 카프카스에서 발생하고 있는 많은 분쟁들의 이면에는 어떤 복잡한 이해관계들이 깔려 있을까?

지도로 읽는 지역 분쟁

카프카스 지역 여러 나라의 갈등

❶ 북오세티야 : 잉구세티야와 무력분쟁(1992~1994), 남오세티야와의 통합 요구
❷ 잉구세티야 : 분리 및 독립 요구
❸ 체첸 : 분리 및 독립 요구, 1994~1996, 1999년 두 차례에 걸쳐 러시아와 전쟁
❹ 다게스탄 : 전체 인구의 절반 넘는 무슬림 분리 요구
❺ 나고르노카라바흐 : 친아르메니아계 공화국. 1989~1992년 아제르바이잔과 무력 충돌 및 독립 요구
❻ 탈리시-무간 : 일부 주민의 독립 요구
❼ 아자리아 : 일부 주민의 독립요구
❽ 남오세티야 : 1991년 독립 선언, 1991~1993년 그루지야와 전쟁, 러시아 내 북오세티야와의 통합 요구
❾ 아브하즈 : 1992년 독립을 선언하고 1992~1993년 그루지야와 전쟁하며 독립 요구

 주요 인물

아흐마드 카디로프(1951~2004)
Ahmad kadyrov
러시아에 협력하여 2000년 푸틴 대통령에 의해 체첸 대통령으로 지명되었고, 2004년 폭탄 테러로 사망.

미하일 사카슈빌리(1967~)
Mikheil Saakashili
2004년~현재까지 그루지야의 대통령, 친미, 친서방 노선을 취하며 나토 가입 추진

유럽의 분쟁 | 115

민족·언어·종교의 전시장 "카프카스(Kavkaz)" 지역

카프카스(Caucaus, 코카서스) 지역은 북쪽으로는 러시아, 남쪽으로는 이란과 터키, 서쪽은 흑해, 동쪽은 카스피 해와 접하고 있다. 그 중심에서 동서로 1,200km에 걸쳐 있으며, 유럽과 아시아의 경계를 이루는 카프카스 산맥이 있고, 유럽 최고봉인 엘브루스산(5,642m)이 있다. 카프카스 산맥의 남쪽인 남카프카스 지역에는 그루지야, 아르메니아, 아제르바이잔 3국이 있고, 북쪽인 북카프카스 지역에는 러시아 연방이 있다. 러시아 연방의 영토에는 연방 내 공화국인 다게스탄, 체첸, 잉구세티아, 북오세티아공화국이 동에서 서로 카프카스 산맥 자락을 따라 자리 잡고 있다.

과거 아랍의 지리학자들이 '민족과 언어의 산'이라고 표현하기도 했던 이 지역은 지리적으로도 다양한 특징을 가지고 있을 뿐 아니라 여러 방향에 걸친 민족의 이동 및 이주 때문에 민족 구성이 매우 복잡하여, 44만km²의 지역에 50여 민족 약 2000만 명이 섞여 살고 있다. 언어 또한 매우 다양하여 40여 개의 언어가 통용되고 있다. 종교는 이슬람교, 그리스정교, 개신교, 유대교 등인데, 아제르바이잔인은 이슬람교, 그루지야인은 그리스정교, 아르메니아인은 아르메니아정교를 믿고 있다.

이와 같이 복잡한 민족적·문화적 배경은 1991년 소련이 해체되고, 카프카스 지역이 러시아, 그루지야, 아르메니아, 아제르바이잔으로 분리되면서 소수 민족들의 독립 요구가 나오는 근거가 되었다. 러시아에 속한 체첸은 소련 해체 이후 가장 먼저 러시아로부터 분리 독립을 추진하여 러시아와 두 번이나 전쟁을 치렀다. 아르메니아와 아제르바이잔도 유혈 충돌하였다. 그루지야에 속한 남오세티아와 아브하즈의 분리 독립운동은 결국 그루지야와 러시아 간의 전쟁으로 이어지는 등 카프카스 지역은 21세기 "세계의 화약고"로 떠올랐다.

카프카스 산맥에 거주하는 수많은 소수 민족 중에서 러시아에 강력하게 반발하면서 무장 투쟁과 다양한 테러 활동을 적극적으로 전개하고 있는 가장 대표적인 소수 민족이 바로 체첸족이다. 체첸족으로 구성된 체첸공화국(이하 체첸)은 현재 러시아 연방공화국의 영토에 속하며, 러시아 정부로부터 자치를 부여 받아 자치공화국을 유지하고 있다. 체첸은 1994년에 발생한 체첸 반군과 러시아 간의 제1차 내전과 1999년에 발생한 제2차 체첸 내전 등 두 차례의 전쟁을 거치며, 100만 명의 인구가 80만 명으로 줄어드는 참극을 겪기도 하였다.

카프카스 산맥의 동남쪽에 걸쳐 있는 그루지야는 소련으로부터 독립한 이후 복잡한 민족 구성과 종교적 이유, 그리고 정치적 이해관계에 의한 분리 운동으로 분쟁이 발생하고 있다. 친러시아 성향의 남오세티아와 아브하즈가 독립을 선언해 여러 차례 충돌을 빚었고, 이슬람교도가 다수를 차지하는 아자리아의 독립 문제로 내분을 겪었으며, 이들의 갈등은 현재까지도 계속되고 있다. 또한 그루지야는 유라시아 대륙으로 영향력을 확대하려는 미국과 옛 소련권 국가를 영향권 아래 두고자 하는 러시아가 충돌하는 전략적 요충지여서 강대국의 이해관계가 얽혀 있는 곳이다.

민족과 종교 전쟁? 에너지 전쟁?

카스피 해의 석유가 본격적으로 개발된 것은 지금으로부터 약 100년 전이다. 1900년대 초반 카스피 해의 서안에 위치한 바쿠는 세계적인 산유지였다. 소련 시절만 해도 낙후된 기술과 과다한 수송비 때문에 경제성이 없는 유전으로 평가되었으나, 오늘날 기술의 발달과 석유 가격의 폭등에 힘입어 경제성이 충분한 유전으로 바뀌었다. 카스피 해 인근의 석유매장량은 약 2700억 배럴(중동의 1/3에 달하는 매장량)로 추정된다. 아직 탐사되지 않은 곳이 많은 것을 감안하면 그 양이 더 늘어날 것이라고 한다.

사면이 육지로 둘러싸인 카스피 해에서는 석유를 수송하는 송유관(파이프라인)의 방향이 중요하다. 즉 누가 어디로 수송하느냐가 중요하다. 최근까지 카스피 해의 모든 석

소련의 해체와 새로운 공화국의 탄생

민족의 감옥이라고 불린 소련은 130여 개의 민족과 15개의 공화국으로 구성된 세계 최대의 다민족 국가였다. 제정 러시아 때부터 계속된 영토 확장 정책은 소련 시절에도 계속되어 민족과 인종, 언어, 종교가 상이한 여러 지역의 주민들이 소련이라는 틀 속에 강제로 끼워 맞춰졌다. 소련은 이들 점령 국가들을 사회주의라는 이데올로기로 통일하고 강압적인 통치 정책을 실시하여 민족 분규의 불씨를 잠재웠다. 그러나 개혁과 개방 정책의 추진은 15개의 공화국과 130여 종의 소수 민족으로 구성된 소련의 결속력을 약화시키는 결정적인 계기가 되었고, 다양한 민족과 언어·종교적 배경은 소련의 붕괴를 촉진시키는 역할을 하였다. 발트 3국(리투아니아, 에스토니아, 라트비아)이 가장 먼저 독립을 선언하였으며, 카프카스 3국(그루지야, 아제르바이잔, 아르메니아), 중앙아시아 5국(우즈베키스탄, 카자흐스탄, 키르기스스탄, 타지키스탄) 등이 독립하여 1991년 소련은 러시아를 비롯한 15개의 공화국으로 분리되었다. 그리고 발트 3국을 제외한 12개 독립국이 모여서 독립국가연합(CIS, Commonwealth of Independent States)을 구성하였다.

독립한 일부 공화국은 내부로부터의 새로운 독립 요구와 민족별 자치권 확보의 투쟁이라는 새로운 문제에 직면하게 되었다. 일부 독립국가 내에서 발생한 소수 민족의 독립 및 영토 분쟁은 기본적으로 오랜 민족 간의 갈등뿐만 아니라 경제적 요인과 주변 국가와의 이해관계 등이 복잡하게 뒤얽혀 나타난 것이다.

카프카스 지역의 송유관 카스피 해에는 중동 지역 다음으로 많은 석유 자원이 매장되어 있으며, 가장 많은 양의 천연가스가 매장되어 있다.

BTC라인
아제르바이잔의 바쿠 유전에서 그루지야의 트빌리시를 거쳐 터키의 항구인 세이한으로 연결

유는 러시아의 송유관을 통해 나왔으나, 2005년 현재 가동 중인 카스피 해 송유관 중 유일하게 러시아 영토를 지나지 않는 BTC라인*이 완공되면서 석유와 가스를 운반하는 송유관을 둘러싸고 미국과 러시아 간의 경쟁이 더욱 치열해졌다.

미국 정부는 외교적 혜택과 경제적 지원을 통해 송유관이 지나가는 그루지야, 아제르바이잔 정부의 지지를 얻고, 이 지역의 석유 자원을 확보했다. 또한 이 지역에서 러시아의 석유 수송 독점권을 해체하고, 영향력을 행사하고자 한다.

그리하여 체첸과 러시아의 분쟁, 그루지야와 러시아 전쟁의 이면에 강대국들의 석유 자원을 둘러싼 치열한 에너지 전쟁이 함께 얽혀 있다. 체첸은 카스피 해 인근 원유의 송유관이 지나가는 곳이어서, 러시아가 방관할 수 없는 핵심 전략 지대이다. 또한 미국과 러시아가 각기 영향력을 공고히 하려는 그루지야도 아제르바이잔의 석유와 가스 수송로가 놓인 요충지다.

 **시사상식** 미국과 러시아가 맞붙은 신냉전의 땅 카프카스

자원 전쟁의 시대다. 21세기는 군사력이 아닌 석유·가스가 국제 세력 판도를 규정한다. 그 상징물이 곧 파이프라인이다. 뉴욕타임스는 꼭지(tap)를 틀어쥔 국가가 우위에 서는 신조류를 '파이프라인 정치학'이라고 짚었다. 러시아의 가스밸브가 냉전 시대의 핵탄두를 대체한 것이라는 비유까지 나온다. 서방 진영도 좌시만 하지 않았다. 미국은 11년 공들인 끝에 2006년 바쿠(아제르바이잔)-트빌리시(그루지야)-세이한(터키)을 잇는 1,770km 길이의 'BTC 송유관'을 개통했다. 러시아 영토를 거치지 않는 유일한 서방 루트라는 점에서 '21세기 실크로드'라는 별명이 붙었다. 러시아는 우즈베키스탄·카자흐스탄·투르크메니스탄 등 중앙아시아국과의 자원 동맹 강화로 맞섰다. 또 대(對)유럽 가격 협상력과 국제 무대 영향력을 동시에 높이기 위한 전략으로 동아시아 국가를 겨냥한 '동부 가스 계획', 곧 에너지 동진(東進) 정책에 무게를 두고 있다. ─문화일보, 2008. 10. 4

체첸 분쟁 : 러시아로부터의 분리 독립을 향한 고난의 역사

체첸과 러시아의 오랜 대립의 역사

체첸족은 6,000여 년 전부터 유목 생활을 하면서 카프카스 북부의 스텝 평원에 거주하였다. 역사적으로 페르시아 제국, 오스만투르크, 제정 러시아 등 끊임없이 열강들의 침입을 받았으며, 16세기경부터 이슬람교가 유입되어 대부분의 주민들이 수니파 이슬람교를 믿기 시작하였다.

18세기 후반부터 러시아 제국의 남진 정책으로 인해 체첸을 포함한 카프카스 산맥의 북쪽 지역에서는 크고 작은 전쟁이 발생하였다. 특히 카프카스에 거주하는 산악 민족들은 러시아 제국의 남진 정책에 대해 강력하게 반발하였고, 그중 격렬하게 대응한 대표적인 민족이 바로 체첸족이다.

체첸은 1859년 러시아 제국에 의해 강제로 합병되었다. 그러나 러시아 혁명기에 체첸 인들은 자신들의 저항을 성전(聖戰)으로 규정하고, 이슬람 교단을 중심으로 적극적인 독립 투쟁을 전개했다. 그리고 1920년에 산을 의미하는 고르나야(Gornaya) 자치공화국이 설립되었으나, 1921년 소련군에 의해 정복되어 러시아의 영토로 편입되었다. 러시아 혁명 이후, 레닌은 제정 러시아에 의해 지배를 받은 소수 민족의 역사를 존중하는 국내 정책을 취했다.

제2차 세계대전 중인 1944년, 스탈린은 체첸족이 독일군에 협조하였다는 이유로 47만 명을 중앙아시아와 시베리아로 강제 이주시키고 공화국을 해체해 버렸다. 1953년 스탈린이 사망한 이후, 1957년 흐루시초프의 복권 조치에 의해 체첸족은 고향으로 돌아와 자치공화국을 구성했으나, 살아남은 사람은 30% 정도에 불과하였다.

제1, 2차 체첸 전쟁

러시아를 상대로 한 체첸족의 조직적인 무력 투쟁은 소련의 붕괴와 함께 시작되었다. 1991년 10월 소련 붕괴의 움직임이 거세지는 가운데, 체첸-잉구세티아에서 대통령 선거가 실시되었고, 체첸 독립과 북카프카스 지방의 이슬람 세력 결집을 외친 조하르 두다예프가 당선되었다. 두다예프 대통령은 11월 1일 러시아를 상대로 일방적인 독립을 선언하고, 국가 자립을 목표로 카프카스 산맥에 분포하는 소수 민족들과 정치적 연대를 시도하였다. 1994년 12월 러시아는 군대를 파병하여 체첸의 독립을 저지하는 대규모 공격을 감행하면서 제1차 체첸 전쟁이 일어났다. 러시아군은 체첸의 수도인 그로즈니를 공습하여 많은 사상자를 발생시켰고, 1995년 3월에 그로즈니를 장악하였다.

그 후 체첸 반군은 카프카스의 험준한 산악 지역으로 거점을 옮겨, 게릴라 작전과 대러시아 테러 작전을 전개하는 장기전에 돌입하였다. 당시의 옐친 정권이 대대적인 소탕 작전을 벌였음에도 불구하고 체첸 반군은 끈질기게 항전을 계속하여 러시아군에 막대한 손실을 입혔다. 그러나 1996년 4월 러시아군의 미사일 공격으로 두다예프 대통령이 사망하면서 체첸의 독립 문제를 2001년 말까지 연기할 것을 러시아와 합의하고 정전하였다. 1999년부터 모스크바와 러시아의 여러 도시에서 체첸 반군들의 폭탄 테러와 공격이 거듭되면서, 10월 1일에 러시아군의 대대적인 체첸 공격이 시작된 이른바 제2차 체첸 전쟁이 일어났다. 2000년 2월 1일 러시아군이 그로즈니를 점령하였고, 2001년 러시아의 승리로 제2차 체첸 전쟁은 끝났다. 그러나 2002년 6월에 체첸 반군의 총수인 바사예프가 러시아군에 사살되면서 체첸 사태는 더욱 악화되었다. 체첸 반군은 2002년부터 대규모 폭탄 테러 활동을 감행하여 많은 사상자를 양산했다. 2002년 8월 19일 그로즈니 인근의 칸칼라 기지로 향하던 러시아군 수송 헬기가 격추되어 121명이 사망하는 사건이 발생하였다.

2002년 10월 24일에는 체첸 반군 약 40명이 모스크바 시에 있는 문화 궁전(돔 쿨트르이)에 진입해 700여 명의 관객을 인질로 붙잡고 '체첸 전쟁을 즉각 중단하라'고 주장하면서 대규모 인질극을 벌였다. 러시아 특수 부대가 진압에 성공을 했지만, 분사한 마취 가스에 의해 인질범 40여 명을 비롯해서 129명의 민간인이 사망한 충격적인 사건이 발생하였다. 또한 12월 27일에는 그로즈니 정부 청사에서 차량 폭탄 테러가 발생하여 70여 명이 사망하였다. 한편 러시아 연방은 체첸공화국 주민을 상대로 한 주민투표를 통해, 체첸이 러시아 연방에 속한다는 것을 재확인하는 신헌법을 2003년 3월 23일 승인하여 체첸 반군의 강력한 저항을 받았다. 그러한 사례로서, 2003년 5월 14일 체첸의 수도인 그로즈니의 서북부에 위치한 즈나멘스코예 소재의 나드테렌치니 주 청사 근처에서 강력한 차량 폭탄 테러가 발생하여 40여 명이 숨지고 200여 명이 부상을 당했다.

2003년 7월 5일에는 모스크바 시 북서쪽에 위치한 야외 록 콘서트장에서 체첸 반군의 소행으로 판단되는 자살폭탄 테러가 발생하여, 16명이 사망하고 60여 명이 중경상을 입었다. 특히 이 사건은 푸틴 러시아 대통령이 체첸공화국의 대통령을 선출하는 선거일을 10월 5일로 확정하여 발표한 그 다음 날에 발생한 것으로, 체첸 반군이 러시아의 체첸 정책에 강력하게 반발하고 있음을 증명한 사례이다. 이때 실시된 체첸의 대통령 선거에서 아흐마드 카디로프가 당선되어 10월 19일 공식 취임하였다. 그러나 카디로프 대통령은 친러시아 성향의 외교 정책으로 체첸 반군들의 반대에 직면하였다. 12월 9일 모스크바 중심가의 붉은 광장 근처에서 차량을 이용한 폭탄 테러로 5명이 숨지고 14명이 부상하는 사건이 발생하였다.

2004년 2월 6일에는 모스크바 시내의 지하철역에서 폭탄 테러가 발생하여 30여 명이 사망하기도 했다. 그리고 2004년 5월 9일 체첸 수도 그로즈니에 있는 디나모 스타디움에서 개최된 러시아의 제2차 세계대전 승전 기념행사에서 폭발 사고가 발생하여, 카디로프 대통령을 비롯한 행사 참석자 30여 명이 사망하였다. 카디로프 대통령이 피살된 이후, 러시아는 체첸의 대통령 선거를 강행하고, 2004년 8월 29일 크렘린의 전폭적인 지지를 받은 체첸 내무장관 출신의 알루 알하노프 후보를 대통령으로 선출했다. 그러나 체첸 반군들은 알하노프를 대통령으로 인정할 수 없다고 반발하였다. 이런 상황에서 9월 1일 무장한 체첸 반군이 인접한 북오세티아공화국의 베슬란에 있는 초등학교를 점거하여 학생을 인질로 삼고, 체첸 포로의 석방을 요구하였다. 그러나 러시아는 반군의 요구를 무시하고, 진압하는 과정에서 340여 명이 사망하고, 천여 명이 부상하는 최악의 사태를 야기했다.

러시아 북오세티아 학교 인질극이 러시아 특수부대 요원들의 진압 작전으로 막을 내린 가운데 인질로 잡혀 있다가 사망한 희생자들의 사진을 바라보고 있다.

체첸공화국 내에서 러시아와의 항전에 대한 강경파와 온건파의 시각 차이, 러시아의 공세적인 압박, 이슬람 원리주의자와 결합한 지하드 성격의 대러시아 투쟁, 체첸의 정치를 주도할 지도자들의 암살 등 내외적 요인에 의해 체첸 반군의 활동은 앞으로 어떻게 전개될지 모르는 상황이다. 2009년 4월 러시아 정부는 10년 동안 계속된 체첸공화국 분리 독립주의자를 대상으로 한 대테러 작전을 종료하고, 주둔군 2만 명을 철수할 예정이라고 발표했다. 그러나 작전 종료 발표 직후에도 러시아군과 분리주의자들 간 교전이 발생했으며, 전문가들은 체첸의 미래가 여전히 불투명하다고 전망한다.

체첸의 분리 독립과 러시아의 고민

　러시아 연방 내에서 무장 투쟁이 가장 활발한 체첸이 러시아에 대한 투쟁을 지하드로 간주하고 결사 항전하는 데는 몇 가지 이유가 있다.

　첫째는 체첸인과 러시아인 간의 역사적·문화적 차별성이다. 즉, 체첸인들은 러시아인과 비교하여 민족, 언어, 역사와 문화가 상이하고, 종교도 크리스트교와 이슬람교로 서로 다르다는 것이다. 둘째는 영토적 관점의 차이 때문이다. 원래 체첸은 러시아의 영토가 아니었는데, 러시아가 무력으로 지배했다며, 러시아 영토의 일부가 아닌 러시아에서 분리·독립된 국가 단위로서의 체첸을 주장하고 있다.

　반면에 러시아의 입장에서 보면, 체첸은 전략적·경제적으로 매우 중요한 지역이다. 러시아가 체첸의 분리 독립을 승인할 경우, 흑해와 카스피 해에 분포하는 소수 민족은 물론이고 러시아 연방에 속해 있는 많은 소수 민족들의 분리 독립 요구에 직면할 것이 분명하다. 이것이 러시아의 중요한 고민거리이다. 실제로 체첸과 인접한 다게스탄이나 북오세티아 지역에서도 독립 요구가 나타나고 있다.

　또한 건조 문화권에 해당하는 이슬람교도 사이에 이슬람 원리주의가 확산되는 것을 차단할 필요성이 러시아에게 있다. 왜냐하면 현재 독립국가연합(CIS) 소속인 우즈베키스탄을 포함한 '스탄' 계열의 나라들에 대한 러시아의 영향력을 지속하기 위해서도 이슬람공화국인 체첸의 분리를 막아야 한다.

　이러한 배경 외에 체첸의 독립 요구를 승인할 수 없는 다른 이유는 체첸이 갖는 전략적 위치성이다. 체첸에는 많은 석유가 매장되어 있다. 1893년부터 원유를 생산한 체첸의 그로즈니 유전은 인접한 아제르바이잔의 바쿠 유전과 함께 러시아의 중요한 석유 생산지 역할을 하고 있다. 동시에 그로즈니는 원유와 천연가스 송유관의 중요한 연결 지점에 해당되기 때문에 원유 정제 시설이 잘 발달되어 있다.

　그러나 보다 중요한 사실은 카스피 해에서 생산된 석유를 러시아와 흑해 연안으로 공급하는 송유관(파이프라인)이 체첸의 영토를 통과한다는 점이다. 현재 카자흐스탄이나 바쿠의 원유를 흑해의 노보로시스크로 연결해 주는 송유관은 러시아 연방에 매우 중요한 경제적 이익을 제공하고 있다. 만약 체첸이 독립하게 되면, 거액의 송유관 통과료를 지불해야 하는 것은 물론이고, 러시아의 경제에 커다란 손해를 보게 된다. 이와 같이 원유 수송에서 체첸의 영토가 차지하는 전략적 위치성 때문에 러시아는 체첸의 독립 요구를 적극적·공세적으로 반대하고 있는 것이다.

　그러나 체첸이 갖는 이러한 전략적 위치성이 체첸 반군에게는 분리 독립운동을 전개하는 중요한 동인이 되고 있다. 이슬람교라는 종교적 요인, 산악인이라는 강인한 기질, 러시아에 대한 역사적인 반감, 석유 자원을 둘러싼 경제적 기대감, 이슬람 원리주의자들의 국제적인 관심과 지원 등을 고려하면, 체첸 반군들의 러시아 항전은 앞으로 지속될 가능성이 매우 높다. 체첸 반군의 폭탄 테러와 러시아군의 체첸에 대한 무차별 공격이 계속해서 반복되는 악순환적 구조를 해결하는 것은 결코 쉬운 일이 아니다.

그루지야 분쟁 : 소수 민족의 분리 독립운동

그루지야 내의 소수 민족 분리 운동 : 남오세티아, 아브하즈, 아자리아

그루지야는 동서 및 남북 무역의 요충지로서 고대부터 여러 세력의 지배를 받았다. 기원전 6세기에는 그리스의 식민지가 되었고, 그 후 알렉산더 대왕이 페르시아 제국을 정복한 기원전 4세기에 최초로 그루지야 왕국을 형성했다. 4세기경 크리스트교가 전파되었고, 몽골의 침입도 받았다. 1801년 러시아 제국으로 병합되었는데, 이때 민족과 언어를 무시한 인위적인 국경선이 획정되었고, 그로 인한 민족 간의 갈등이 오늘날까지 이어지고 있다. 1918년에는 그루지야 독립국이 되었다가, 1921년 러시아의 침입으로 그루지야소비에트 사회주의공화국이 되었다. 그리고 1991년 소련에서 분리 독립하였다. 그루지야는 역사적으로 로마, 몽골, 오스만 제국, 페르시아의 침입을 받았음에도 불구하고 고유한 언어와 문화를 지켜 왔으며, 민족적 자긍심이 대단히 강하다는 특징을 가지고 있다. 이는 소련이 해체된 후 그루지야가 독립하는 데 큰 영향을 미쳤다.

1990년 9월 남오세티아* 자치주 의회는 '그루지야로부터의 분리 및 자치주의 공화국으로의 승격'을 요구하며, 그루지야가 CIS에 참여할 것을 결의하였다. 남오세티아인

오세티아
카프카스 산맥 일대가 삶의 터전인 오세티아는 현재 남북으로 갈라져 있다.

남오세티아의 수도로 진격하는 그루지야 탱크

의 이러한 요구는 러시아 연방에 속한 북쪽의 북오세티아와의 통합을 염두에 둔 결정이었다. 남오세티아 자치주의 이러한 결정에 대해, 그루지야 정부는 오세티아인의 저항을 무력으로 진압하고 1990년 12월 남오세티아 자치주를 폐지해 버렸다.

한편 1992년 7월 북부의 아브하즈 자치공화국의 분리주의자들이 독립을 선언하면서, 그루지야 정부군과 분리주의자 간의 무력 충돌이 발생하였다. 이슬람교를 믿는 아브하즈인은 11세기 이후 카프카스 지역의 주도권을 둘러싸고 그루지야인과 분쟁을 벌여 왔으며, 1917년 소련의 10월 혁명 이후 1918~1921년에 북카프카스공화국을 수립하여 독립을 누리기도 하였다.

그러나 소련의 성립 이후 자치공화국으로 격하되었고, 그루지야 출신인 스탈린으로부터 가혹한 탄압을 받기도 하였다. 또한 스탈린과 함께 그루지야 출신으로 스탈린 정권의 실질적인 2인자였던 베리야는 1953년까지 아브하즈인에 대해 의도적으로 적대 정책을 실시했다. 그로 인해 아브하즈인의 반그루지야 감정은 증폭될 수밖에 없었다.

1992년 아브하즈 내전이 발생하는 과정에 그루지야에서는 군사 쿠데타가 일어나, 감사후르디아가 축출되고 소련의 외무장관을 역임한 셰바르드나제가 대통령에 취임했다. 그리고 국외로 추방된 감사후르디아가 귀국해 반정부 활동을 전개하면서 그루지야에서는 정부군, 아브하즈군 그리고 반정부 세력 간 3파전이 전개되기도 했다.

1992년 이후 아브하즈인에 대한 차별 정책이 점차 심화되자 아브하즈인들은 민족 차별에 대한 저항과 시위를 계속하였고, 결국 1993년에는 아브하즈 반군이 아브하즈 전역을 점령했다. 그해 7월 그루지야 정부는 이 지역에 계엄령을 선포하고 대대적인 반군 소탕 작전을 벌였다. 그러나 아브하즈가 그루지야의 일부가 되는 것에 반대한 러시아가 비밀리에 아브하즈 반군을 지원하여 아브하즈 사태는 그루지야와 러시아 간의 대립으로 변모하였다.

아브하즈는 러시아의 지원을 받아 그루지야로부터 독립을 선언했다. 1994년 4월 러시아와 국제 연합의 중재로 휴전 협정을 맺고, 분리 독립 문제가 명확하게 해결되지 못한 상태에서 1995년에 평화 조약을 체결했다. 그리고 1995년 4월 아브하즈 의회가 러시아 연방으로의 편입을 결의하면서, 그루지야와 아브하즈 간의 내전이 재개되어 아브하즈에는 러시아를 비롯한 12개 독립국가연합(CIS) 국가들로 구성된 평화유지군이 주둔하고 있다.

이런 과정에서 소련 시절부터 30여 년 동안 그루지야를 통치하면서 그루지야 평화의 버팀목 역할을 하였던 셰바르드나제 대통령은 서구식 경제 모델을 채택하여 미국과 유럽 연합으로부터 상당한 투자를 유치했다. 그러나 각종 부정부패로 국가 경제가 침체되자 민심이 돌아섰고, 결국 2003년 11월 약 3천 명의 시위대에 의해 벨벳 혁명(장미 혁명, 무혈 시민 혁명)이 일어나 불명예 퇴진했다.

셰바르드나제 대통령의 사임은 그루지야 내전에 새로운 계기를 제공했다. 즉, 남오세티아공화국은 셰바르드나제 대통령이 사임하자 러시아로의 편입을 주장하며, 그루지야로부터의 분리 요구를 재확인했다. 게다가 2004년 5월 분리 독립을 요구하는 아자리아 자치공화국에서 다리 폭파 사건이 발생했다.

이런 분리주의 활동에도 불구하고 셰바르드나제의 후임인 사카슈빌리 대통령은 친서방 외교 노선을 견지하면서, 서방 세계의 후광을 등에 업고 아브하즈와 북오세티아, 그리고 아자리아 등에 대한 그루지야의 영토권을 강력하게 주장하고 있다.

그루지야-러시아 전쟁 : 신냉전 시대의 서막인가?

소련이 붕괴되자마자 그루지야는 러시아의 집중적인 견제에도 불구하고 반러시아, 친서방 노선을 걸으면서 서구식 민주주의와 자유시장경제를 받아들이고 있다. 2006년 5월에는 그루지야와 우크라이나 등이 러시아 주도의 독립국가연합에서 탈퇴하는 방안을 논의하였으며, 북대서양조약기구(NATO)의 가입을 추진하고 있다. 한편 그루지야는 미국과 유럽의 나라들이 위로는 러시아, 아래로는 이란이 감싸고 있는 에너지의 보고인 카스피 해로 접근할 수 있는 길목에 위치해 있다. 그리하여 전략적 요충지인 그루지야를 자국의 영향력 아래 두기 위한 미국과 러시아의 경쟁이 치열하다. 러시아는

그루지야 세나키 지역에 진주했던 러시아군이 2008년 8월 20일 장갑차를 타고 그루지야 국기와 미국 국기가 벽에 그려진 건물을 지나 어디론가 향하고 있다.

유엔 난민고등판무관의 추정에 따르면, 그루지야-러시아 전쟁으로 19만 2천 명의 난민이 발생했다고 한다.

    1992년 그루지야로부터 독립을 선언한 남오세티아에 평화 유지 명목으로 군대를 파병하였고, 미국은 그루지야에 군대 지원 명목으로 매년 3000만 달러를 지원하고 있으며, 카스피 해 원유 송유관을 보호한다는 명분으로 미 공군기지를 설치했다.

    이러한 상황에서 2008년 8월 7일, 그루지야는 분리 독립을 요구하는 친러시아 성향의 자치주 남오세티아공화국에 대한 무력 침공을 감행했다. 이에 남오세티아공화국에 평화유지군을 파견하고 있던 러시아가 자국민 보호를 주장하며 군대를 파병함에 따라 그루지야와 러시아 사이의 전쟁으로 확산되었으며, 러시아는 3일 만에 그루지야를 제압했다. 유럽 연합의 중재로 휴전이 성사되었으나 그루지야가 미국과 나토의 후원 아래 자국의 영토 주권을 계속 주장하고, 러시아가 그루지야로부터 분리 독립을 선언한 남오세티아와 아브하즈를 적극 지원하는 한 분쟁의 불씨는 여전히 남아있다.

    카스피 해 연안에서 생산되는 석유와 가스를 터키와 유럽으로 수송하는 송유관과 가스관이 통과하는 전략적 요충지라는 지정학적 위치가 그루지야를 강대국들의 각축장으로 만들었고, 오늘날 미국과 러시아의 긴장을 초래한 핵심 원인이 되고 있다. 또한 그루지야의 남오세티아 침공, 러시아의 반격, 그리고 잇따른 그루지야 점령 사태를 놓고 '제2의 냉전'이란 말까지 나오고 있다. 대결의 한 축은 러시아, 다른 축은 미국과 나토 동맹국이다.

영화로 읽는 지역 분쟁

단스, 그로즈니 단스 The Damned and The Sared, Dans, Grozny Dans
조스 드 푸더 감독 / 2003 / 네덜란드 / 75분

수년 간의 러시아 침공으로 살육의 공포에 떨고 있는 체첸의 상황을 되돌아 본다면 체첸의 그로즈니 어린이 무용단의 존재 자체가 기적이다. 필사적인 노력으로 무용단을 이끌어가는 선생님과 아이들은 전쟁의 공포로부터 살아 남기 위해 무용은 선택이 아닌 필수인 것이다. 이 영화는 체첸의 전시 상황과 어린이 무용수들의 힘겨운 연습 장면 그리고 성공적 순회공연을 다채롭게 담고 있다.

줄거리 _ 카메라는 러시아 남서부에 있는 체첸공화국의 그로즈니 어린이 무용단을 줄곧 따라간다. 여섯살에서 열여섯살에 이르는 어린이들로 구성된 무용단은 암스테르담, 런던, 폴란드의 크라코프와 바르샤바로 이어지는 유럽 순회공연을 펼친다. 순회공연 장면 중에서 압권은 암스테르담에 위치한 콘세르트헤보우 극장 공연 때 폭격으로 말미암아 지붕도 벽도 없는 폐허가 된 건물 속에서 어린이 무용단의 공연 장면이 겹쳐지는 것이다. 그로즈니 어린이 무용단의 단장은 공연 전날 무용단원들을 모아 놓고 이렇게 말했다. "너희가 왜 무대에서 춤을 열심히 추어야 하는가? 사람들은 체첸인 모두를 테러리스트로 오인하게 되는데, 너희가 춤을 열심히 추면 사람들은 체첸인을 단지 보통 사람으로 보게 될 것이다."

10장 발칸 반도
유럽의 킬링필드 보스니아와 코소보 내전

코소보 알바니아계와 세르비아계 거주 지역의 경계인 북부 미트로비차에서 코소보 독립선언 뒤 최악의 유혈 충돌이 발생했다. 유엔 경찰과 코소보평화유지군(KFOR)이 17일 새벽 세르비아계가 코소보 독립에 항의해 사흘째 강제 점거하고 있는 유엔 재판소를 기습하자, 시위대가 화염병과 수류탄을 던지고 총을 쏘면서 반격했다고 아에프페(AFP) 통신이 전했다. 이 과정에서 유엔 경찰·나토군 등 60여 명과 시위대원 80여 명이 다쳤다. 유엔·나토군 차량도 2대 이상 불탔다. 코소보 2대 도시인 미트로비차를 가로지르는 이바 강은 남쪽의 알바니아계와 북쪽의 세르비아계 거주 지역을 나누는 경계로, 이 일대에서는 늘 팽팽한 긴장이 감돈다. 이곳 세르비아계는 지난달 17일 코소보가 세르비아로부터 독립을 선언한 뒤, 항의 시위를 벌이며 나토군 등과 산발적 충돌을 빚어 왔다. 이들은 세르비아와의 합병을 주장하고 있다.

– 한겨레신문, 2008. 3. 19

발칸 반도에서 가장 복잡한 나라였던 유고슬라비아 연방공화국(이하 구유고슬라비아)이라는 국명은 오늘날의 세계 지도에서 사라졌다. 1990년대에 접어들어 사회주의 체제가 붕괴 된 동부 유럽 국가들에서는 소수 민족들의 분리 독립 요구가 거세게 분출되었다. 그 중에서도 구유고슬라비아는 역사적으로 누적된 민족·종교 간 갈등과 반목, 질시가 내전으로 확대되어 결국 슬로베니아, 크로아티아, 보스니아–헤르체고비나, 세르비아, 몬테네그로, 마케도니아로 분리되었고, 최근 코소보가 독립했다. 이 과정에서 피가 피를 부르는 인종청소가 자행되었다. 세계의 영원한 화약고라고 불리게 된 발칸 반도의 복잡하고 끝없는 갈등은 도대체 어디서부터 시작된 것일까?

지도로 읽는 지역 분쟁

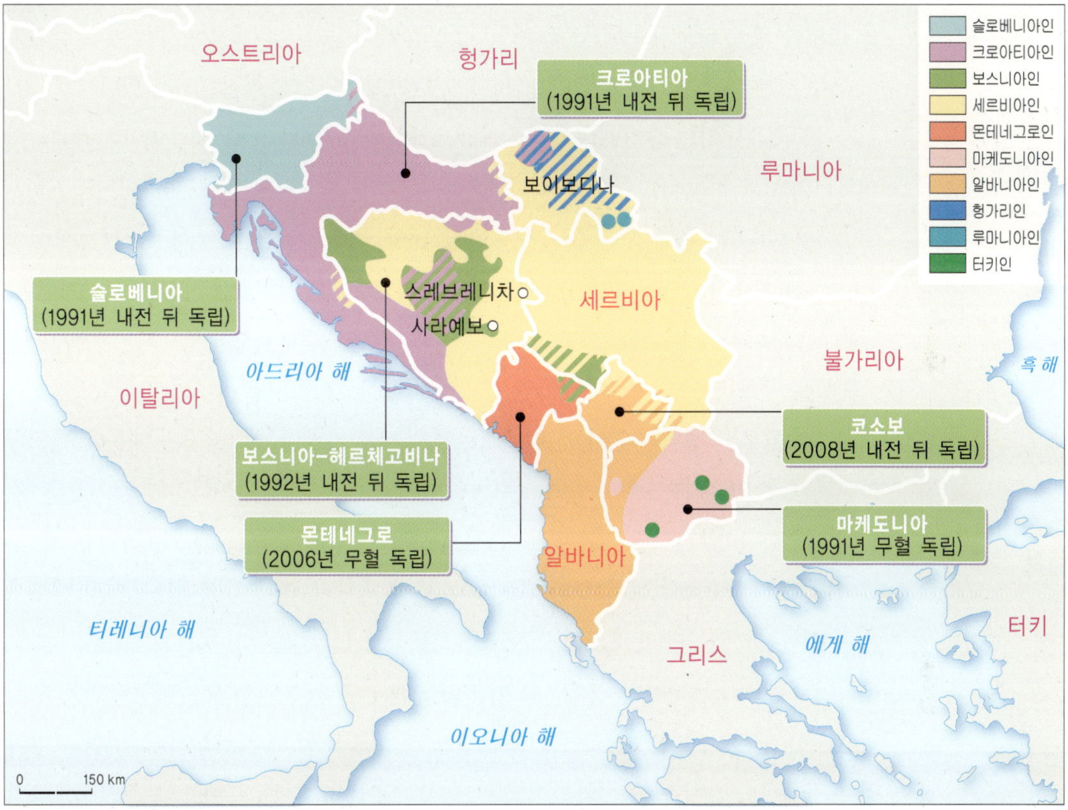

	슬로베니아인
	크로아티아인
	보스니아인
	세르비아인
	몬테네그로인
	마케도니아인
	알바니아인
	헝가리인
	루마니아인
	터키인

크로아티아 (1991년 내전 뒤 독립)

슬로베니아 (1991년 내전 뒤 독립)

보스니아-헤르체고비나 (1992년 내전 뒤 독립)

몬테네그로 (2006년 무혈 독립)

코소보 (2008년 내전 뒤 독립)

마케도니아 (1991년 무혈 독립)

발칸 반도의 여러 나라들

주요 인물

슬로보단 밀로셰비치(1941~2006)
Slobodan Milosevic
1989년 세르비아 대통령으로 선출. 세르비아 내전을 주도하고 인종청소를 벌이다가 2000년 민중 봉기로 실각함. 전쟁범죄와 학살 혐의로 체포되어 2006년 감옥에서 사망.

라도반 카라지치(1945~)
Radovan Karadzic
1995년 보스니아 내전 당시 대통령직을 수행했으며 인종청소를 자행해 수배됨. 10년이 넘는 도피 생활 끝에 2008년 7월 21일 세르비아의 수도 베오그라드에서 체포됨.

민족·종교·언어의 백화점, 발칸 반도*

발칸 반도
'세계의 화약고'라는 별칭이 말해주듯 분쟁이 끊이지 않았던 지역으로 영어에 balkanize : 분열하다'라는 신조어를 만들어 냈다.

유고슬라비아는 '남슬라브 나라'라는 뜻으로 제2차 세계대전 때 독일·이탈리아군을 격퇴한 영웅 티토가 1945년에 세웠다. 인민 대다수가 슬라브족이지만 여섯 공화국이 모두 다른 배경을 가지고 있어 20세기에 발칸에서도 가장 복잡한 나라였다.

구유고슬라비아는 슬로베니아(Slovenia), 크로아티아(Croatia), 세르비아(Servia), 마케도니아(Macedonia), 몬테네그로(Montenegro), 보스니아-헤르체고비나(Bosnia-Herzegovina)의 6개 공화국과 세르비아 내에 소수의 알바니아계가 사는 코소보(Kosovo), 소수의 헝가리계가 사는 보이보디나(Vojvodina)의 2개 자치주로 구성된 다민족 복합 국가였다.

민족은 세르비아인, 크로아티아인, 슬로베니아인, 마케도니아인, 몬테네그로인 등 5개의 민족으로 구성되어 있다. 몬테네그로인은 세르비아 계통에 가깝기 때문에 세르비아인과 매우 비슷하며, 소수 민족으로는 알바니아인·헝가리인·터키인 등이 일부 지역에 거주하고 있다.

이들 민족의 종교를 살펴보면, 세르비아인·마케도니아인·몬테네그로인의 대부분은 동로마 제국의 영향으로 그리스정교를 신봉하고 있다. 북부의 크로아티아인과 슬로베니아인은 오스트리아의 영향으로 가톨릭교를, 남부의 터키인과 알바니아인은 오스만 제국의 영향으로 이슬람교를 신봉하고 있어 종교 또한 매우 복잡하다. 또한 지정학적 측면에서도 발칸 반도는 역사적으로 오스트리아 합스부르크 왕조, 오스만투르크의 이슬람 세력, 러시아 등의 열강들이 저마다 세력을 펴려는 각축장이었다.

1980년대 후반부터 시작된 소련의 개방·개혁 정책은 동부 유럽의 민주화에 영향을 미쳐 동부 유럽 국가들의 전통적인 사회주의 정치·경제 체제의 붕괴를 야기하는 중요한 계기가 되었다. 1990년대에 접어들어 사회주의 체제가 붕괴된 동부 유럽 국가들에서는 소수 민족들의 분리 독립 요구가 거세게 분출되었다. 동부 유럽의 민주화 과정 속에서 1991년 6월 26일 유고슬라비아(유고슬라비아 사회주의 연방공화국)를 구성하고 있던 크로아티아와 슬로베니아가 독립을 선언하자, 이를 제지하기 위하여 유고 연방군이 슬로베니아를 침공함으로써 유고슬라비아 내전이 발발하였다.

이러한 상황에서 1992년 2월 29일 보스니아-헤르체고비나도 독립을 선포하였다. 그러나 보스니아 내에 거주하고 있는 세르비아계가 스르프스카공화국(RS, Republika Srpska)의 분리 독립을 선언하면서 보스니아 내전이 시작되었고, 이를 계기로 민족·

종교 간 갈등이 폭발하여 보스니아 내전이라는 금세기 최악의 민족 분규가 발생했다. 약 30만 명의 사상자와 약 220만 명의 난민을 발생시킨 보스니아 내전은 미국, 프랑스, 영국 등 강대국들의 주선으로 1995년 12월 14일 파리에서 평화 협정이 정식 조인됨으로써 4년 만에 종식되었다.

한편 보스니아 사태 이후, 세르비아 내의 코소보 자치주에서는 알바니아계 주민과 세르비아 정부군 간의 대립과 갈등이 '코소보 내전'으로 비화되어 국제 연합의 중재로 끝났으며, 2008년 2월 세르비아로부터 독립했다.

민족·종교 간의 뿌리 깊은 갈등과 반목의 역사

구유고슬라비아 지역에는 6, 7세기경 슬라브족이 가톨릭교의 신성 로마 제국과 그리스정교의 비잔틴 제국령으로 나누어진 발칸 반도에 이주하여 정착하기 시작하였다. 세르비아인과 슬로베니아인을 중심으로 한 남슬라브족은 '따뜻한 남쪽의 땅'을 찾아서 남쪽으로 이동하여 부족 국가를 형성하였다. 7세기에는 슬로베니아 지방에 공국(公國)이, 9세기에는 크로아티아 공국이 건설되었으며, 14세기까지 몬테네그로, 보스니아, 세르비아 등 작은 공국들이 형성되었으나, 항상 외세의 간섭과 지배에서 벗어나지 못하였다.

14세기부터 남부에서 오스만 제국의 침입이 시작되어 1389년 '코소보 평원의 전투'를 기점으로 세르비아, 보스니아, 몬테네그로 등 남부 유고슬라비아는 오스만 제국의 지배권에 편입되었다. 가톨릭을 신봉하는 북쪽의 오스트리아 제국은 슬로베니아와 크로아티아를 지배하여 양분되었다. 특히 그리스정교를 믿는 세르비아인들은 가톨릭 국가인 오스트리아 제국, 이슬람 국가인 오스만 제국 사이에서 끊임없는 투쟁을 계속하면서 '대세르비아 왕국 건설'의 꿈을 버리지 않았다.

오스만 제국은 14세기부터 약 400년 동안 유고 남부 지역을 통치하면서 가톨릭 및 그리스정교도인 피지배 국민들을 이슬람교도로 개종시키는 정책을 적극적으로 실시하였다. 이 정책에 의해 도시에 거주한 대부분의 봉건 영주 및 상인 등 상류 계층은 이슬람교로 개종하여 영화를 누린 반면, 이슬람교로 개종하기를 거부한 일부 세르비아인들은 농촌으로 숨어들어 노예와 같은 생활을 하였다. 그 결과 그리스정교를 고수하면서 농촌에 거주했던 세르비아인과 이슬람교로 개종한 세르비아인 사이에는 같은 민족이

1815년 국경_오스트리아 제국과 오스만 제국

면서도 종교적 갈등이 싹트기 시작하였다. 보스니아가 독립을 선언하자 보스니아 세르비아계가 내전을 일으킨 것도 이러한 역사적 배경 때문이다.

한편 북쪽의 슬로베니아와 크로아티아를 지배하였던 오스트리아는 17세기 말 크로아티아의 크라이나 지역에 세르비아인들을 이주시키고 종교의 자유와 더불어 사유 재산을 인정하는 등 유화 정책을 취하였다. 크로아티아가 독립을 선언할 때 크로아티아 내에 거주하던 세르비아계가 크로아티아의 독립을 반대한 이유도 여기에 있다.

1878년 오스만 제국이 러시아와의 싸움에서 패하면서 세르비아와 몬테네그로는 독립한 반면, 보스니아-헤르체고비나는 1907년부터 오스트리아의 지배를 받게 되면서 종교적인 박해를 받았다. 제1차 세계대전 후 가톨릭교인 크로아티아와 슬로베니아, 이슬람교인 보스니아-헤르체고비나, 그리스정교인 세르비아 등이 합쳐져 다민족, 다종교의 단일 국가인 유고슬라비아(남쪽의 슬라브라는 뜻) 왕국이 건설되었다.

1918년 12월 베오그라드를 수도로 하는 유고슬라비아 왕국이 성립된 이후 1921년에 헌법이 제정되어 유고슬라비아 왕국은 입헌 군주국이 되었다. 그러나 새 연방 왕국을 선포한 이후에도 권력 기관과 국가 체제에 대한 각 지역 간 의견 충돌과 갈등은 해소되지 않았다. 특히 크로아티아와 독립 공국을 유지하면서 민족의식이 강한 세르비아는 항상 대립 관계를 유지하였다. 이러한 상황에서 1934년 알렉산더 왕이 크로아티아 민족주의자에 의해 암살되고, 제2차 세계대전 당시 크로아티아인들이 독일 나치스에 빌붙어 세르비아인들을 학살하면서 세르비아와 크로아티아인 사이에는 뿌리 깊은 적대 감정이 생기기 시작하였다.

제2차 세계대전 중 북부 유고슬라비아는 독일의 지배를, 남부 유고슬라비아는 이탈리아의 지배를 받으면서 유고의 영토는 또다시 분할되었다. 그리고 제2차 세계대전 중이던 1941년에 독일의 괴뢰 국가인 크로아티아 독립국이 성립되었는데, 이때 크로아티아인의 나치스 조직이 세르비아인들과 집시, 유대인을 포함한 약 70만 명을 학살하면서 세르비아와 크로아티아인 사이에는 갈등과 반목이 더욱 깊어졌다.

제2차 세계대전 후 크로아티아 출신인 요시프 티토가 정권을 잡으면서 유고슬라비아는 공산주의 국가가 되었다. 티토 정권은 토지 개혁과 집단 농장화 등 대담한 경제 개혁을 통하여 주민들의 불만을 해소하였다. 또한 1974년부터 군 통수권과 외교권 등 일부만 제외하고 대부분의 권한을 6개의 공화국 자치 정부에 대폭 이양하였으나, 각 공화국의 독립은 철저하게 견제하는 정책을 취하였다.

그러나 강력한 티토 정권도 민족 간의 대립 문제에 대해서는 적절한 처방을 제시하지 못하였다. 그래서 슬로베니아, 크로아티아 등은 중앙 정부에 대항하며 독자적인 노선을 걷기 시작하였고, 세르비아, 마케도니아 등지에서도 '반혁명적 분리주의'라 할 수 있는 민족주의적인 기운이 강하게 나타나기 시작하였다. 이러한 상황에서 1980년에 티토 대통령이 사망하였고, 각 공화국의 지도자들은 자기들의 권력 유지를 위해 민족주의를 자극했는데, 이것이 유고 내전의 결정적인 도화선이 되었다.

유럽의 킬링필드 보스니아 내전

1991년 6월 크로아티아와 슬로베니아공화국이 독립을 선포하자 제1차 유고 내전이 시작되었고, 9월에 마케도니아가 독립함으로써 구유고슬라비아 연방은 붕괴되고 말았다. 1992년 3월 세르비아와 몬테네그로가 신유고 연방을 창설하였고, 보스니아-헤르체고비나 또한 국민투표를 통해 독립을 선포하였다. 그러나 보스니아-헤르체고비나의 독립은 곧 바로 내전으로 비화되었다.

보스니아-헤르체고비나의 독립을 주도한 계층은 보스니아 내의 이슬람교도가 중심이 된 이슬람 정부와 이를 뒤에서 종용한 보스니아 내의 크로아티아인들이다. 왜냐하면 이들은 보스니아-헤르체고비나가 연방에 남을 경우 보스니아 내의 세르비아계가 주도권을 가질 것에 불만을 품었기 때문이다. 이러한 움직임을 간파한 세르비아계는 민족별 분리를 주장하면서 국민투표에 불참하였다. 그리고 보스니아의 독립에 반대하는 보스니아 세르비아계가 보스니아에서 분리 독립할 것을 선언하게 되었다. 이러한 상황에서 1992년 4월 6일 유럽 연합이 보스니아의 독립을 승인하고, 이어서 4월 7일 미국 또한 보스니아의 독립을 승인하였다. 이에 불만을 품은 보스니아 세르비아계가 1992년 5월 25일 보스니아-헤르체고비나의 수도인 사라예보에 포격을 가하고, 세르비아 군대는 보스니아의 무슬림에 대한 대대적인 '인종청소'를 시작하면서 제2차 유고 내전인 보스니아 내전이 발발하게 된 것이다.

보스니아 내전은 기본적으로 보스니아에 거주하는 이슬람교도 및 크로아티아계 중심의 보스니아 정부와 전체 인구의 31%를 차지하는 세르비아계 간의 갈등이 내전으로 확대된 것이다. 보스니아에 거주하는 세르비아계는 유고(세르비아-몬테네그로 연방) 연방군과 함께 보스니아 영토의 70%를 장악하는 전과를 올렸다. 초기의 전투에서 이러한 전과를 올리게 된 배경에는 오스트리아가 보스니아를 지배했을 때 가톨릭으로의 개종을 거부하고 농촌으로 이주한 그리스정교를 신봉하는 세르비아계가 보스니아의 각지에 흩어져 거주했기 때문이다.

보스니아 내전이 확대되자 국제 연합 안전보장이사회는 신유고 연방에 대한 전면적인 금수 조치와 항공 봉쇄, 자산 동결을 주요 내용으로 하는 경제 제재 조치를 결의하고 휴전을 종용하기에 이르렀다. 이에 유고 연방군은 휴전에 합의하고 철수하였으나, 보스니아 세르비아계는 이에 응하지 않고 정부군을 공격함으로써 내전은 오히려 확대되기만 하였다.

국제 연합의 중재에 의한 휴전 합의에도 불구하고 보스니아 내의 세르비아계와 정부군 사이의 내전이 계속되자, 국제 연합 안전보장이사회의 결정에 의해 3만 명의 평화유지군이 내전 지역에 파견되었다. 그러나, 각국은 자국군의 인명 피해를 최소화하려

시사상식 스레브레니차의 학살

스레브레니차 지역의 집단 학살 발굴 현장

최초 발굴, 수습된 이슬람계 주민의 관

보스니아 내전 막바지에 7,000명의 보스니아 회교도들이 무참히 살해된 스레브레니차 학살 사건(1995년 7월)은 보스니아 내전에서 일어난 최악의 참사로 기록된다. 보스니아 동부, 세르비아 접경지대에 자리한 스레브레니차는 회교도 집단 거주 마을로서, 유엔이 선포한 10개 안전지대 중 하나였다. 그러나 세르비아계는 그곳에서 4만 명에 이르는 보스니아 회교도들을 지키던 유엔 보스니아 평화유지군(UNPROFOR) 소속 네덜란드 병력을 몰아낸 뒤 인종청소 범죄를 저질렀다.

세르비아계는 적대적인 전쟁예비병력을 없앤다는 구실로 10대 소년에서 50대 장년에 이르는 보스니악(보스니아 회교도)들을 마구 학살, 집단 무덤에 파묻었다. 7,000~7,500명의 보스니아 회교도들이 학살당한 것으로 추정되며, 이는 제2차 세계대전이 끝난 후 유럽에서 일어난 최악의 민간인 학살 사건이다. 스레브레니차에서는 지금도 시신 발굴 작업이 진행되고 있다.

는 일명 '제로 킬드(zero killed) 전략'을 구사하면서 내전에는 매우 소극적으로 대처하였다. 특히 세르비아계는 물론 이슬람 정부군까지도 평화유지군을 공격하는 사건이 자주 일어났기 때문에 평화유지군은 내전에 더욱 소극적이 되었다. 이러한 상황에서 보스니아 사태는 계속 악화되었고, 세르비아계의 점령지에서 이른바 '인종청소'가 행해져 수십만 명이 학살된 사실이 폭로되면서 세계 각국의 지도자들은 보스니아 문제에 관심을 가지게 되었다.

보스니아의 평화 정착과 새로운 연방의 등장

1995년 12월 14일 프랑스 파리의 엘리제 궁에서는 보스니아 사태의 당사국들인 세르비아, 보스니아, 크로아티아 대통령들이 참가한 가운데 3년 8개월 동안 계속된 보스니아 내전을 종결시킨 평화 협정 서명식이 거행되었다. 이 평화 협정은 같은 해 11월에 미국의 데이턴에서 개최된 평화 협상의 결과라는 의미에서 '데이턴 평화 협정'이라고 한다.

평화 협정의 주요 내용은 보스니아공화국의 국제적 지위를 보상하고, 보스니아 내 세르비아계 공화국의 실체를 인정하며, 현재 영토의 51%를 이슬람계와 크로아티아계가, 나머지 49%를 세르비아계가 차지한다는 것이다. 또 가장 빠른 시간 내에 총선거를 실시하여 새로운 정부와 의회를 구성하기로 하였다.

이날 체결된 평화 협정은 발칸 반도의 고질병인 민족 분규를 해결했다는 매우 역사적인 의미를 가지고 있다. 그러나 다른 한편으로는 1996년 대통령 선거를 앞두고 보스니아 사태 해결을 통해 재선 가도를 유리하게 하려는 클린턴 미국 대통령의 입장이 많이 반영되었고, 강대국의 이해관계에 따라 체결된 협상이라는 의구심을 떨쳐 버릴 수 없는 협정이라는 데 아쉬움이 있다.

더구나 이 평화 협정에 가장 많은 불만을 가지고 있는 민족이 다름 아닌 보스니아 내전을 일으킨 세르비아계라는 데 더 큰 문제가 있다. 보스니아 세르비아계의 일부 지도자들은 밀로셰비치 세르비아 대통령이 자국에 대한 국제 연합의 경제 제재 조치를 해제시키기 위하여 성급하게 협상에 임했다고 비판하고 있다. 또한 수도 사라예보의 관할권을 이슬람·크로아티아계 연방에 넘겨준 것과 전범 재판소에 기소된 52명의 전범 가운데 세르비아계가 45명을 차지하고 있는 것에 대해서도 불만을 가지고 있다.

한편 이슬람·크로아티아계 연방 쪽 또한 협상안에 대해서 전쟁 이전의 이슬람교도 거주 지역이었던 스레브레니차와 제파를 세르비아계의 영토로 인정한 점, 그리고 보스니아 동부와 서부의 세르비아계 점령 지역을 서로 연결시켜 주는 일명 '포사비나 회랑'을 인정해 준 것에 대해 큰 불만을 가지고 있다.

그러나 이 평화 협정의 가장 큰 문제점은 보스니아 중앙 정부를 비롯한 국가 형태에 있다고 할 수 있다. 협정에 의하면, 보스니아 중앙 정부는 많은 권한을 이슬람·크로아티아계 연방과 세르비아계 공화국에 이양하여 그 권위가 매우 약화되었다. 따라서 중앙 정부가 점차 약해지고 구성체 간의 적대감이 심화되면, 현재의 '단일 국가'는 언제든지 붕괴될 가능성을 안고 있다.

현재 보스니아-헤르체고비나는 독특한 정치 체제로 되어 있는데, 국가 차원의 연방 정부와 체제 차원의 2개 공화국으로 구성되어 있다. 즉, 세르비아계 주민들의 '스르프스카공화국'과 보스니악* 및 크로아티아계 주민들이 합친 보스니아-헤르체고비나 연방의 2개 체제로 구성되어 있는 것이 특이하다. 따라서 임기 4년의 대통령 위원회도 이슬람계(보스니아계), 크로아티아계, 세르비아계 등 각 계파 3인으로 구성되며, 8개월 단위의 순번제로 의장(대통령) 역할을 수행한다.

보스니아 지역에 평화가 정착될지, 아니면 또다시 새로운 민족 분규가 재연될지는 아직 속단하기 어렵다. 하지만 2002년 7월 15일 발칸의 3국 지도자들이 내전 종식 이후 처음으로 사라예보에서 정상 회담을 갖고 상호 협력을 합의했다. '사라예보 선언'으로 명명된 이날의 합의는 세 민족 간의 정치적 화합을 핵심으로 하고 있어, 향후 보스니아 지역 평화 정착의 청신호로 해석되고 있다.

그러나 수백 년을 내려온 이슬람계, 크로아티아계, 세르비아계 간의 반목과 갈등이 평화 협정에 의해 완전하게 해결될지는 누구도 장담할 수 없다. 왜냐하면 이번의 평화 협정은 발칸 반도의 근본적인 문제의 해결이 아닌 시작에 불과하기 때문이다.

> **보스니악**
> Bosniak, 일반적으로 보스니아 회교도들을 가리키지만 인종적인 공식 명칭이 보스니악이다.

코소보 내전 : 세르비아인과 알바니아인의 오랜 갈등

코소보는 민족과 종교 문제가 복잡하게 얽힌 분쟁 지역으로 명목상 세르비아공화국의 지배를 받고 있었다. 코소보에서는 주민의 90% 이상이 알바니아계인 반면, 유고 내 최대 민족인 세르비아인의 숫자는 10%에 불과해 세르비아인들이 소수 민족의 위치에 있다. 코소보는 동양적인 색채가 강하며 이슬람교도가 많고, 주요 도시로 프리슈티나가 있다.

코소보 분쟁의 핵심은 전체 주민의 90% 정도가 이슬람교를 믿는 알바니아계이기 때문에 세르비아에서 분리하여 독립하거나 알바니아로 편입되기를 원하고, 이런 움직임에 세르비아가 적극 반대하는 것이다. 그렇다면 코소보에서는 소수에 해당하는 세르비아가 왜 코소보의 분리 독립을 반대하는가? 그것은 다름 아닌 코소보에 대한 세르비아인의 역사성 때문이다. 그리스정교를 신봉하는 세르비아인은 6세기경 발칸 반도의 북부에 정착했다. 그 일부는 비옥한 평야가 발달한 코소보 평원에 정착하여 세르비아 제국을 건설하였고, 코소보는 제국의 중심 도시가 되었다. 오늘날에도 코소보에는 세르비아정교 양식의 종교 유적이 많이 남아 있다.

세르비아인들이 유럽연합기를 불태우며 코소보 독립 반대 시위를 벌이고 있다.

그러나 1389년 세르비아인들은 오스만투르크 군대를 맞아 코소보 전투를 벌였고, 대패하여 약 10만 명의 세르비아인들이 숨졌다. 특히 세르비아인들은 코소보가 가진 세르비아 제국의 중심지라는 상징성과 역사성을 의식하여 적극 방어했으나, 오스만투르크의 군대에 패하고 영토를 빼앗겼다. 코소보를 점령한 오스만투르크는 크리스트교를 믿고 있는 세르비아인들을 이슬람교도로 개종시켰지만, 이에 불복한 세르비아인들은 북부로 이주했다. 세르비아인들이 살던 코소보 땅을 이슬람교도로 개종한다는 조건을 달아, 가난하고 땅 없던 알바니아계 난민들에게 분배해 주면서 알바니아계 주민이 대거 이주해 거주하게 되었다. 이것이 코소보에서 이슬람교의 알바니아계 주민이 전체의 90%를 차지하게 된 중요한 배경이다. 그러나 세르비아는 1912년의 발칸 전쟁을 계기로 코소보를 다시 지배하게 된다. 그리고 유고 연방이 해체되면서 알바니아계와 세르비아계 간의 갈등이 재연되었고, 이것이 내전으로 확대되었다.

코소보 자치주는 세르비아에서 경제적으로 가장 낙후된 곳으로, 다수 민족인 알바니아인들은 주로 하층의 빈곤 계층에 속하는 데 비해, 소수의 세르비아인들은 대부분 부유층을 형성하고 있었다. 그래서 알바니아인들은 경제적 불평등을 이유로 코소보의 자치권 확대와 공화국 승격을 연방 정부에 꾸준히 요구하였으나, 기득권 층인 세르비아인들의 반대로 번번이 좌절되었다.

세르비아공화국이 코소보 자치주의 자치권을 제한하는 헌법을 1989년 1월 통과시키자, 알바니아계 주민들이 사상 최대의 폭동을 일으켰다. 1989년 2월 20일부터 10여 일 동안 계속된 알바니아계 주민들의 반세르비아 시위는 유고(구유고슬라비아 연방공화국) 정부의 군대 투입으로 일단 진압되었다.

1991년 제1차 유고 내전을 계기로 코소보의 알바니아인들은 코소보공화국을 선포하면서 세르비아와 대립했다. 그러나 유고 내전에 처한 세르비아는 코소보에 적극 대응하지 못했다. 1995년 코소보의 알바니아계는 코소보해방군(KLA, Kosovo Liberation Army)을 조직하여 세르비아를 상대로 무장 투쟁을 전개했다. 세르비아 또한 KLA에 대한 전면적인 소탕 작전을 감행하였다.

코소보 위기는 두 단계로 나눠볼 수 있다. 1단계는 1998년 2월부터 1999년 3월까지의 코소보 내전 기간, 2단계는 1999년 3월 24일부터 6월 11일까지 78일 동안 다국적 군사 개입으로 나토(NATO) 공습이 이루어져 코소보 전쟁이 벌어진 시기이다.

1단계에서는 코소보 해방군의 무장 투쟁과 이에 대한 세르비아 보안군의 강경 대응이 거듭되면서 코소보 사태가 국제적인 이슈로 떠올랐다. 1998년 2월 코소보에서 알바니아계 분리주의자들과 세르비아 경찰의 무장충돌이 발생하여, 알바니아인 16명과 세르비아 경찰 4명이 사망하는 사건이 발생했다. 이를 계기로 알바니아인들은 대규모 시위를 벌였고, 이 기간에 코소보 알바니아인 가운데 약 1,000명의 사망자와 40만 명의 난민이 생겨났다.

코소보 알바니아인에 대한 세르비아의 강경 진압에 대해 미국을 비롯한 서방 국가들이 반대하고, 군사 개입 및 경제 제재 가능성을 경고하면서 평화적 해결을 촉구했다.

세르비아 민병대의 무차별 사격으로 벌집이 된 사라예보의 한 건물

그러나 세르비아의 밀로셰비치 대통령은 국내 문제를 이유로 국제사회의 개입을 거부하고, 알바니아인은 국제사회의 적극 개입을 유도하였다. 이런 과정에서 나토는 세르비아에 대한 탄압 중지를 요구했다. 또한 국제사회는 코소보 사태의 평화적 해결을 위해 코소보 내 나토 평화유지군의 주둔을 핵심으로 하는 평화 협정의 수용을 세르비아에 요구했다. 하지만 세르비아가 거부함에 따라 1999년 3월 24일 나토군의 공중 폭격을 시작으로 코소보 사

태는 내전으로 확대되었다. 이 시기에 세르비아 보안군과 준군사조직의 조직적인 인종청소 작업으로 약 1만 명이 사망했고, 보스니아 내전 때처럼 조직적 강간과 고문, 약탈이 자행되었다. 이로 인해 약 86만 명의 난민이 이웃 마케도니아, 몬테네그로 등으로 몸을 피했고, 코소보 지역 내 난민도 59만 명에 이른 것으로 집계되었다. 세르비아의 인종청소는 3·24 나토 공습 뒤 더욱 기승을 부렸다.

나토군의 개입으로 1999년 6월 11일 세르비아는 코소보로부터 군대를 철수시키고, 다음 날부터 나토군 주력의 평화유지군이 코소보에 진주하여 난민을 귀환하는 작업을 펼쳤다. 그리고 2000년 9월 실시된 세르비아 총선에서 패배한 밀로셰비치 대통령이 실각하면서 코소보는 사실상 국제 연합의 보호령으로 남게 되었다.

멀고 먼 코소보의 완전 독립

2008년 2월 17일 코소보는 세르비아로부터 독립을 선언했다. 그러나 독립선언 1년이 지난 2009년에도 코소보를 둘러싼 국제사회의 양분된 움직임과 이에 따른 정치적 불안감은 여전하다. EU 27개 회원국 중 22개국이 코소보를 주권국으로 인정한 반면, 나머지 5개국(키프로스, 슬로바키아, 루마니아, 그리스, 스페인)은 세르비아의 입장을 지지하거나 코소보 독립이 자국의 분리주의 운동을 촉발시킬 수 있다는 우려를 내세워 코소보 승인을 거부하고 있다. 또한 코소보에는 200만 명에 달하는 다수의 알바니아인과 12만 명의 소수 세르비아인이 나토 등 외국 군대의 감시 아래 '불편한 동거'를 하며 알바니아와 세르비아계 젊은이들은 서로 의사소통도 하지 않고 있다.

코소보의 알바니아계 주민들이 2009년 2월 17일 수도 프리슈티나에서 코소보 독립 1주년을 축하하고 있다.

코소보는 1999년 유엔 안전보장이사회 결의에 따라 창설된 코소보 유엔 행정기구(UNMIK, United Nations Interim Administration Mission in Kosovo)의 관할하에 있으며, 2009년 4월 유엔 관할 종료를 요청하였다. 2009년 현재 1만 4천 명인 코소보 평화유지군도 단계적으로 감축을 진행하고 있다. 코소보의 완전 독립이 실현될 수 있을까?

역사 속으로 사라진 유고슬라비아 연방공화국

2003년 2월 4일 유고슬라비아 연방 의회는 역사적인 결정을 했다. 그것은 구유고슬라비아 연방공화국을 구성했던 세르비아공화국과 몬테네그로공화국이 연방을 해체하고 느슨한 형태의 새 국가 연합을 창설한다는 내용의 헌장을 채택한 것이다. 이날의 연방 의회 결정으로 1992년 창설된 신유고 연방은 영원히 역사 속으로 사라지고, '세르비아-몬테네그로' 라는 새로운 형태의 국가 연합이 탄생하게 되었다.

1918년 결성된 유고 연방이 1991년의 보스니아 사태로 해체되고, 세르비아와 몬테네그로만이 유고 연방을 구성하게 되었다. 몬테네그로는 세르비아와 분리해서 생각하기가 어려운 존재이다. 왜냐하면 언어와 종교가 같고, 세르비아에 두 차례나 합병된 역사도 있기 때문이다. 원래 로마 제국의 속주였던 몬테네그로는 7세기경 슬라브족이 정착하면서 제타 주로 분리되었고, 12세기 후반 세르비아 제국에 합병되었다. 이때부터 세르비아와 몬테네그로는 역사적 결합 관계를 형성하게 된다.

1912년에 발생한 발칸 전쟁 중에 몬테네그로는 세르비아, 그리스 등과 함께 발칸 동맹군을 결성하여 오스트리아에 대항하여 싸웠다. 제1차 세계대전 때에도 몬테네그로는 세르비아를 지지하였다. 1918년 제1차 세계대전의 패전국인 오스트리아·헝가리 제국의 군대가 철수한 지역을 세르비아 군대가 장악하게 되고, 이를 계기로 몬테네그로는 세르비아로의 복속을 선언하게 된다. 그리고 몬테네그로는 오늘날까지 세르비아와 불가분의 관계를 유지하고 있다.

2003년부터 유럽 연합의 중재하에 세르비아와 국방, 외교 부문을 공유하는 느슨한 형태의 신유고 연방을 형성해 온 몬테네그로는 국민투표를 통해 2006년 6월 5일에 독립하였으며, 6월 28일에는 국제 연합의 192번째 회원국이 되었다. 인구 60만 명으로 세계에서 가장 인구가 적은 나라, 몬테네그로는 어떤 미래를 만들어 나갈까?

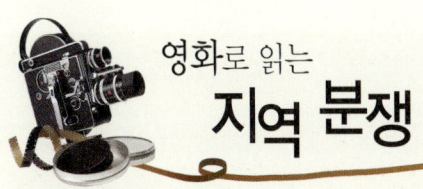

영화로 읽는 지역 분쟁

언더그라운드 Underground
에밀 쿠스트리차 감독 / 1995 / 유고슬라비아, 프랑스, 독일, 헝가리 / 192분

유고 내전을 배경으로 한 칸 영화제 황금 종려상 수상작. 서유럽의 지식인층은 '세르비아의 선전물'이라며 혹평을 하여, 쿠스트리차가 돌연 은퇴를 선언하기도 했던 문제작이다.

줄거리 _ 1941년 유고의 베오그라드는 독일의 침공으로 혼란에 빠지고 국민들은 독일에 저항하며 전의를 불태운다. 블랙키와 마르코는 지하에서 무기 제조와 밀매를 하며 많은 부를 챙기지만, 전쟁으로 지하 생활을 시작한 빨치산 가족들은 마르코와 블랙키를 전쟁 영웅으로 착각한다. 전쟁의 소용돌이 속에서도 자신의 입지를 굳힌 블랙키는 여배우 나탈리아를 강제로 데려다 결혼식을 하지만 곧 독일군 장교인 프란츠에게 그녀를 빼앗긴다. 평소부터 나탈리아에 흑심을 품은 마르코는 블랙키를 구출하여 지하 세계에 은신시키고 나탈리아와 결혼 생활을 즐기는 한편 전쟁이 끝나고 티토 정부가 들어서자 내각에 입각하여 전쟁 영웅 대접을 받는다. 마르코는 자신의 지위를 고수하기 위해 지하 세계의 블랙키를 비롯한 모든 사람에게 그 사실을 알려 주지 않게 되고 지하 세계는 점점 지상과 마찬가지로 완벽한 생활 체계를 구축하며 전쟁 준비를 계속한다. 그런 생활이 지속 되던 중 침팬지의 실수로 대포가 발사되며 지상 세계와 연결 통로가 생기고 이들은 진실을 깨닫게 된다. 무려 수십년 만의 일이다. 한편 마르코의 동생 이반은 형의 농간에 의해 자기와 친구들이 속았다는 것을 깨닫고 복수를 결심한다.

11장 아일랜드
영국으로부터의 분리 독립운동

구교도와 신교도 간 오랜 유혈 분쟁 끝에 1998년 평화 협정이 맺어진 북아일랜드에서 12년 만에 폭탄 테러가 발생했습니다. 현지 경찰은 현지 시각으로 22일 밤 10시 반쯤 북아일랜드 뉴리 지역 법원 건물 앞에서 차량에 설치된 폭탄이 터져 큰 불길이 치솟았다고 밝혔습니다. 폭발로 법원 정문과 초소는 물론 길가 교회 건물도 크게 파손됐지만 다행히 인명 피해는 발생하지 않았습니다.

현지 언론은 최근 북아일랜드 자치 정부와 영국 사이에 타결된 경찰권과 사법권 이양에 반대하는 구교도 공화파 일부 세력이 테러를 저지른 것으로 추정하고 있습니다.

북아일랜드에서는 영국으로부터 독립을 주장하는 구교 세력과 영국 잔류를 요구하는 신교 세력이 30여 년 동안 유혈 분쟁을 벌여 오다 1998년 평화 협정을 맺었지만 최근 공동 정권이 붕괴 위기를 맞으면서 갈등이 재현될 조짐을 보이고 있습니다.

1998년 평화 협정 체결 이후 북아일랜드에서 차량 폭탄 테러 시도가 여러 번 있었지만 대부분 미수에 그쳤고 폭발이 완전히 성공한 것은 이번이 처음인 것으로 전해졌습니다.

— YTN, 2010. 2. 23

유럽 지역에서 유혈 분쟁의 대명사로 일컬어지는 북아일랜드는 1922년 아일랜드가 영국으로부터 독립할 당시 영국령으로 남겨진 뒤, 신·구교도 간 갈등으로 30년 동안 3,700명이 숨지는 희생을 치렀다. 1998년에 북아일랜드 평화 협정이 타결되면서 오랜 유혈 분쟁 종식의 역사적 계기가 마련되었다. 2005년 구교도 무장세력인 아일랜드공화군(IRA)이 무장을 해제하고 2007년에 공동 자치 정부가 출범하는 등 평화 정착을 위한 노력이 계속되고 있음에도 불구하고 유혈 사태는 끝나지 않고 있다. 30여 년간의 유혈 사태의 이면에는 수백년 간에 걸친 영국과 아일랜드 사이의 뿌리 깊은 분쟁과 갈등의 역사가 있다. 이것을 청산하고 평화 정착을 위한 걸음에 종지부를 찍을 수 있는 날은 언제일까?

지도로 읽는 지역 분쟁

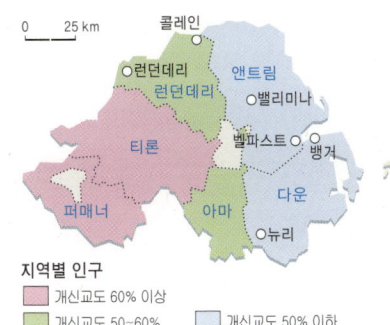

지역별 인구
- 개신교도 60% 이상
- 개신교도 50~60%
- 개신교도 50% 이하

▲ 영국과 아일랜드

 주요 인물

데이비드 트림블(1944~)
William David Trimble
신교도계 최대 정파인 얼스터연합당 (UUP)의 당수로서 북아일랜드의 1998년 4월 평화 협정 체결에 주도적 역할을 하여 노벨 평화상을 수상.

존 흄(1937~)
John Hume
민족주의 정당인 사회민주노동당 당수로서, 아일랜드 평화 협상을 이끌어냈으며 1998년 노벨 평화상을 수상.

유럽의 분쟁 | **143**

오랜 갈등과 분쟁의 땅 아일랜드

영국 본토의 서쪽에 자리 잡은 아일랜드 섬에는 아일랜드인 또는 에이레인들이 주로 거주하는데 대부분 켈트계에 속한다. 그러나 노르만족, 앵글로-색슨족 등의 침입과 정주에 따른 혼혈이 장기간에 걸쳐서 반복되었기 때문에, 켈트계 아일랜드인은 뚜렷한 신체적 특징을 가지고 있지는 않다. 주민의 대부분이 로마 가톨릭교도이다. 아일랜드어가 제1의 공용어이나, 오랫동안 영국의 지배를 받았기 때문에 일반적으로 영어를 사용하며, 모든 학교에서 영어를 가르친다.

아일랜드 문제는 영국이 아일랜드를 지배함으로써 발생한 여러 가지 문제를 말하며, 근대 유럽 역사상 최대의 민족 문제로서 세계의 주목을 받아 왔다. 이러한 아일랜드 문제는 1921년 아일랜드가 독립하면서 해결되는 듯이 보였으나 북아일랜드 지방의 귀속을 둘러싸고 분쟁이 일어나 오늘날까지 이어지고 있다.

북아일랜드에서 영국계 신교도와 아일랜드계 구교도 사이에 폭력 사태가 계속되어, 1969년부터 1993년에 이르기까지 폭력 사태로 인한 사망자 수는 3,100명을 넘었다. 특히 구교도 군사조직인 IRA(아일랜드 공화군, Irish Republican Army)는 영국으로부터 북아일랜드의 독립을 요구하며 30여 년간 유혈 투쟁을 벌여 왔다. 그러나 1998년 북아일랜드 평화 협정이 체결되고, 이어 1999년 북아일랜드 자치 정부가 수립되고, 2001년에 IRA가 무장해제를 선언함으로써 그동안 교착 상태에 있던 북아일랜드 평화 협정 이행에 돌파구를 마련하는 계기가 되었다. 2005년 IRA는 35년 만에 모든 무장 투쟁을 포기하겠다고 선언하였다.

북아일랜드 분쟁의 발단

아일랜드 섬에 켈트계 등의 여러 민족이 건너온 것은 기원전 5세기경이다. 그들은 앞선 철기 문화를 바탕으로 기원전 2세기 중엽까지 원주민을 정복·통합하여 켈트족 사회를 형성하였다.

기원전 58년에 시작된 카이사르의 갈리아(오늘날의 프랑스 지역) 침공은 켈트 세계에 대한 로마인의 압박이 시작되었음을 알리는 사건이었다. 그 후 '대륙의 켈트'는 로마인에 굴복하여 로마 문화에 동화되었다. 그러나 브리튼 섬과 아일랜드 섬에 사는 '섬의 켈트'는 로마인에 굴복하지 않고 그들의 고유한 문화를 유지하였기 때문에, 오늘날 영국의 스코틀랜드(브리튼 섬 북부), 웨일스(브리튼 섬 서부) 및 아일랜드에는 켈트 세계가 잔존하게 되었다.

아일랜드 민족주의의 전통을 이해하는 데 중요한 것은 켈트족의 생활양식 외에 가톨릭 신앙이라고 할 수 있다. 아일랜드의 가톨릭 신앙은 켈트적 요소와 융합되어 정착·발전하였다. 그 활동의 중심은 켈트족장의 보호 아래 건설된 수도원이었으며, 그들은 영국이나 유럽 각지에 수도원을 건설하는 등 가톨릭 포교에 힘을 기울였다. 이리하여 아일랜드는 유럽에서 '성자와 학자의 섬'으로 알려지게 되었다.

9세기경부터 노르만족(바이킹)의 이동이 시작되자 아일랜드 섬도 자주 노르만족의 습격을 받게 되었다. 노르만족의 일부는 아일랜드의 해안 지방을 점령하여 더블린 등의 항구 도시를 건설하기도 했으나, 곧 아일랜드 문화에 동화되었다.

1171년 헨리 2세가 아일랜드에 침입한 이후, 13세기 중엽까지 아일랜드의 3/4은 영국의 지배하에 놓이게 되었다. 그러나 아일랜드에 진출한 영국의 귀족층도 켈트인과 결합하여 아일랜드화되어 버렸다.

이러한 상황은 16세기 초에 헨리 8세가 등장하면서 크게 바뀌었다. 그는 영국 교회를 교황으로부터 분리하는 종교 개혁을 단행하고, 이에 반항하는 켈트족장이나 아일랜드화한 앵글로-색슨계 귀족의 영지를 몰수하는 등 아일랜드에 대한 지배를 강화하였다. 그 후 아일랜드에서는 북부의 얼스터 지방을 중심으로 영국에 대한 반란이 자주 일어났다. 17세기 초 영국은 북부의 얼스터 지방에 개신교도들을 대량으로 이주시켜 개신교도가 지배하는 지역이 되었으며, 지금도 신교계 주민이 다수파를 구성하여 북아일랜드 문제의 기원이 되고 있다.

영국의 아일랜드 합병

17세기 중엽 영국에서 청교도 혁명이 일어나자 아일랜드에서는 영국의 지배에 반대하는 대규모 반란이 일어났다. 1649년 8월 크롬웰이 이끄는 영국군이 아일랜드에 침공하여 각지에서 학살을 자행하였고, 1653년까지 아일랜드 전체를 식민지화하였다. 크롬웰은 전체 토지의 50% 이상을 몰수하여 영국인 부재지주에게 분배했고, 이로 인해 다수의 아일랜드인이 토지를 잃고 소작인으로 전락하였다.

17세기 말에 이르러 이러한 불평등은 더욱 심화되었다. 아일랜드의 가톨릭교도들이 명예 혁명으로 왕위에서 물러난 영국의 제임스 2세를 지원하자, 새로 왕위에 오른 윌

리엄 3세의 영국군이 아일랜드를 침입하였다. 이때 아일랜드 전체 토지의 약 80% 이상을 영국인 부재지주가 소유하게 되었다. 그리고 가톨릭교도에 대한 박해와 차별이 심화되어 가톨릭교도들은 선거권과 피선거권을 박탈당하고 일체의 공직에서도 배제되었으며, 재산 소유의 제한 등 경제적 권리도 침해 받았다.

1801년 아일랜드는 영국에 합병되어 1921년까지 영국의 직접 통치하에 놓이게 되었다. 이때 신교도가 많이 거주한 북부의 얼스터 지방에서는 산업 혁명이 진행되어 근대화가 추진되었으나, 영국인 부재지주의 수탈에 시달리던 다른 지방은 산업화가 이루어지지 않아 북부와 다른 지방 간에 경제적 격차가 발생하게 되었다.

아일랜드 민족 운동과 아일랜드공화국의 탄생

19세기에 들어오면서 영국의 압제에 대한 아일랜드인의 저항이 거세지자, 영국은 가톨릭교도에 가했던 일부 제약을 완화하여 가톨릭교도는 참정권, 공직에 취임할 권리 등의 공민권을 획득하였으며, 아일랜드인은 종교적인 차별에서 거의 해방되었다. 그러나 아일랜드인들은 자치권과 토지 문제 해결을 요구하면서 계속 저항운동을 벌였고, 민족주의자인 오코늘은 후에 아일랜드 독립운동의 중심 단체가 된 청년아일랜드당을 결성하였다.

1840년대 후반 아일랜드 농민의 주식인 감자의 수확량이 병충해로 인해 크게 줄어 약 5년 동안 수십만 명의 아사자가 발생하였다. 이후 감자 대기근과 영국의 지배에서 벗어나기 위해 미국이나 오스트레일리아로 이주하는 사람이 급증하게 되었다. 미국의 35대 대통령이었던 케네디도 이때 미국으로 이주한 아일랜드 이민의 후손이다. 1841년부터 1891년까지 약 50년 동안 미국으로 건너간 아일랜드인의 수는 320만 명을 넘는다. 그리하여 1841년 아일랜드의 총인구는 820만 명이었으나, 50년 후에는 470만 명으로 감소하였다.

대기근이 극심했던 1848년, 청년아일랜드당은 프랑스 2월 혁명의 영향을 받아 무장 봉기를 통해 독립을 이루려 했으나 실패로 끝나고 말았다. 1848년의 봉기 후 아일랜드 민족 운동은 1858년 아일랜드 본토에서 결성된 아일랜드공화주의 동맹(IRB, Irish Republicary Brotherhood)과 미국에서 조직된 페니언 동맹(Fenians)이 보다 급진적으로 주도하게 되었다.

그 후 아일랜드의 민족 운동은 아일랜드국민당(INP, Irish Nationalist Party) 중심의 의회를 통한 자치권 획득, 소작료 인하, 토지 소유권의 회복 등을 목표로 하는 토지 투쟁으로 확산되었다. 토지 투쟁에서 가장 유명한 '보이콧(Boycott) 전술'은 지주 측 가족과의 접촉을 단절하는 것으로, 보이콧이라고 하는 영국계 지주의 이름에서 유래되었다.

이와 같은 반영 운동이 계속 일어나자 영국의 자유당 정부는 여러 가지 토지법을 제정하여 아일랜드 토지 문제의 해결을 꾀하였다. 아일랜드의 소작농이 대부분 자작농이 되자 토지 문제는 일단 해결되었다. 그러나 자치와 독립 문제는 보수당과 얼스터 지방에 이주한 신교계 주민의 극심한 저항에 부딪쳐 난항을 거듭하였다.

1905년에는 그리피스의 지도로 새로운 독립운동 조직인 신페인(Sinn Fein)당이 탄생하였다. 신페인은 영어로 'Ourselves only(우리 스스로)'란 뜻의 아일랜드어이다. 이 조직은 북아일랜드의 아일랜드계 강경파로 구성되었고, 뒤에는 아일랜드공화군의 정치적 대변자 역할을 하였다.

제1차 세계대전 중인 1916년, 더블린에서 신페인당이 주도한 무장 봉기(부활절 봉기)가 발생하여 1주일간 계속되다가 영국 정부군에 의해 진압되었고, 많은 아일랜드인들이 처형되거나 투옥되었다. 부활절 봉기는 실패로 끝났지만, 이 사건은 아일랜드인에게 민족 정신과 독립 정신을 고취시키는 결정적인 계기를 제공하였다.

1918년에 실시된 영국 총선에서는 많은 신페인당 당원들이 당선되었다. 이들은 영국 의회에 출석하기를 거부하고, 1919년 더블린에서 제1회 아일랜드 국민 의회를 개최하여 독립을 선언하였다. 그러나 독립을 인정하지 않는 영국과의 전쟁이 발발하였으며, 아일랜드의 무장 투쟁 조직 IRA가 영국군에 맞서 싸웠다. 1922년 아일랜드 국민 의회는 영국-아일랜드 조약을 비준했는데, 그 내용은 북부 얼스터 지방의 6주를 영국 연합 왕국령으로 하고, 나머지 26주는 영국의 자치령으로 한다는 것이었다.

1922년의 조약으로 아일랜드 자유국이 성립하였으나, 조약의 내용을 둘러싸고 현실적 해결책을 지지하는 세력과 아일랜드로 통합하여 완전한 독립을 이루어야 한다는 반대파 간의 대립이 생겨났다. 이 분열은 신페인당뿐만 아니라 IRA에서도 발생하여, 양 조직이 분할되는 사태가 발생하였고 1922년부터 IRA 내의 반대파와 찬성파 사이에 내전이 전개되어, 조직 자체가 붕괴되어 버렸다. 그러나 IRA는 1930년대에 재건되어 북아일랜드에 주둔하는 영국군에 대한 테러를 감행하는 등 무력 투쟁을 계속하였다.

1937년 아일랜드 자유국 정부는 헌법을 제정하고, 국명을 '에이레'로 정하여 독립을 선포하였다. 제2차 세계대전 후 1949년에는 국명을 '아일랜드'로 바꾸고 1926년 이래

가맹해 있던 영연방에서도 탈퇴함으로써 오늘날 아일랜드공화국이 탄생하였다.

피와 고통으로 점철된 20세기 북아일랜드 분쟁사

아일랜드의 4개 지방 가운데 북동부에 해당하는 얼스터 지방은 9개 주로 이루어져 있는데, 그 가운데 6개 주는 북아일랜드를 형성하여 아일랜드 자유국과 분리되었다. 6개 주에는 영국과 연합하기를 바라는 신교도가 많다는 것이 이유였지만 실제로 신교도가 많은 지역은 4개 주뿐이었고, 남쪽에는 독립을 바라는 가톨릭교도가 많았다.

스코틀랜드 이주자의 자손인 신교계 주민은 북아일랜드 총인구의 58%를 점하고 있으며, 이들이 지배하는 북아일랜드 정부는 지배력을 강화시키기 위해 가톨릭계 주민을 정치적·경제적으로 철저히 차별하는 정책을 취하였다. 이러한 상황에서 1968년 가톨릭교도에게 평등한 참정권과 공민권을 부여하도록 주장하는 공민권 운동이 일어났다.

영국의 경찰은 비무장으로 알려져 있으나, 북아일랜드에서는 신교도가 대부분인 무장 경찰이 치안 유지 기능을 맡아 왔다. 물론 가톨릭계 주민의 반항을 진압하는 것이 주목적이다. 이 무장 경찰이 가톨릭계 주민의 공민권 운동을 무자비하게 진압한 것을 계기로 무력 충돌이 일어나게 되었고, IRA를 중심으로 하는 가톨릭계 주민과 신교계 주민 간의 무력 항쟁이 일상화되었다.

1972년 영국 정부는 북아일랜드 정부가 신·구교도의 대립을 해결할 능력이 없다고 판단하고, 영국군을 파견함과 동시에 북아일랜드 의회의 기능을 정지시키고 직접 통치로 전환하였다. 그러나 이러한 영국의 정책은 커다란 효과를 보지 못하였다. 오히려 아

가두시위를 벌이고 있는 피의 일요일 희생자 가족들_영국 정부는 '피의 일요일 사건'에 대한 전면 재조사에 착수, 12년 만에 '새빌(Saville) 보고서'를 발표했다. 당시 희생자들의 유족들이 북아일랜드 런던데리에서 '새빌(Saville) 보고서' 사전 공개를 요청하며 희생자들의 사진을 들고 가두시위를 벌이고 있다.

일랜드인들의 유혈 폭력 사태를 조장하여 소위 '피의 일요일 사건' *
이라 불리는 유혈 사태에까지 이르렀으며, 1972년 1년 동안 테러로
사망한 사람이 468명에 이른다. 그 후 북아일랜드에서는 신교계 무
장 조직인 얼스터의용군(UVF, Ulster Volunteer Force)과 IRA 사이
에 격렬한 무장 투쟁이 계속되었다.

1981년 투옥된 IRA 죄수들의 단식투쟁은 피의 악순환이 거듭되는
북아일랜드 사태에 전환점이 되었다. 1981년 3월 1일 메이즈 감옥에
수감된 IRA지도자 보비 샌즈가 IRA 죄수들에 대한 정치범 대우 부
활, 평복 착용과 감옥 내 결사의 자유 허용, 감옥 내 노역 금지 등을
요구 조건으로 내걸고 단식투쟁을 시작했으며, 다른 죄수들도 단식
투쟁에 돌입하여 IRA 죄수 10명이 사망했다. 이 사건을 계기로 IRA
는 북아일랜드 내 구교도로부터 폭넓은 지지를 받게 된 것은 물론, 국
제적으로 IRA는 약자이고, 영국 정부는 탄압자인 것으로 인식되었으
며, 신페인당이 급부상하는 계기가 되었다. 영국 정부는 신페인당이 북아일랜드 구교
원주민의 제1정당이 되는 것을 저지하기 위해 1985년부터 아일랜드 정부와 분쟁 해결
을 위한 본격적인 협상에 들어갔으나 좀처럼 실마리를 찾지 못했다.

북아일랜드 독립 투쟁의 상징으로 불리는 보비 샌즈를 그린 벽화로 벨파스트에 있다.

피의 일요일 사건
1972년 1월 30일 북아일랜드 제2의 도시 런던데리에서 영국인과 동등한 권리를 달라고 요구하며 평화적으로 시위를 벌이던 구교도 시위대에 영국군 공수부대가 발포하여 13명이 숨지는 사건이 발생했다.

평화 정착을 위한 험난한 발걸음

1990년대 이후 구교도에 대한 신교도 연합주의자들의 마구잡이식 테러가 극성을 부
려 신교도의 테러가 IRA의 테러보다 더 많은 사상자를 낳게 되자, IRA테러에 대한 방
어 행위라는 주장이 명분을 잃었다. 그리고 신교도의 자위대인 얼스터방위연합(Ulster
Defence Association)도 1992년 영국 정부에 의해 IRA처럼 불법 단체로 규정되었다.

이런 상황에서 좀처럼 실마리를 찾지 못하던 협상은 1993년 12월 '다우닝 가 선언'
으로 돌파구를 찾게 되었다. 그 내용은 북아일랜드의 아일랜드 귀속 여부는 주민들의
뜻에 맡기고, IRA가 무장 투쟁을 포기하면 평화 협상에 참여시키겠다는 것이었다.
1994년 9월 IRA가 일방적으로 휴전을 선언함으로써 분쟁이 해결될지도 모른다는 기
대를 갖게 하였다. 비록 영국 측의 '선 무장해제 후 협상 개시' 라는 조건에 불만을 품은
IRA가 1996년 2월 다시 테러를 시작함으로써 사태가 원점으로 되돌아가는 듯하였으
나, 양국은 모든 정파가 참여하는 다자간 평화 협상을 개시하기로 합의함으로써 휴전

최근 아일랜드공화군(IRA)의 활동 재개 움직임으로 다시 위기를 맞고 있는 북아일랜드에서는 영국군과 경찰관이 IRA 분파 조직에 피격되었으며 벨파스트와 구교도 밀집 지역에서는 IRA의 소행으로 추정되는 차량방화가 잇따라 발생했다.

선언 이후 분쟁은 일대 전환점을 맞이했다고 할 수 있다.

1995년 2월 영국과 아일랜드 양국 정부가 발표한 북아일랜드 평화안은 분쟁 해결 방안의 기본 틀을 마련했다. 그러나 북아일랜드가 영국령으로 남아 있기를 바라는 신교계 지도자들이 강하게 반발하여, 그 후에 계속된 평화 회담은 난항을 겪었고 영국이 IRA가 먼저 무장해제할 것을 요구함에 따라 회담은 진전되지 못하였다.

무장해제 문제 이외에도 평화 회담을 불신하며 북아일랜드의 영국 잔류를 주장하는 신교도들은 평화 회담의 궁극적인 목적이 북아일랜드를 아일랜드에 병합시키려는 음모라고 반발하였다. 북아일랜드가 아일랜드와 통일이 되면, 신교도가 그 때까지 가톨릭교도가 받았던 차별 대우를 그대로 되돌려 받게 될 것이라는 우려 때문이었다.

평화 협상이 무산된 이후 유혈 사태가 또다시 발생하였다. 1996년 2월 IRA는 1994년의 휴전 선언 이후 지켜 온 침묵을 깨고 다시 폭탄 테러를 시작하여 신구교도 간의 폭력 사태가 빈번하게 일어났다. 양측의 이해가 첨예하게 대립하고 있는 중에도 사태 해결을 위한 공동 방안이 영국과 아일랜드 정부 간에 계속 모색되었다. 1997년 실시된 영국 총선의 결과 새로 집권한 노동당의 블레어 총리는 신페인당의 참여에 반대하던 보수당 정권의 오랜 방침을 깨고, IRA의 정치 조직인 신페인당이 평화 회담에 동참할 것을 제의했다. 그리고 1997년 7월 IRA가 휴전을 선언함으로써 북아일랜드 평화 협상에 획기적인 발판이 마련되었다.

1997년 12월 27일 북아일랜드에서의 유혈 충돌이 확산되면서 평화 협상이 무산될 듯했으나, 1998년 4월 마침내 다자 회담을 통한 북아일랜드 평화 협정(굿프라이데이 협정)이 타결되었다. 5월 22일 북아일랜드 평화안에 대한 주민투표가 실시되고, 그 결과 찬성이 70%를 넘자 블레어 총리는 분쟁 종식에 대한 전망이 밝아졌다고 평가했다. 하지만 신교도 측(얼스터연합당)은 IRA가 무장해제를 하지 않는 상황에서는 영국이 제안한 신페인당과의 권력 공유를 거부하였다. 8월 15일 신·구교도들 사이에서 유혈 사태가 발생하였고 분쟁의 재발을 막기 위해, 1999년 자치 정부를 구성하고 평화 협정 합의안을 수용·이행하였다. 이에 따라 북아일랜드는 영국 정부로부터 기본 자치권을 이양받게 되었지만, 경찰 및 사법 등 분야는 여전히 영국 정부 관할권의 영향 아래 남아 있게 되었다.

북아일랜드의 미래

1999년 12월 신구교 정파의 참여로 북아일랜드 자치 정부가 출범했다. 그러나 IRA가 무기 반납을 거부하자 2000년 2월 얼스터연합당(UUP)은 자치 정부에서 탈퇴했고, 영국 정부는 북아일랜드의 자치권을 한때 박탈하였다. 그러나 영국 정부는 같은 해 다시 북아일랜드에 자치권을 넘겨주었고, 이로 인해 IRA의 무장해제 문제를 비롯하여 북아일랜드 공동 정부를 둘러싼 각종 잡음과 논란이 평화적으로 해결될 수 있을 것이라는 기대감을 낳기도 했다.

이후 IRA가 2001년 10월부터 2002년 4월까지 일부 무기를 폐기하고 무장해제를 발표하여, 북아일랜드 평화 협정 이행이 급진전되는 듯 보였다. 그러나 IRA의 무장해제 과정을 사진으로 남겨야 한다는 신교 측의 요구에 IRA가 반발하면서 협상이 결렬되는 사태가 벌어졌다. 2003년 10월, IRA는 두 차례나 연기되었던 북아일랜드 자치 의회 선거를 11월로 확정하고 발표한 데 이어, 정부 측에 추가적인 무장해제를 제의하였다. 하지만 IRA의 성명은 폐기될 무기의 규모와 폐기 방법이 구체적으로 언급되지 않는 등 명확성이 결여되었다는 이유로 받아들여지지 않았고, 북아일랜드 평화 협정 이행은 불투명해졌다. 또한 2004년 12월 20일에 발생한 벨파스트의 노던 은행 강도 사건에도 IRA가 연루된 것으로 알려지면서 평화 협상은 또다시 중대한 위기에 처했다.

민족과 종교의 이질성에서 출발한 북아일랜드 분쟁은 서부 유럽 지역에서 오랫동안 지속되어 온 분쟁 중 하나이다. 1922년 영국으로부터 불완전하게 독립되면서 계속된 정치적 불안정은, 자치와 평화 정착을 위한 꾸준한 노력에도 불구하고 상호 타결점을 찾지 못한 상태였다. 이렇게 교착 상태가 지속되는 가운데, 2005년 7월 28일 IRA는 35년 만에 모든 무장 투쟁을 포기하겠다고 선언하였다. 2007년 5월에는 가톨릭과 신교파

연합의 북아일랜드 공동 자치 정부가 출범하였다. 2009년 6월에는 구교도 무장단체가 무장해제를 선언한지 4년 만에 북아일랜드에서 가장 오래된 신교도 준군사조직 얼스터의용군(UVF)과 얼스터방위군(UDA, Ulster Defence Association)이 완전한 무장해제를 선언했다. 그러나 IRA 강경 분파가 여전히 활동 중이다. 북아일랜드에서 수십 년 간 이어진 신구교도 간의 '피의 전쟁'에 종지부를 찍을 수 있는 날은 언제나 올까?

북아일랜드의 주요 정당 및 단체

얼스터연합당(Ulster Unionist Party)_ '얼스터'는 북아일랜드의 옛 이름, '연합'은 영국과의 연합을 지지한다는 뜻으로 19세기 말 아일랜드에 자치권을 주자는 '홈룰'에 반대하며 자유당에서 분당했다. 1920년 북아일랜드가 영국의 한 자치주로 남게 된 후 1972년 영국 정부의 직할 통치가 재개될 때까지 북아일랜드의 여당이었다. 당원 대부분이 신교도이며, 1995년부터 데이비드 트림블이 당수로 재직했고, 트림블은 1998년 굿프라이데이 협정에서 중요한 역할을 수행하여 1998년 노벨 평화상을 받았다.

민주연합당(Democratic Unionist Party)_ 1972년 얼스터연합당과의 의견 차이로 분당했다. 영국과의 연합을 약화시키는 어떤 조치에도 반대하는 강경 노선을 유지해 왔다. 얼스터연합당과 민주연합당을 통틀어 '연합주의자(Unionists)'라고 부른다. 영국 여왕에게 충성한다는 뜻에서 '로열리스트(Royalists)'라고도 부른다.

사회민주노동당(Social Democratic and Labour Party)_ 1970년 창당되었으며, 북아일랜드가 아일랜드로 통일되는 것을 지지하지만, 합법적이고 비폭력적인 방법으로 이를 달성하자는 것을 정강으로 내세운다. 이런 실용 노선을 내걸고 런던 및 더블린과 실질적으로 협력해 왔다. 1983년부터 존 흄이 당수로 재직하였으며, 흄은 평화 협상에 대한 공로로 1998년 트림블과 함께 노벨 평화상을 받았다.

신페인당(Sinn Fein)_ '우리만이 이 땅의 주인이다'는 뜻으로 아일랜드인만이 북아일랜드의 주인이라는 의미를 가지고 있다. 1905년 아서 그리피스가 창당하였다. 1938년 아일랜드와 북아일랜드의 분리에 반대하는 당원들이 아일랜드공화군(IRA)에 가입했다. 사회민주노동당과 신페인당 당원을 아울러 '민족주의자(Nationalists)' 혹은 '공화주의자(Republicans)'라고 부른다.

아일랜드공화군(Irish Republican Army)_ 아일랜드가 영국과 독립 투쟁을 벌이던 1919년 신페인당의 게릴라 군사조직으로 결성되었다. 이들은 1921년 체결된 영국-아일랜드 조약에 반대하며 1923년까지 내란을 벌였다. 1950년대에 아일랜드 정부가 IRA를 위법 단체로 규정하자 지하 활동에 들어갔다. 1970년 정치 활동을 강조하는 '공식파'와 무장 투쟁을 지지하는 '잠정파'로 분당했다. 그간 있었던 대부분의 테러 행위는 잠정파가 저질렀다.

영화로 읽는 지역 분쟁

블러디 선데이 Bloody Sunday

폴 그린그래스 감독 / 2002 / 아일랜드, 영국 / 110분

이 영화는 1972년 북아일랜드 런던데리에서 일어난 '피의 일요일' 사건 발생 30년 후인 2002년 1월 25일 영국에서 개봉했다. 다큐멘터리에 가까운 이 영화는 마치 카메라를 가지고 시간을 거슬러 올라간 것처럼 사실적이고 충격적인 사건에 단 한 번도 "왜?"라는 질문도, 판단도 하지 않는다.

줄거리 _ 1972년 1월 31일. 북아일랜드 데리 시의 주민들은 영국 정부의 불법 억류에 반대하고 시민권을 주장하기 위해 평화적인 행진을 벌이기로 한다. 데리시민권협의회 대표이자 영국 의회 하원의원인 아이반 쿠퍼는 IRA의 무력적인 저항 방식에 반대하며 비폭력적인 시위만이 그동안의 차별과 억압에서 벗어나 정당한 권리를 되찾을 유일한 방법임을 역설하면서 시민들이 행진에 참가하도록 설득한다. 그러나 행진이 시작되기도 전에, 북아일랜드 지역에서 벌어지는 모든 집회를 불법행위로 규정해 온 영국 정부는 이번 행진도 잠재적인 폭력 사태로 간주하고 공수부대를 포함한 대규모의 군대를 배치하여 데리 시를 봉쇄해버린다. 진압군 총사령관 포드 장군은 처음부터 평화 시위 자체를 부정하며 시위 중 당연히 발생할 것으로 확신하는 무력 행위에 병사들이 즉각 반격하도록 지시한다. 약간의 자극만으로도 폭발해 버릴 듯한 초 긴장 상태에서, 아이반은 충돌을 막기 위해 계획했던 행진 루트를 변경하는 등 동분서주하지만, 행진에 참가한 일부 청년들이 대열에서 이탈하여 돌을 던지고 흥분하기 시작하면서 점차 상황은 통제할 수 없는 사태로 발전한다. 영국군은 청년들이 과격해진다는 것을 빌미로 공수부대의 무차별 총격을 가하여 노인과 부녀자를 포함해 13명이 숨지고 14명이 부상당하는 참사가 벌어진다. 고요하고 평화롭던 도시 데리는 순식간에 피로 물들고 유족들의 눈물바다로 변한다. '피의 일요일'로 불리는 이 참사는 영국 정부에 의해 맨손으로 행진에 참가했다가 공수부대의 총에 목숨을 잃은 17세의 청년이 폭탄 테러범이 되는가 하면, 사건 이틀 후 영국 정부 주관의 청문회는 병사들이 IRA의 선제공격에 반격한 것으로 끝난다. 다만 희생자들의 무장 여부와 작전의 정당성에 대해서는 "강한 의구심"을 표명한다. 과잉 진압의 책임이 있는 공수부대원들은 상황을 조작하여 처벌을 면하고, 영국 여왕은 작전명령을 내렸던 장교들에게 훈장을 수여한다.

12장 키프로스
유럽의 마지막 분단국가

반기문 유엔 사무총장이 1일 남·북 키프로스 통일 정상 회담을 주재했다. BBC 방송에 따르면 반 총장은 남키프로스의 드미트리스 크리스토피아스 대통령, 북키프로스의 알리 탈라트 대통령과의 회담 시작 전에 "키프로스의 분단이 해결 가능하며 조만간 가시화될 수 있다고 확신한다"고 말했다. 그는 "(남·북 양측은) 포용 정신과 더불어 용기·융통성·비전을 보여 달라"고 주문했다. 키프로스는 그리스계 주민들이 다수를 차지하는 남부 지역과 터키계 주민들이 많은 북부 지역의 갈등으로 1974년 분단되었다. 종교적으로도 북쪽은 이슬람권에, 남쪽은 크리스트교권에 들어 있다. 한국을 비롯한 대부분 국가는 남키프로스를 합법 정부로 인정하고 있다. 남키프로스는 유럽 연합(EU) 회원국이며 유로화를 쓰는 유로존에 속해 있다.

- 중앙일보, 2010. 2. 2

지중해 동부의 섬나라 키프로스는 터키계 주민들이 사는 북부와 그리스계 주민들이 사는 남부로 분단되어 있다. 식민지 역사의 유산이기도 한 키프로스 분쟁은 그리스계와 터키계 주민들, 그리고 그들의 모국인 그리스와 터키의 이해관계가 얽혀 오랫동안 타협점을 찾지 못한 채 계속되고 있다. 그러나 2008년 이후 통일 연방을 구성하기 위한 협상이 계속되고 있다. 유럽의 마지막 분단국가 키프로스가 내적으로는 민족·종교적인 이질성, 외적으로는 주변 강대국인 그리스와 터키의 오랜 대립 관계를 극복하고 통일을 실현할 수 있을까?

지도로 읽는 지역 분쟁

키프로스 섬의 두 나라

 주요 **인물**

마카리오스(1913~1977)
Makarios Ⅲ
키프로스의 대주교·정치가. 키프로스의 그리스 귀속을 목표로 한 에노시스 운동의 지도자였으며, 키프로스공화국의 독립과 동시에 초대 대통령이 되어 3회나 역임.

데르비스 에로글루(1938~)
Dervis Eroglu
북키프로스의 강경 민족주의자. 2010년 50.4%의 표를 얻어 북키프로스의 대통령으로 당선.

한 국가에 두 공화국

키프로스는 시칠리아와 사르데냐 섬에 이어 지중해에서 세 번째로 큰 섬이며, 유럽, 아시아, 아프리카 세 대륙을 연결하는 교통의 요충지에 위치한다. 지리적으로 그리스보다 터키나 시리아에 더 가까운 키프로스는 역사적 배경으로 말미암아 그리스어를 쓰는 다수 민족과 터키어를 쓰는 소수 민족으로 이루어져 있어 갈등의 원인이 된다.

키프로스에서 절대 다수를 차지하는 그리스계 주민들이 '에노시스(Enosis)'* 즉, 그리스와의 통합을 주장하자 키프로스 주민의 20%를 차지하고 있던 터키계 주민들이 크게 반발하였다. 현재 키프로스 섬은 남쪽의 키프로스공화국, 북쪽의 국제적 미승인 국가인 북키프로스터키공화국, 국제 연합 관할하의 중립 지역, 영국의 군사기지 지역으로 나누어져 있다.

키프로스는 지중해의 동쪽으로 나아가는 데 없어서는 안되는 섬이다. 이로 인해 지난 역사 동안 많은 전쟁을 겪었다. 현재도 북으로는 터키, 동으로는 레바논, 이스라엘 등의 중동 지역과 남으로는 이집트, 수에즈 운하, 리비아 등을 견제하기에 적당한 장소이다. 그리하여 스페인의 지브롤터 해협을 차지하고 있는 영국이 아직도 섬의 일부를 자신의 해군기지로 차지하고 있다.

터키가 키프로스를 합병하고 나서 지금까지 영향력을 거두지 못하는 이유도 이러한 지정학적인 위치 때문이다. 북으로는 러시아의 영향력이 절대적이고, 서쪽은 그리스의 섬들로 둘러싸여 있기에, 남쪽마저 뚫린다면 터키로서는 취약할 수 밖에 없는 것이다. 그래서 터키의 지원을 받으며 터키만이 인정하는 정부가 1974년 이후 지금까지 유지되고 있는 것이다. 키프로스 섬의 북부에 주로 거주하는 터키계 이슬람교도는 현재 유럽 유일의 '이슬람 국가'를 선포한 상태이다. 그러나 터키를 제외한 그 어떤 국가도 이를 인정하지 않고 있으며, 다수 집단인 그리스계 주민의 키프로스 정부는 이를 불법으로 간주하고 있다.

터키계 주민과 그리스계 주민 간의 이와 같은 갈등은 단순히 현재의 종교적 차이나 민족의 차이에 기인한 것만은 아니다. 그리스계 주민과 터키계 주민 사이에는 과거의 역사와 관련하여 강렬하면서도 쓰라린 감정들이 마음 속 깊이 새겨져 있다.

에노시스
키프로스의 그리스계 주민에 의한 그리스 본국에의 귀속 운동

영국의 키프로스 지배와 독립

키프로스는 고대부터 상당히 발전된 문명을 가지고 있었으나, 극히 최근까지도 독립 국가를 수립하지 못했다. 아시리아, 그리스, 페니키아, 이집트, 페르시아, 로마, 비잔틴, 아랍, 오스만 그리고 영국에 이르기까지 역사적으로 지중해를 장악했던 여러 세력의 지배를 번갈아 받아 왔기 때문이다. 그럼에도 불구하고 다수 집단으로서 그리스계 주민의 지위는 단 한 번도 바뀐 적이 없다.

한때 비잔틴 제국의 일부였던 키프로스 섬은 1571년 오스만 제국의 세력이 지중해 연안을 비롯하여 유럽의 발칸 반도까지 확대되면서 오스만 제국의 지배하에 들어갔다. 당시 오스만 제국은 각 민족의 종교 지도자를 통해서 여러 민족을 통치하며, 그리스정교회의 지위와 이 지역 내 그리스계 주민의 응집력을 강화시켰다. 그런데 오스만의 지배를 받게 된 후 소아시아 각지로부터 이슬람교를 믿는 다수의 터키인이 키프로스 섬으로 이주했고, 나중에는 섬 전체 주민의 20%까지 그 숫자가 증가하였다.

그러나 오스만 제국이 쇠퇴하자, 1878년 영국은 러시아의 팽창을 견제하기 위해 오스만 제국과 키프로스 임차에 관한 협정을 맺음으로써 그 지배권을 넘겨받았다. 영국은 이스탄불을 통해 지중해로 진출하려는 러시아의 팽창주의를 견제하는 동시에 수에즈 운하를 비롯한 교통로를 보호하기 위해서 키프로스에 군사기지를 건설하였다.

1914년 터키가 제1차 세계대전의 주범인 독일과 동맹을 맺자, 영국은 키프로스를 식민지로 삼았다. 그리스는 전후의 세브르 조약(1920)을 통해 이스탄불 서쪽 일부와 이즈미르 항 등을 합병했으나, 키프로스는 영토에 편입시키지 못하였다. 1921년 그리스는 세브르 조약으로 할양 받은 영토를 지키기 위해 케말 파샤가 이끄는 터키와 전쟁을 벌였으나, 유럽 국가들의 지원을 받지 못해 굴욕적인 패배를 맛보아야 했다. 더군다나 아나톨리아 지방의 영토까지 터키에게 넘겨주고 말았다. 터키는 1923년 로잔 조약으로 키프로스에 대한 주권을 포기했고, 영국은 이 섬을 직할 식민지로 만들었다.

1930년대에 들어서면서 자치 정부 수립에 대한 그리스계 주민의 강력한 요구는 폭력적 성향을 띠게 되었고, 이에 영국 정부는 비상사태를 선포하였다. 그리스계 주민들의 이 같은 정서는 제2차 세계대전을 거치면서 더욱 강화되었다. 제2차 세계대전 중 키프로스는 영국의 지배하에 있었고, 그리스와 터키는 모두 연합국 측에 가담하였다.

제2차 세계대전 직후 영국은 거의 모든 해외 식민지의 독립을 인정했으나, 키프로스에 대한 자치 정부 수립을 거부했는데, 이는 1950년대 중반에 영국이 수에즈 운하로부터 철수하기 전까지 키프로스가 전략적으로 매우 중요했기 때문이었다.

키프로스의 그리스계 주민들은 마카리오스 대주교를 중심으로 강력한 반영 운동을 전개하였고, 자치 정부 수립을 지향하는 그리바스 장군 휘하의 무장 조직인 키프로스 민족해방조직(EOKA, Ethniki Organosis Kyprion Agoniston)에 의한 폭동이 빈발하였다. 마카리오스는 대주교가 된 후 주민투표를 실시하여 자치 정부 수립에 대한 그리스계 주민들의 의사를 집약시켰다.

그리스 정부는 국제 연합에서도 키프로스 자치 문제를 제기하였다. 터키계 주민들은 그리스와의 통합에 반대하면서 키프로스 섬의 분할을 주장하고 나섰다. 이에 에노시스 운동, 즉 그리스와의 통합 운동을 벌이던 그리스계 주민들은 영국 및 터키계 주민에 대한 테러 활동을 시작하였다. 이에 영국은 비상사태를 선포하고 주둔 병력의 숫자도 1만 명으로 증강시켰다.

1956년 3월 키프로스 총독과 마카리오스 대주교가 향후 키프로스 독립 계획에 관해서 논의하기 시작하였다. 그러나 EOKA 테러주의자들이 대주교와 연계되어 있다는 사실이 밝혀지자, 그는 투옥되고 회담은 결렬되고 말았다.

그 이후의 자치에 대한 논의는 거의 답보 상태에 머물렀다. 다수 집단에 의한 통치를 주장하는 그리스계 주민들이 특별한 보호 조치를 원하는 터키계 주민들의 요구에 반대했기 때문이다. 이 같은 상황에서 영국, 그리스, 터키의 공동 통치를 전제로 하는 자치 확대가 추진됨으로써 영국 및 상대 민족에 대한 폭력 사태가 증가하였다.

1959년 스위스 취리히에서 그리스와 터키 수상이 회합을 갖고 향후 키프로스 독립에 관한 절충안을 이끌어 냈다. 런던에서는 그리스, 터키, 키프로스, 영국 대표가 만나 새로운 형태의 권력 분점을 전제로 한 헌법 초안을 마련하는 데 합의하였다. 또한 3개국이 키프로스에 소수의 병력을 주둔시키며, 합의된 내용에 위배 가능성이 있을 경우 3국이 모두 개입할 권리를 갖는다는 내용에 합의하였다.

이 합의에 따라 영국은 아크로티리 및 데켈리아 등 2개의 군사 기지만을 유지하게 되었다. 또한 소수 집단의 권리를 보장하는 가운데 다수 집단의 지배를 인정하는 헌법이 마련된 것이다. 이 헌법에 따라 1960년 8월 16일 마카리오스 대주교를 초대 대통령으로 하는 독립국가 '키프로스공화국'이 탄생하였다.

키프로스의 분단과 '북키프로스터키공화국'의 탄생

　독립을 달성한 이후 그리스계와 터키계 주민 간에는 심각한 의견 충돌이 나타났으며, 시간이 흐를수록 폭력적 양상을 띠기 시작하였다. 1963년 말에 이르러 터키계 주민들은 키프로스 정부와 국회에 대한 보이콧에 들어갔으며, 이는 양 집단 간의 무력 충돌로 이어졌다. 1964년 초 키프로스 정부의 요청으로 약 7천 명의 국제 연합 평화유지군이 파견되어, 내전은 일단 소강상태에 들어갔다. 그러나 키프로스의 터키계 부통령은 키프로스의 분할을 주장했고, 터키 정부는 이를 지지하였다. 이 같은 상황에 직면한 미국의 존슨 대통령은 터키의 행동에 대해 강력하게 경고하고 나섰다.

　그럼에도 불구하고 두 집단 간의 폭력 사태는 계속되었다. 1967년 그리스계 보안군이 2개의 터키계 주민 마을을 습격하여 긴장이 고조되었지만 터키는 그리스 접경 지역과 키프로스 인근 항구로 병력을 이동시켰다. 미국의 중재로 이 위기 상황이 해소되었고, 그리스계 보안군의 총수인 그리바스 장군이 사임했을 뿐 별다른 진전은 없었다. 이때부터 터키계 주민은 그리스계 주민의 횡포에 맞서 키프로스 북부 지역의 자치를 추진하게 되었다.

　그리스에 우익 군사 정권이 등장하면서 양 집단 간의 긴장은 더욱 고조되었다. 그리스 군사 독재 정권의 지원하에 키프로스로 돌아온 그리바스 장군은 곧바로 'EOKA-B'라는 새로운 게릴라 조직을 구성하여 그리스와의 통합을 도모하고 나섰다. 1973년 11월 터키 정부가 에게 해 대륙붕의 절반에 대한 터키의 영유권을 주장하는 지도를 관보에 게재하였다. 그리고 국영 석유 회사에게 에게 해의 분쟁 해역에 대한 석유 탐사권을 허가해 줌으로써, 그리스와 터키 간의 긴장은 최고조에 달하였다. 터키는 그리스에게 에게 해역의 영토 관할권 문제에 대한 협상을 제의했으나, 에게 해에 있는 섬들의 대부분을 차지하고 있는 그리스가 냉담한 반응을 보여 협상은 결렬되었다.

　1974년 드디어 문제가 발생하였다. 그리스계 보안군과 EOKA-B가 연합하여 온건파인 마카리오스 정권을 전복시킨 다음, EOKA-B 지도자를 대통령으로 추대하는 사건이 일어난 것이다. 그리스와의 통합을 우려한 터키계 지도자들은 키프로스의 독립을 유지할 수 있도록 영국과 터키의 개입을 요청했으니, 영국은 개입을 거부하였다. 그러나 터키 정부는 일방적으로 약 4만 명의 병력을 파견하여 북부 해안의 항구 키레니아에서 니코시아에 이르는 25km의 회랑 지대를 장악하였다.

　그리스계 게릴라들의 쿠데타는 1주일 만에 진압되었으며, 그리스 군사 정권도 함께 무너졌다. 즉시 쿠데타 이전의 정권이 복구되었으나, 휴전선을 경계로 한 사실상의 키프로스 분할을 막을 수는 없었다. 니코시아를 통과하는 휴전선을 중심으로 터키군이 섬의 북부 지역을 장악하고 있었기 때문이다. 영국, 그리스, 터키가 스위스 제네바에서 평화 협상을 시작했으나, 터키가 키프로스 면적의 34%에 해당하는 북부 지역에 대한 터키계 주민의 자치를 전제로 하는 키프로스 연방 국가 창설을 주장함으로써 결렬되고 말았다. 따라서 다시 내전이 시작되었고, 터키군은 아틸라 선(Attila Line 또는 Green Line) 북부의 전 지역을 점령하였다.

1975년 오스트리아 빈에서 국제 연합의 중재로 양측 간 회담이 시작되었다. 그리스 대표는 강력한 중앙 정부를 전제로 하는 다지역 연방제를 제안했고, 터키 대표는 2국가 연방제를 제안하였다. 결국 합의에 실패한 터키는 키프로스 섬 면적의 37%를 차지하며, 12만의 터키계 주민이 거주하는 북부 지방에 '터키계 키프로스 연방'을 발족시켰다. 이 회담에서 양측은 2만 명에 달하는 터키계 주민의 북부 이주와 20만 명에 달하는 그리스계 주민의 아틸라 선 남쪽 이주를 허용한다는 내용만을 합의했을 뿐이다.

북부 그리스계 주민의 남쪽 이동과 남부 터키계 주민의 북쪽 이동은 사실상 이 섬의 분할을 고착화시켰다. 수년에 걸친 대화와 국제 연합의 중재에도 불구하고 섬의 북부와 남부를 재통합하기 위한 절충안은 마련되지 못하였다. 한편 1981년 터키에서 군사 쿠데타가 일어나 군부의 영향력이 강해지면서, 터키는 키프로스 및 에게 해 분쟁에 대해 강경한 입장을 취하게 되었다. 1983년 국제 연합 총회에서 터키군 철수를 요구하는 결의안을 채택하자, 11월 터키계는 섬의 북부에 '북키프로스 터키공화국'이라는 독립

키프로스의 분단 수도 니코시아 니코시아는 1960년대 그리스계 남 키프로스와 터키계 북 키프로스의 무력 충돌이 계속되자 유엔이 그린라인을 설치한 이후 남북으로 나뉘었다. 라인 한 가운데 위치한 레드라 거리는 키프로스 분단의 상징이었다.

국가를 선포하였다. 이 같은 행동은 이 지역의 갈등에 점차 염증을 느끼고 있던 전 세계 국가들로부터 비난을 받았으며, 북키프로스를 승인한 나라는 터키뿐이었다.

1986년에는 터키 수상이 북키프로스 지역을 방문하자 남부 지역에서 그리스계 주민들의 폭동이 일어났다. 그 해 6월에는 터키의 과학 연구용 선박이 그리스 영해를 침범하여 에게 해의 긴장이 고조되었으며, 11월에는 터키 전함이 그리스의 순시선에 발포하는 사건이 발생하였다. 그러나 1980년대 중반 터키의 점진적 민정 복귀로 그리스와 부분적인 친선 관계가 회복되었다. 1988년에는 양국 정상회담이 열렸고, 화해 무드가 조성됨으로써 대화가 재개되었다. 이 같은 분위기는 키프로스의 그리스계 대통령과 터키계 지도자 간의 제네바 회담 이후 계속 유지되었다.

그러나 1989년 중반까지도 국제 연합의 지원하에 이행하기로 한 양측 간 협정은 결국 이행되지 않았다. 그 이유는 키프로스의 단일 국가 체제 유지라는 그리스계 주민의 입장과 국가 승인에 대한 터키계 주민의 요구를 절충하는 데 어려움이 따랐기 때문이다. 또한 키프로스의 비무장 및 에게 해 문제의 국제사법재판소 제소라는 그리스의 제안에 대한 터키 정부의 거부 입장 또한 전혀 바뀌지 않은 상태였다.

한편 북키프로스 당국이 터키군 진주 15주년을 축하하는 행사에서 데모를 벌이던 100명의 그리스계 주민을 체포하면서, 국제 연합 중재하의 대화가 중단되고 정상 회담 일정도 연기되었다. 국제 연합은 터키계 주민 지도자와 그리스계 대통령의 대화를 유도하기 위해 노력했으나 별다른 성과를 거두지 못하였다.

그리스와 터키, 또 다른 불신의 뿌리

키프로스를 둘러싼 그리스와 터키 간의 뿌리 깊은 불신은 에게 해 대륙붕 경계 설정에 관한 분쟁 때문에 더욱 복잡한 양상을 보이고 있다. 에게 해에서 그리스는 터키의 해안을 따라 분포하는 대부분의 도서를 소유하고 있다. 에게 해의 여러 도서에 대한 영유권 분쟁은 그리스와 터키 간에 수 차례의 전쟁 위기를 초래하기도 하였다.

실제로 그리스는 에게 해를 그리스의 내해로 만들려고 시도해 왔는데, 이는 터키가 키프로스 북부 지역을 통제하려는 중요한 이유 중의 하나였다. 그리스에게는 면적과 인구가 5배 이상이나 되는 잠재적 적대 국가가 동부에 존재한다는 사실 자체가 커다란 불안 요인으로 작용해 왔으며, 이 같은 불안은 1921~1922년 당시 터키와의 전쟁에서 당한 굴욕적 패배와 밀접하게 관련되어 있다.

그러나 터키로서는 터키 연안의 거의 모든 섬들을 지배하고 있는 그리스가 1982년에 체결된 '해양법에 관한 국제 협정'을 근거로 12마일의 영해, 대륙붕 및 배타적 경제 수역(EEZ)에 관한 권리를 주장하고 나설 경우, 에게 해에서의 자유 항해권을 거의 확보하기 어려울 뿐 아니라 어로 및 해저 유전 개발에 상대적 불이익을 당할 수밖에 없다. 따라서 터키는 60여 개 나라가 비준한 이 협정에 서명할 것을 거부했으며, 그리스가 이 협정에 따라 영해를 확장하려 한다면 전쟁이 일어날 것이라고 위협했다.

그리스, 터키의 행보와 키프로스의 미래

1994년 터키에서 이슬람 복지당의 에르바칸이 정권을 장악하자 긴장이 다시 고조되었다. 그리스 또한 러시아정교회와 유대를 강화하는 한편 이슬람 국가인 보스니아와 갈등을 빚었던 세르비아, 그리고 이슬람 국가인 아제르바이잔과 분쟁을 겪고 있는 아르메니아와 군사 동맹을 체결함으로써 에게 해의 긴장은 더욱 고조되었다.

양국 간의 적대 감정은 나토에 심각한 상황을 초래하기도 하였다. 그리스는 나토가 터키의 키프로스 침공을 예방하지 못했을 뿐 아니라, 소련의 남진을 저지하고 있던 터키의 전략적 중요성 때문에 터키에게 유리한 방향으로 사건이 해결되도록 방치한 데 대해 강력히 비난했던 적이 있다.

하지만 1997년 12월 유럽 연합(EU)이 터키의 EU 가입을 불허하자, 터키는 유럽 연합과의 정치적 대화를 단절했다. 이어서 EU에 대한 구매 동결 등 경제 제재 조치를 선언하고, 북키프로스 병합 등을 감행하여 키프로스의 분위기는 급격히 악화되었다. 게다가 그리스가 미사일 구매를 추진하고 키프로스 남부에 군사 시설을 설치하자 그리스와 터키 간의 정치적 대립은 더욱 고조되었다.

그러다 1999년 8월 터키에 발생한 지진을 계기로 양국 간의 갈등은 점차 누그러졌다. 국제사회는 인도적인 차원에서 터키를 지원하였다. 그리스 외무 장관도 터키를 방문하여 실질적인 합의 도출을 위한 노력을 통해 관계가 점차 개선됨으로써 전운마저 감돌았던 시국은 한층 완화되었다. 이로써 12월에 개막된 유럽 연합 정상회담에서는 1997년에 키프로스를 가입 대상국으로 지정한 데 이어 터키도 회원 후보 국가로 결정하였다.

2002년 11월 유럽 연합은 28년에 걸친 키프로스 분쟁을 종식시키기 위한 방안으로 EU에 동시 가입 허용을 조건으로 스위스 식의 연방제를 제안하였다. 2004년 4월 그리스계의 남부와 터키계의 북부 키프로스에서 각각 국민투표가 실시되었다. 하지만 터키계의 2/3가 찬성표를 던진 반면 그리스계는 그 반대의 양상을 보여, 국제 연합의 통합안은 사실상 무산되고 말았다. 이런 양상에 대해 국제 연합과 EU 등은 그리스계 키프로스를 비난하였다.

그리스계인 남부의 키프로스공화국은 2004년 5월 1일 EU에 공식 가입했지만 터키는 이를 인정하지 않고 있다. 또한 남부의 키프로스공화국 정부는 터키가 EU 회원국이 되려면 우선 키프로스와의 관계를 정상화해야 한다고 주장하고 있으나 터키는 이에 강력히 반대하고 있다.

최근 그리스와 터키의 대리전 양상을 보이는 키프로스 분쟁은 새로운 국면을 맞이하였다. 2005년 7월 3일 코스타스 카라만리스 그리스 총리는 터키 공식 방문에 나서, 카프카스 지역에서부터 두 나라를 관통하여 서유럽으로 연결되는 길이 300km의 가스 파이프라인 기공식에 참석하였다. 터키와 그리스의 국경선을 따라 흐르는 에브로스 강의 작은 다리 위에서, 코스타스 카라만리스 그리스 총리와 레제프 타이프 에르도안 터키 총리가 두 손을 맞잡았다. 에게 해 영유권 분쟁 등으로 냉각되었던 터키와 그리스 관계가 양국이 공동 건설하는 가스 파이프라인 사업으로 본격 해빙의 국면을 맞이하게 된 것이다.

키프로스와 터키의 분쟁은 터키의 EU 가입을 방해하는 최대 걸림돌로 꼽히고 있다. 키프로스 분쟁의 해결은 그리스계 주민과 터키계 주민의 화해는 말할 것도 없이, 그리

남북 키프로스의 대통령과 회통한 반기문 유엔 사무총장 반기문 유엔 사무총장이 그리스계 남(南)키프로스의 드미트리스 크리스토피아스 대통령(왼쪽)과 터키계 북(北)키프로스의 메흐메트 알리 탈라트 대통령(오른쪽)을 만난 자리에서 두 대통령의 손을 잡아 합치고 있다.

스와 터키 간의 친선 관계 회복을 통해서만 가능할 것으로 보인다.

앞으로 그리스와 터키의 관계를 변화시킬 수 있는 국제적 현안은 상당히 많다. 그리스와 터키는 모두 나토에 참여하고 있으며, 향후 미국의 전략적 이해에 따라 이들 양국 간의 친선 관계 회복이 촉진될 수도 있다. 또한 이미 EU에 가입한 상태인 그리스와 유럽 연합 가입을 강력하게 희망하는 터키의 이해관계가 절충안을 낳을 수도 있다.

한편 2008년 3월 21일 키프로스에서 역사적인 통일 회담이 열렸다. 남키프로스의 디미트리스 크리스토피아스 대통령과 북키프로스의 메흐메트 알리 탈라트 대통령이 키프로스의 수도 니코시아에서 제1차 통일 회담을 가졌다. 회담에서 남북 정상이 합의한 사항은 세 가지이다. 첫째, 나라의 통일 방안을 합의하기 위한 남북정치기구를 빠른 시일 내에 설치한다. 둘째, 2008년 6월 말까지 나라의 통일을 실현하기 위한 실무 협상을 마무리하고, 본격적인 통일 회담을 시작한다. 셋째, 니코시아는 국제 연합 평화유지군이 그 도시 중심부의 레드라 거리를 사이에 두고 남북을 가르는 충돌 방지선, 그린라인을 그었던 1964년 이후 44년 동안의 분단 현실을 보여 주는 도시이다. 우선 이 도시를 남북으로 갈라놓은 분단계선부터 철거한다.

2008년 7월 1일에 있었던 제3차 남북정상 통일회담에서는 남북의 지역 자치 정부가 각각 고도의 자치권을 행사하고, 중앙의 연방 정부가 하나의 국호 아래 단일한 국가 주권을 행사하는 단일 주권을 가진 연방공화국을 건설한다는 원칙에 합의했다. 그러나 2009년 4월 북키프로스에서 실시된 총선에서 현재 교섭 중인 연방 방식과는 달리 두 개의 키프로스 정착을 지지하는 터키계 강경파인 국민통합당이 압승을 거둠으로써 통일을 향한 여정에 먹구름이 끼었다. 과연 유럽의 마지막 분단국가 키프로스는 이 모든 난관을 넘어 통일공화국을 이룰 수 있을까?

영화로 읽는 지역 분쟁

터치 오브 스파이스 Touch of Spice
타소스 불메티스 감독 / 2003 / 그리스, 터키 / 107분

이 작품은 터키 이스탄불에서 어린 시절을 보낸 그리스 소년 파니스의 이야기로 양국 간 분쟁의 씨앗인 '키프로스 분쟁'이 은연 중 녹아 있다. 아테네와 이스탄불에서 올 로케한 이 영화는 주인공 파니스처럼 터키에서 태어나 그리스로 쫓겨났던 타소스 불메티스 감독의 자전적 성격의 영화로 그리스에서 무려 7주간 박스오피스 1위를 기록했던 화제작이다. 관객의 열광뿐만 아니라, 평단의 호평도 함께했다. 그리스 영화계를 되살린 작품으로 평가받으며 2005 테살로니키 영화제에서 무려 10개 부문(최우수 작품상, 감독상, 각본상, 촬영상, 편집상, 음향상, 음악상, 미술상, 기술상, 관객상)을 석권했고, 이 외에도 2004 카를로비바리 국제 영화제에서 10대 유럽 영화 비평가상도 거머쥐었다.

줄거리 _ 1959년 이스탄불. 향신료 가게를 운영하는 할아버지 바실리스(타소스 반디스)는 손자 파니스(마르코스 오세)에게 인생의 진리가 녹아 있는 양념에 관한 얘기를 하며 사랑을 가르친다. 그러던 중 키프로스 사태가 발생하자 터키 정부는 그리스계인 파니스 가족에게 터키를 떠날 것을 명령한다. 할아버지와 파니스의 첫사랑 사이메(콘스타디나 미첼리도)와도 아쉬운 이별을 한다. 1964년 아테네. 할아버지와 사이메가 고대했던 재회가 어렵게 되자 파니스는 새로운 환경에 적응하지 못한 채 터키식 요리를 하며 마음을 달랜다. 세월은 흘러 천체물리학 교수가 된 파니스는 할아버지가 숨을 거두었다는 소식을 듣고 이스탄불로 돌아온다. 그곳에서 그는 첫사랑 사이메를 다시 만나게 된다.

아프리카의 분쟁

소말리아 분쟁에 휩싸인 세계 최빈국
수단 다르푸르의 비극
중앙아프리카 콩고민주공화국·르완다·부룬디 내전
서아프리카 시에라리온의 다이아몬드 잔혹사

아프리카 지역은 복잡·다양한 언어와 종교를 가지고 있으며, 부족 중심의 문화가 특징이다. 특히 사하라 사막 이남의 중앙아프리카는 다양한 부족들이 독특한 문화적 특성을 유지하면서 생활해 왔다.

오늘날 아프리카는 유럽의 식민 지배에서 벗어났다는 기쁨보다는 기아와 전쟁으로 인한 고통으로 신음하고 있다. 그것은 19세기 후반 유럽의 제국주의 국가들이 종족 분포나 정치 성향을 전혀 고려하지 않은 채 아프리카 대륙을 자국의 이해에 따라 분할하였기 때문이다. 이들 식민 통치 국가들은 흔히 '분할 통치론'에 입각하여 부족 간 갈등을 조장하였다. 따라서 독립 이후 식민지 국가의 기득권 유지나 권력 획득을 위한 부족 간 다양한 유형의 내전과 민족 분규는 제국주의 시대의 유산이라고 할 수 있다.

또한 냉전 시대에 아프리카 내전은 미국과 소련의 세계 지배 전략과 맞물려 증폭되었다. 그 대표적인 예로, 독립 이후 초기의 앙골라 내전은 냉전 시기 소련과 미국의 대리전이라 불리며, 소련과 쿠바의 지원을 받았던 집권당과 미국의 지원은 받은 반군 사이의 내전이 계속되었다. 그러나 탈냉전기에 접어들고 1990년대에 소련이 붕괴되면서 그 지원이 중단되었고, 이후 군비를 충당할 석유와 다이아몬드의 쟁취를 위한 싸움으로 양상이 바뀌었다. 오늘날 아프리카의 분쟁은 대부분 풍부한 지하자원 이권을 둘러싼 무장 집단 또는 부족 사이의 갈등이다. 물론, 이들의 배후에는 아프리카에서 영향력을 행사하고자 하는 강대국들의 이해관계가 얽혀있다.

뿐만 아니라 아프리카 대륙 곳곳에서 벌어지고 있는 분쟁은 대부분 기아나 질병과 중첩되어 인간의 삶을 철저하게 파괴한다는 데 그 심각성이 있다. 최근 국제식량정책연구소(IFPRI, International Food Policy Research Institute)는 아프리카 사하라 이남을 가장 심각한 '기아 위험 지역'으로 주목했다. 아동의 영양실조와 사망률, 기아선상에 놓인 주민의 비율 등을 감안한 '기아 지수'가 가장 높은 분쟁 지역이다.

21세기의 문턱을 넘어선 지금도 아프리카에서는 무력 충돌이 끊임없이 벌어지고 있다. 주변국가들이 개입해 '아프리카의 2차 대전'이란 악명을 얻은 콩고 내전은 평화 협정이 체결되었지만 여전히 살얼음 위를 걷는 것처럼 마냥 불안한 상태이다. 수단·소말리아·알제리·세네갈·르완다·우간다·부룬디·중앙아프리카공화국 등도 고질적인 내전 또는 국지적 분쟁을 치러 온 나라들이다.

13장 소말리아 내전
분쟁에 휩싸인 세계 최빈국

1991년 이후 크고 작은 내전으로 몸살을 앓고 있는 소말리아가 또다시 위기를 맞고 있다. 지난달 초부터 반군이 샤리프 셰이크 아흐메드 대통령이 이끄는 15번째 과도 정부 전복을 목표로 총공세를 펼치면서 내전이 본격화되었다. 연일 계속되는 교전 끝에 정부는 국가 비상사태를 선포하기에 이르렀다. 지루한 싸움 속에 승자는 없고 난민만 늘어가고 있다.

— 서울신문, 2009. 6. 24

소말리아 인근 아덴 만 해역에서 한국인 8명이 승선한 화물선이 10일 오후 4시경 해적에 납치되었다. 피랍 선박은 1만 5000t급 한국 선적 화물선으로 한국인 선원 8명 등 선원 21명을 태운 채 비료를 싣고 운항하던 중 소말리아 해역에서 납치되었다. 소말리아 인근 해역은 세계에서 해적이 가장 많이 출몰하는 곳으로 올해 들어 8월 말까지 24건의 선박 납치 사건이 발생했다.

— 동아일보, 2008. 9. 11

2009년 인권단체 국제소수자권리그룹(MRG, Minimum Revenue Guarantee)은 소말리아를 인종 및 종교적으로 소수파가 살아가기에 가장 위험한 나라로 발표했다. 해상에서는 해적이 출몰해 외국 선박을 괴롭히고, 육상에서는 정부군과 반군 간의 내전이 계속 되고 있다. 소말리아는 이미 중앙 정부가 사라진 지 오래다. 지난 20여 년간 정부군과 이슬람 반군의 내전으로 100만 명 가량이 목숨을 잃은 데다 1인당 국민소득이 150달러에도 미치지 못하는 세계 최빈국이다. 유엔은 인도적 지원 없이는 생존조차 불가능한 소말리아인이 전체 인구 가운데 3분의 1에 달한다고 분석하고 있다. 아프리카에서는 보기 드물게 단일민족, 단일언어, 단일문화를 가진 나라인 소말리아에서 왜 내전이 끊이지 않는 것일까?

지도로 읽는 지역 분쟁

소말리아 지역의 분쟁

 주요 **인물**

시아드 바레(1919~1995)
Maxamed Siyaad Barre
1969년 쿠데타로 소말리아의 정권을 장악하고, 사회주의혁명당을 조직하여 22년간 1당 독재 체제를 유지.

파라 아이디드(1934~1996)
Mohamed Farrah Aidid
소말리아 군벌의 지도자, 유엔 평화 유지군에 전쟁을 선포하여 미군에 의해 전쟁범죄자로 규정됨.

아프리카의 분쟁 | **171**

세계에서 가장 위험한 지역 소말리아

아프리카 대륙의 북동부 '아프리카의 뿔'이라고 불리는 소말리아 반도에 위치한 소말리아는 북쪽으로는 지부티, 서쪽으로는 에티오피아 및 케냐와 접하고, 동쪽으로는 인도양에 면해 있는 반도 국가이다.

오늘날 아프리카에서는 보기 드문 단일 민족 국가로 소말리족이 대다수를 차지하고 있으며, 면적은 63만 7657km², 인구는 약 9,832,017명(2009)이다. 공용어로서 소말리아어를 전국적으로 사용하고, 이슬람교가 국교라는 것은 방대한 영토에도 불구하고 소말리아를 하나로 통합해 주는 가장 강력한 동인이 되고 있다.

소말리아는 국토 대부분이 사막이어서 경작 가능한 땅은 국토의 1.6%에 불과하다. '소말리(Somali)'라고 하는 민족명은 '우유를 짠다'는 의미의 '소마르'에서 유래되었다. 이 명칭의 유래에서 알 수 있듯이 소말리족의 생활은 기본적으로 목축에 의존하고 있으며, 유목민이 전체 인구의 약 70%를 차지하고 있다.

소말리족은 소말리아민주공화국 말고도 인접한 에티오피아, 케냐, 지부티 등 넓은 지역에 거주하고 있다. 1960년에 독립한 이래 대소말리아주의를 표방하고, 에티오피아의 동부인 오가덴 지방과 케냐의 북부 지역 등 타국의 소말리족 거주지를 병합하려

소말리아 해적을 위한 변명

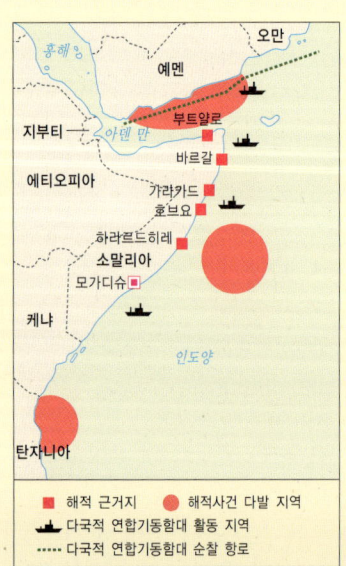

'아프리카의 뿔' 소말리아 해역은 세상에서 가장 위험한 바다이다. 소말리아 해적들은 아덴 만을 누비며 어선이든 화물선이든 가리지 않고 공격한다. 1991년 내전으로 정부가 무너진 후 소말리아 전역은 무법천지로 변했고, 가난과 실업으로 희망을 잃은 청년들이 자포자기 심정으로 노략질에 발을 들여놓기 시작했고, 곧 신출귀몰한 해적으로 거듭났다. 애꿎은 외국 선박을 노리는 소말리아 해적들은 지구촌 공공의 적이다. 국제사회의 소말리아 해적 퇴치 방안도 이 같은 전제에서 출발한다. 하지만 할리우드 액션 영화처럼 뚜렷한 선악 구분으로 소말리아 해적을 전부 이해할 수 있을까? 국제 비정부기구(NGO)와 언론은 최근 조심스레 국제사회 책임론을 말하기 시작했다.

소말리아 해안은 길이가 3,330km에 이른다. 아프리카 최장 해안이자 미국 서부 해안 총연장보다 길다. 남부 키스마요에서 모가디슈, 에일, 라스코레이 등 7개 대도시를 기점으로 크고 작은 어촌 50여 곳에서 9만여 명이 어업으로 생계를 이어간다. 이들 대부분은 작은 고깃배를 타거나 맨손으로 고기를 잡는다. 어획량은 간신히 하루 먹고 버틸 정도밖에 되지 않는다. 하지만 그 덕분에 소말리아의 바다는 '황금어장'이 되었다. 그물을 바닥에 끌고 다니며 어족 자원을 싹쓸이하는 대형 저인망 어선과

고 하였다. 이 과정에서 종종 주변의 여러 국가와 군사적 충돌을 일으켜 왔다.

　오늘날 소말리아는 세계에서 가장 위험한 곳이 되었다. 1991년 바레가 이끌던 독재 정권이 붕괴된 이후 무정부 상태 속에서 내전이 이어지고 있다. 그동안 14차례 정부를 복원하려는 시도가 있었으나 번번이 실패했다. 지난 20년 동안 평화가 유지된 시기는 단 6개월에 불과할 만큼 극도로 불안정한 상태이며, 납치와 살인, 내전이 끊이지 않고 있다.

열강에 의해 분할된 소말리아 반도

　10세기경 소말리아 반도의 내륙 지방에는 소말리아 유목민들이 거주하였고, 남부와 서부 지방에는 다수 집단인 갈라족이 정착하여 생활하고 있었다. 그리고 7세기부터 이슬람교도인 아랍인들과 페르시아인들이 모가디슈 등의 무역 항구를 통해 들어와 이슬람 문화가 확실하게 뿌리를 내리기 시작하였다.

　1839년 영국이 아덴 만 일대를 차지하고, 유럽 열강들의 탐사가 시작되어 1880년대 이후 유럽 제국의 아프리카에 대한 침략이 본격화되었고, 영국, 이탈리아, 프랑스 등이 소말리아 반도에 진출했다. 그러나 1900년대 초반 소말리아 자치령에 대한 영국의 지

오염으로부터 자유로웠기 때문이다. 그러나 1991년 내전 끝에 정부가 무너지자 외국 어선들은 앞다퉈 소말리아 앞바다로 모여 들었다. 이들은 어떤 감시도 받지 않고 어족 자원을 쓸어 담아 갔다. 미국 시사주간지 타임이 최근 2006년 유엔 보고서를 인용해 보도한 바에 따르면 매년 3억 달러(약 3800억 원) 어치의 해산물이 외국 불법 어선에 포획되었다. 소말리아 국내총생산(GDP)의 6%에 달하는 양이다. 유엔식량농업기구(FAO)도 홈페이지에서 '이곳에 정기적으로 드나드는 불법 어선만 700척을 헤아리며, 해안까지 접근해 소말리아 어민이 쳐놓은 그물을 걷어 가기도 한다'고 소개하고 있다. 방사능 물질 등 각종 폐기물도 마구 버려지고 있다. 유럽처럼 환경 감시가 심한 곳에서는 폐기물 1t을 처리하는데 250달러가 드는데 비해, 소말리아에서는 2.5달러면 된다. 소말리아 어민들은 분노했고, 바다 수호대를 조직했다. 해적의 시발점이었다. 미국 일간지 마이애미헤럴드가 만난 파라 이스마일 에이드(38)도 원래 바닷가재를 잡는 어부였다. 하지만 1991년 이후 평범한 일상은 끝났다. 거대한 외국 어선들이 에이드의 그물을 쓸어가기 일쑤였다. 외국 배들은 치어와 알까지 남김없이 잡아갔다. 그는 푼트랜드(소말리아 북부 자치 지역) 어부들을 모아 해안 경비대를 만들었다. 몇 년 동안은 외국 어선을 쫓기만 했다. 1997년 인근 어장에서 어민들이 중국 어선을 붙잡고 인질 몸값으로 50만 달러를 챙겼다는 소문이 들려왔다. 에이드는 "처음 그 이야기를 들었을 때 기뻤다"고 회고했다. 소말리아 동부 에일에 사는 보야도 필사적으로 어장 수호에 매달리다 해적이 되었다. 외국 선원들과의 충돌 끝에 동료 몇 명이 숨졌고, 그가 어렵게 장만한 섬유 유리 보트는 부서져 버렸다. 보야는 영국 일간지 타임스에 "주로 중국 대만, 한국 어선이 출몰했고, 이들이 한번 왔다 가면 어장은 초토화되었다"고 전했다. 소말리아 해적선에서 '자원 해안경비대', '소말리아 해병대' 따위의 문구가 종종 눈에 띄는 것은 이 때문이다. 〈후략〉

　　　　　　　　　　　　　　　　　　　　　　　　　　　　　　　　　　　　　-세계일보, 2009. 5. 18

배는 순탄하게 진행되지 못했다. 이는 군벌 지도자인 모하메드 파라 아이디드가 전국의 이슬람교도들을 결속시켜 영국에 대항했기 때문이었다. 반면 이탈리아령 소말리아는 이탈리아인의 이주가 차츰 증가하다가, 결국 1936년에는 동아프리카 제국의 한 주로 편입되어 버렸다.

영국, 이탈리아, 프랑스 등에 의한 소말리아 반도의 분할은 에티오피아의 세력 확대에 영향을 미쳤다. 에티오피아는 19세기 말 중앙 집권화를 이루어 국력을 신장시켰으며, 1896년에는 이탈리아의 침공을 격퇴하는 과정에서 오가덴 지방을 확보하였다. 에티오피아는 1908년까지 영국령 소말리아 및 이탈리아령 소말리아와의 국경을 확정하였는데, 이때 다수의 소말리족이 거주하는 오가덴 지방이 정식으로 에티오피아령이 되었다.

대소말리아주의와 오가덴 분쟁

소말리족의 거주지가 제국주의 국가들의 침략에 의해 영국령, 이탈리아령, 프랑스령 및 에티오피아령 오가덴 지방 등으로 분할되었던 역사적 배경은 소말리아에서 등장한 '대소말리아주의'라는 정치 운동과 오늘날 소말리아와 에티오피아가 벌이고 있는 오가덴 분쟁의 원인이 되었다. 1950년대에 접어들면서 소말리족의 민족주의 운동이 급격히 일어나 소말리아 반도의 전 지역으로 확산되었다. 그리하여 영국의 점령지였던 북부가 1960년 6월에 독립했으며, 같은 해 7월에 이탈리아의 신탁 통치를 받던 남부와 합병하여 오늘날의 소말리아공화국이 성립되었다.

새로 탄생한 소말리아공화국은 대소말리아주의를 더욱 강조하였다. 대소말리아주의의 목표는 아직 소말리아공화국 영토에 포함되지 않은 소말리족의 거주지를 회복하는 것이었다. 미회복의 소말리아 영토란 에티오피아령 오가덴 지방, 프랑스령 지부티, 영국의 보호령인 케냐의 동북부 등을 가리키며, 이로 인해 소말리아는 주변 국가들과 자주 무력 충돌을 일으키게 되었다. 대소말리아주의에 기초한 영토 귀속 분쟁 중 최대의 사건이 오가덴 분쟁이다. 오가덴 지방은 에티오피아 동부 지대에 위치하며 주민의 대다수가 소말리족이다. 1908년 영국과 이탈리아 그리고 에티오피아 3개국은 오가덴 지방에 거주하는 소말리족의 의사와 상관없이 이 지방을 에티오피아 영토로 확정

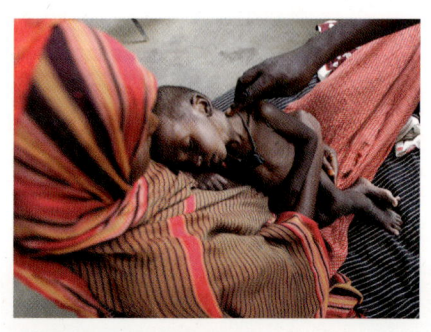

기아에 허덕이는 소말리아 어린이

하였는데, 이것이 분쟁의 원인이 되었다. 특히 제2차 세계대전 후에도 이 국경선이 국제적으로 용인되고 고정화되었기 때문에 소말리족의 불만은 갈수록 커졌다.

1950년대 후반 에티오피아 정부가 가축세를 도입하자 목축민인 소말리족이 강하게 반발하였고, 정부군은 이를 무자비하게 탄압하였다. 이로 인해 에티오피아에 살고 있는 소말리족의 불만이 고조되어 오가덴 분쟁의 불씨가 잉태되었다. 오가덴 지방의 소말리족은 서소말리아해방전선(WSLF, Western Somali Liberation Front)을 결성하고, 에티오피아로부터 분리 독립할 것을 목표로 에티오피아 정부군과 전투를 벌였다. 1962년 오가덴 지방에서 유전이 발견되자 에티오피아와 소말리족 간 분쟁의 불씨는 더욱 커졌다. 그리하여 1963년에는 양측 간에 무력 충돌이 일어났고, 1967년 일단 화해가 성립되었지만 양측의 적개심은 더욱 깊어졌다.

독립 후 소말리아에서는 1969년 바레가 주도한 군사 쿠데타가 일어나 독재 체제가 수립되었다. 바레 정권은 소련과 우호 협력 조약을 맺는 등 친소 노선을 추구하는 한편, 대소말리아주의를 내세워 에티오피아와 잦은 마찰을 빚었다. 1977년 소말리아군은 오가덴 지방의 WSLF와 소말리아민주구국전선(SDSF, Somali Democratic Salvation Front)을 지원한다는 명목으로 에티오피아를 공격하여 일시적으로 승리를 거두었다. 그러나 1978년 소련과 쿠바의 군사 원조를 받은 에티오피아가 반격을 가하여 소말리아군은 패퇴하고 말았다. 이에 바레 정권은 소련과의 조약을 파기하고 친미 정책으로 선회하게 되었다.

이른바 '오가덴 해방 전쟁'에서 패배한 뒤 소말리아에서는 불만의 여론이 높아졌다. 소말리족을 하나로 굳게 단결시켰던 오가덴 해방이라는 목표가 좌절되자, 잠재해 있던 부족 간의 세력 다툼이 표면화되어 내전으로 바뀌었다. 1980년대 이후의 소말리아 내전은 이처럼 오가덴 분쟁과 밀접한 관련을 가지고 있다.

소말리아 내전, 군벌들의 전쟁

아프리카 국가 중에서 국민적 통합이 가장 잘 진행되고 있는 듯했던 소말리아도 대소말리아주의가 좌절된 이후 해체의 위기에 직면했다. 소말리족은 내부적으로 많은 부족으로 나뉘어 있었는데, 1980년대에 들어와서 다양한 단체와 부족들이 반정부 활동을 벌이기 시작한 것이다. 이들 세력들은 각각의 부족을 지지 기반으로 각 지역에서 할거하였으며, 1980년대 말부터 무장 투쟁이 격화되어 소말리아 내전은 수습 불능의 상태에 빠졌다.

　1969년 쿠데타 이후 바레 군사 정권은 22년간의 장기 집권 기간 중에 자기 부족 위주의 정책을 일관되게 집행했다. 이에 1991년 모하메드 파라 아이디드가 이끄는 통일 소말리아의회(USC, United Somalia Congress)를 주축으로 소말리아민족운동(SNM, Somali National Movement), 소말리아국민전선(SNF, Somali National Front) 등의 여러 반정부 게릴라 단체가 연합하여 바레 정권을 무너뜨렸다. 무장 군벌인 아이디드는 같은 하위 예족 출신인 알리 마흐디 모하메드를 임시 정부의 수반으로 내세웠지만, 둘 사이에 권력 다툼이 발생하면서 소말리아는 다시 내전의 소용돌이 속으로 빠져 버렸다. 당시 소말리아에 있는 군벌들의 대부분은 아이디드나 알리 마흐디 둘 중 한 쪽과 동맹 관계를 가지고 있었다. 15개에 이르는 이들 군벌 세력의 규모는 적게는 수백 명에서 많게는 수천 명에 이르렀으며, 그 중 아이디드파가 특히 우세한 가운데 무정부 상태의 소말리아는 내전이 더욱 격화되어 사상자와 난민이 속출했다. 내전으로 인한 국토의 황폐화와 장기간의 가뭄으로 인한 대규모 기아가 발생하면서 국제적인 주목을 받았다. 1991년에는 국민의 과반수가 넘는 420만 명이 기아선상에 놓였고, 1992년에는 약 30만 명이 기아로 목숨을 잃었다. 소말리아의 상황이 악화됨에 따라 1992년 4월 국제 연합은 '국제 연합 소말리아 평화유지군(UNOSOM, United Nations Operation in Somalia)' 파견을 결의하고 1차로 PKO 요원과 미국을 주축으로 한 국제 연합 평화유지군을 파견했다. 그리고 각 파벌에 무장해제를 요구하고 정치적 화합 조정, 내전의 조기 종식, 휴전 이행 감시, 인도적 구호 활동, 난민 송환 협조, 국가 재건 지원 등의 활동도 전개하였다. 우리나라에서도 소말리아에서의 국제 연합 평화 유지 활동을 지원하기 위해 1993년 7월부터 9개월 동안 250여 명 규모의 공병 부대를 파견했다.

예멘에 온 소말리아 난민들

　국제 연합은 소말리아에 민주적인 정부를 세우기 위해 여러 군벌 세력의 무장해제를 시도하였다. 그러나 이러한 노력은 아이디드의 반대로 인해 실패로 끝나고 말았다. 아이디드는 국제 연합이 자신을 무시하고 정적인 마흐디를 지지한다고 생각하여 무장해제를 거부했고, 이 때문에 국제 연합군과 아이디드군 사이에 무력 충돌이 벌어져 많은 희생자가 발생하였다. 미군은 아이디드 체포를 위해 테러 방지 부대인 델타포스를 포함한 400여 명의 특수 부대를 파견하기도 했지만, 이러한 시도는 모두 실패로 끝나고 말았다.

국제 연합의 노력에도 불구하고 소말리아 사태가 진정되지 않고, 국제 연합군 일부가 아이디드파 민병에 의해 살해되면서, 1995년 2월 소말리아에서 마지막 국제 연합군이 철수하였다. 그해 5월 아이디드가 일방적으로 대통령에 취임하여 신정부 수립을 선포하면서, 소말리아의 양대 군벌 세력인 아이디드와 알리 마흐디 간의 무력 투쟁이 재발했다. 아이디드에 의한 신정부 선언은 그들에게 유리하게 전개되는 듯 보였으나 현실은 냉혹했다. 1996년 7월 전투 중 아이디드는 부상을 당해 사망한다. 그러나 그의 갑작스런 사망에도 불구하고 아이디드파는 아이디드의 아들을 대통령으로 옹립하고 내전을 재개했다.

소말리아에서는 최대 군벌인 아이디드와 마흐디 간에 정전을 협의하는 회의를 가졌지만 번번이 결

반군에 가담하여 전투에 참여하는 10대 소년들

렬되었다. 그러나 양대 군벌 간의 협의는 계속 진행되어, 결국 1998년 1월 양대 군벌은 정전에 합의하고 연합군을 형성했다. 이로써 소말리아 분쟁의 양상은 거대 군벌과 다수의 소수 군벌 간의 투쟁으로 전환되었다.

끝이 보이지 않는 소말리아 내전

2000년 8월 지부티 회의에서 하산 압시르 파라 총리 지도하의 '과도국민정부(TNG, Transitional National Government)'가 출범했다. 그리고 2001년 12월에는 TNG와 각 정파들 간의 평화 회담에서 '거국 정부 구성 및 무장해제' 등을 주요 내용으로 하는 평화안에 서명하면서 권력 배분에 합의했다. 그러나 최대 파벌인 아이디드파는 에티오피아가 지원하는 반군 세력(RRA, Rahanweyn Resistance Army)과 지속적으로 충돌하였고, 이에 대해 소말리아는 에티오피아가 소말리아의 불안정을 의도적으로 도모하

고 있다고 비난했다. 내전으로 인한 주변국의 반응은 제각각이었다. 케냐는 무기 밀수를 봉쇄하기 위해 소말리아 접경 지역에서의 모든 교역을 중단시켰으며, 미국은 2001년 9.11 테러의 주범인 오사마 빈 라덴이 소말리아에 은신 중일 것이라는 첩보로 국제 연합의 감시를 강화했다.

현재 소말리아 내전에는 중도적 성향의 모가디슈 정부, 급진적인 '샤바브(Shabbab)' 민병대, 소말리아 중심부에서 이슬람교 범신론적 신비주의 사상을 신봉하는 무리들, 소말리아 북서부의 소말릴랜드를 통치하는 자치 정부, 소말리아 북서부에 관여하는 준자치 정부, 여타 지역을 다스리는 지방 토호 등 크게 6가지로 나뉘는 집단들이 실타래처럼 엉켜 있다. 또한 종족 혹은 종파 간 대결로 점철되었던 소말리아 내전이 친 서구와 반 서구의 대결로 변질되고 있다.

2009년 5월 알 샤바브* 등 강경 이슬람 반군단체들이 소말리아 과도 정부의 전복을 목표로 대대적인 공세에 나서 연일 교전이 벌어지면서 소말리아 내전은 끝이 보이지 않는 혼란 속에 빠졌다. 이렇듯 최근 소말리아에서 내전이 격화된 것은 이슬람 반군인 알 샤바브와 서구 및 아프리카 연합(AU) 평화유지군의 지원을 받는 소말리아 정부와의 갈등에서 촉발되었다. 엎친 데 덮친 격으로 소말리아에는 지난 10년 이래 최악의 가뭄까지 겹쳤다. 국제 연합에 따르면, 소말리아에서 320만 명이 극심한 식량 부족으로 신음하고 있는 가운데 식량 지원을 시급히 받아야 하는 이는 190만 명에 달하는 것으로 추산했다. 또한 소말리아 전체 인구 중 45%가 영양 부족 상태에 있으며, 상당수의 어린이들이 기아에 근접한 상태에서 살아가고 있다. 소말리아의 끝없는 불행은 언제나 끝나고 평화가 찾아올까?

알 샤바브 (Al Shabaab)
아랍어로 '젊은이'를 뜻하는 이슬람 반군 단체로 2006년 소말리아 남부 지역 대부분을 장악했던 이슬람법정연맹(ICU)의 분파이다. ICU는 2007년 초 과도 정부와 에티오피아군 등의 공격으로 소멸되었으나 현재 수도 모가디슈의 대부분을 장악하고 있다. 미국 정부는 알 샤바브가 알카에다와 연관이 있는 것으로 보고, 국제테러조직으로 지정했다.

시사상식 — 실패한 국가 1위 소말리아

> 아프리카 소말리아가 '실패한 국가'로 3년 연속 선정됐다. 소말리아는 격월간 외교 전문지 〈포린폴리시〉가 평화기금과 공동으로 조사해 최신호(2010년 7·8월호)에서 발표한 '실패한 국가 지수'에서 177개 대상국 가운데 최악의 국가에 올랐다. 이 지수는 각 나라의 치안, 인권 침해, 공공 서비스 등 12개 척도를 기준으로 분석했다.
> 소말리아는 정부군과 반정부 단체 사이의 무장충돌 및 해적 활동 등으로 정치적 불안이 계속되고 있다. 소말리아에 이어 차드, 수단, 짐바브웨, 콩고민주공화국 등이 뒤를 이었다. 〈포린폴리시〉가 2005년 '실패한 국가 지수'를 발표하기 시작한 이후, 하위 10개 나라는 15개 나라가 돌아가면서 차지하고 있다. 특히 아프리카는 올해 하위 10개 나라 가운데 7개 나라, 하위 60개 나라 가운데 절반을 차지했다.
>
> —한겨레신문, 2010. 6. 22

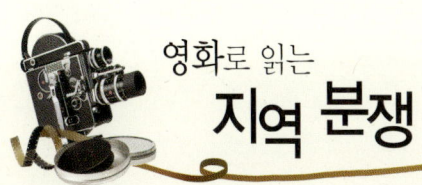

영화로 읽는 지역 분쟁

블랙 호크 다운 Black Hawk Down
리들리 스콧 감독 / 2002 / 미국 / 144분

이 영화는 1993년 10월 소말리아의 수도 모가디슈에 투입된 UN 평화유지군 소속의 미국 병사들이 생존을 위해 벌이게 되는 투쟁과 전우애를 다룬 리얼리즘 원칙의 휴먼 전쟁 드라마로 제리 브룩하이머와 리들리 스콧이 공동으로 제작한 작품이다. '필라델피아 인콰이어러'의 저널리스트 마크 보우덴(Mark Bowden)이 당시 병사들과의 인터뷰와 목숨을 건 소말리아 현장 탐사를 바탕으로 쓴 원작 〈블랙 호크 다운 : 현대 전쟁에 관한 이야기〉는 1999년 출판되어 미국에서 큰 반향을 불러일으켰던 베스트셀러다.

줄거리 _ 1993년 10월, 최정상의 미군부대가 소말리아의 내란을 진압하기 위한 UN 평화유지 작전의 일환으로 소말리아의 수도 모가디슈로 파견된다. 그들의 주요 임무는 UN의 구호 식량을 착취하여 대량 사상자를 발생시킨 악독한 민병대장 모하메드 파라 에이디드의 두 최고 부관을 납치하는 일이다. 굉음과 함께 현지로 향하는 무적의 '블랙 호크' 헬리콥터 19대에는 최정예 특수부대 요원들이 탑승해 있는데, 레인저 부대 소속의 맷 에버스만 2등 중사(조쉬 하트넷)와 실제 전투를 동경해 오던 레인저 부대 특수병 그림스(이완 맥그리거), 구조대를 지휘하는 대니 맥나이트(톰 시즈모어), 델타 부대의 깁슨 1등 중사 등도 그들에 포함되어 있다. 1시간 만에 종료될 것으로 예상되었던 작전은, 군인들을 내려놓기 위해 지상에 접근하던 두 대의 블랙호크 헬리콥터 '슈퍼 61'과 '슈퍼 64'가 적의 기습공격을 받아 불과 20분 간격으로 잇따라 추락하면서 새로운 국면을 맞이하게 된다. 민병대의 공격으로 폐허가 된 모가디슈에서 구조대가 올 때까지 고립된 젊은 레인저 부대원들과 베테랑 델타 부대원들은 18시간 동안 부상당한 채 갇혀 있게 되고, 이들을 구출하기 위해 구조대는 죽음의 전장으로 돌아간다.

14장 수단
다르푸르의 비극

> 국제사법재판소(ICC)가 오마르 알 바시르 수단 대통령에 대해 전쟁범죄 및 다르푸르에서의 반인도적 범죄 혐의로 체포영장을 발부했다. 현직 국가원수에 대한 ICC의 첫 체포영장인 동시에 '21세기 최초의 인종학살(제노사이드)'로 불리는 다르푸르 사건의 책임 공방을 공식적인 재판대에 올리는 신호탄이다. 〈중략〉 유엔에 따르면 수단 정부는 2003년 다르푸르 지역에서 정의평등운동(JEM) 등 기독교계 반군이 반정부 봉기를 일으키자 아랍계 친정부민병대인 잔자위드를 동원해 제압에 나섰다. 이 과정에서 잔자위드는 다르푸르의 민간인 30만 명을 살해하는 한편 주민들을 상대로 약탈과 성폭행 등을 저지른 것으로 알려졌다. 다르푸르를 떠나 난민으로 전락한 주민도 250만 명에 이른다.
>
> – 경향신문, 2009. 3. 5

2003년부터 시작된 다르푸르 분쟁은 21세기 최악의 인종학살로 꼽힌다. 30만 명이 사망하고 270만 명 이상이 난민이 되었다. 2005년 1월에 평화 협정이 체결되면서 분쟁은 공식적으로 끝났지만, 여전히 분쟁은 계속되고 있다. 2009년 3월 국제사법재판소가 수단의 현직 대통령에 대해 다르푸르에서의 민간인 학살 혐의로 체포영장을 발부하면서 국제사회의 의견이 분분하다. 이슬람교 아랍계와 아프리카계 간의 인종 및 종족 갈등의 구도로 이해되는 '다르푸르 내전'의 이면에는 또 어떤 배경이 있으며, 분쟁은 왜 끝나지 않는 것일까?

지도로 읽는 지역 분쟁

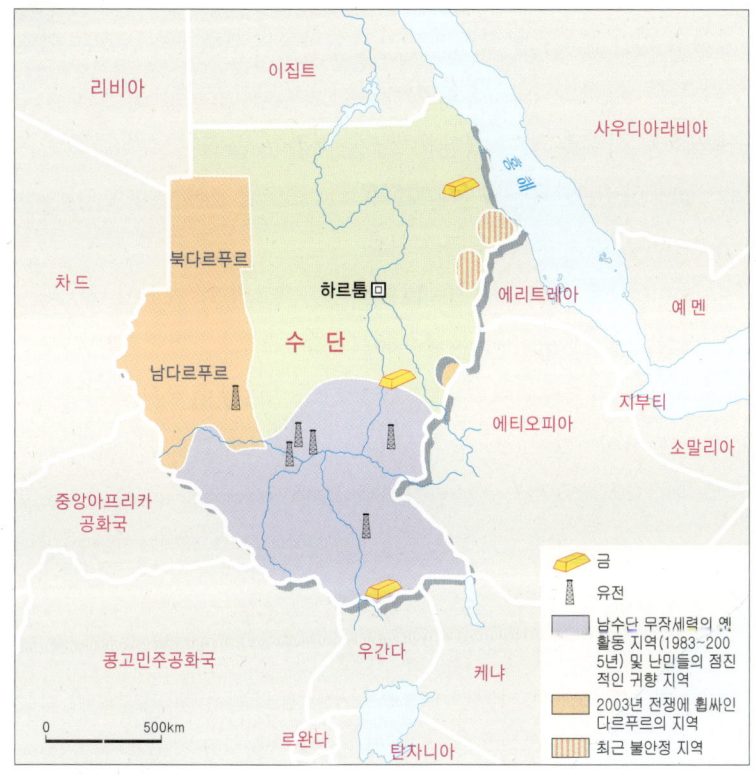

수단의 자원과 분쟁

 주요 **인물**

누메이리(1930~)
Gaafar Mohamed el-Numeyri
수단의 군인·정치가, 1971~1985년 수단 대통령. 사다트 대통령의 중동 평화 교섭에 기본적으로 동의한 최초의 이슬람교 지도자.

알 바시르(1944~)
Omar Hasan Ahmad al-Bashir
수단의 군인·정치가, 현재 수단의 대통령, 2009년에 수단 다르푸르 민간인 학살을 지원한 혐의로 국제형사재판소(ICC)에 기소됨.

아프리카의 분쟁 | **181**

이슬람교 아랍계와 흑인 원주민의 갈등 지역

아프리카 북동부에 위치한 수단의 공식 명칭은 수단공화국으로 예로부터 북쪽의 이슬람 문화권과 남쪽의 흑인 문화권을 연결하는 가교 역할을 수행해 왔다. 아라비아인이나 베르베르인과 같은 '흰(베이다)' 사람들이 사는 지중해 연안을 '베이단' 이라 부르게 되었기 때문에 사하라 사막과 그 남쪽의 흑인 거주 지역을 '흑인의 나라' 라고 총칭하면서 아랍어로 '검다'를 의미하는 '수다' 라는 말에서 비롯된 '수단' 이라는 명칭을 갖게 되었다.

수단의 면적은 250만km²로 아프리카 전체의 8.3%, 한반도의 약 11배에 해당하는 면적이다. 인구는 약 41,087,825명(2009)이며, 56개의 민족과 597개의 부족으로 구성된다. 인구 구성비는 아랍계가 39%이며, 흑인계 55%, 나머지 6%는 소수 민족이다.

수단의 공용어는 아랍어이지만, 그 외 영어를 비롯한 총 114개 언어가 사용되고 있다. 주요 종교는 수니파가 주를 이루는 이슬람교이며, 전체 인구의 약 64%를 차지하고 있다. 남부 지방을 중심으로 한 기독교가 두 번째로 높은 27%의 비율을 차지하고 있으며, 원시 종교도 약 9%를 점하고 있다.

수단 북부와 남부 지역의 갈등은 북부의 이슬람교와 남부의 기독교라는 종교적 차이, 과거에 흑인들을 외국에 노예로 팔았던 이슬람교도들에 대한 남부 흑인들의 역사적 앙금, 그리고 수단을 지배했던 영국의 분할 통치 정책과 이란 혁명 이후 이슬람 원리주의의 부상 등에 그 원인이 있다. 기독교 흑인 원주민이 많이 사는 남부는 독립 후 정권을 장악한 이슬람 세력에 대항해 20여 년간 분리 독립 투쟁을 벌여왔다.

1956년 독립 이후부터 1972년까지 북부 이슬람계와 기독교 및 토속신앙을 믿는 남부 흑인들 사이의 제1차 수단 내전에 이어, 1983년 제2차 수단 내전이 시작되었다. 수단 정부가 기독교도가 많은 남부 지역에 이슬람 율법을 강요함으로써 재발된 이 내전은 제2차 세계대전 이후로 비전투원 사망자가 가장 많은 분쟁 중 하나로 기록되었다. 또한 2003년에 시작된 '다르푸르 내전' 은 흔히 이슬람교의 아랍계와 아프리카계 간 종족 갈등의 구도로 이해되지만, 그 이면에 지구온난화와 관련된 생태적 문제, 석유 이권과 관련된 경제적 문제 등이 얽혀있다. 공식적으로 분쟁은 2005년 1월에 평화 협정이 체결되면서 끝났지만, 분쟁은 여전히 계속되고 있다.

영국의 식민 지배와 이간 정책

　고대 이집트 · 그리스 · 로마인들은 수단 북부에 살던 누비아인들을 노예로 끌어갔으며, 이 같은 노예무역은 이슬람 세력이 이집트를 지배할 때에도 계속되었다. 14세기를 전후하여 아라비아 및 이집트로부터 침략해 온 아랍인들이 수단 북부와 중부를 이슬람화함으로써 기독교를 신봉하던 누비아 왕국과 알와 왕국은 사라지게 되었다. 아랍인과 흑인의 혼혈로 이 지역의 인종 차별이 약화되긴 했지만, 비이슬람권이던 남부의 흑인들은 계속 노예로 취급받았다. 노예무역은 19세기 말까지도 지속되었으며, 심지어 남부 지역에서는 최근까지도 노예 매매가 이루어지고 있었다.

　19세기에 접어들어 오스만 제국에 종속되어 있던 이집트는 수단을 지배하지만, 1881년 수단의 이슬람교 지도자인 마흐디가 이끄는 이슬람교도들의 투쟁으로 이집트군을 철수시켰다. 그러나 1882년에 이집트가 영국의 보호령이 되면서 영국은 수단을 침략하였고, 1899년 영국 · 이집트의 협정으로 수단을 공동 통치하였다. 그러다가 1922년 이집트가 독립하자, 영국은 수단을 단독으로 간접 통치하였다.

　영국은 수단에서 민족주의가 확산되는 것을 차단하는 한 방편으로 북부와 남부를 분리시켜 남부를 영국 지배하의 동아프리카 연방(우간다, 케냐 포함)으로 분리 독립시키려는 남부 정책을 추진했다. 특히 북부에 특혜를 주고 남부를 낙후된 상태로 유지하는 등 남부와 북부 지역을 분리 통치했다. 영국의 식민 통치가 조장한 지역, 종교, 인종 갈등은 현재까지 지속되고 있는 분쟁의 근원이기도 하다. 이와 같은 정책의 실시로 북부의 이슬람교도들에 대한 남부인의 적대적인 감정은 더욱 커졌다.

　그러나 수단을 분리 독립시키려던 영국의 정책은 1945년부터 바뀌게 되었다. 제2차 세계대전 이후 이집트가 수단을 자신들의 영토라고 주장하였기 때문이다. 영국의 입장에서는 수단을 분리 독립시킬 경우 북부의 이슬람권이 경제력을 상실함으로써 이집트에 합병될 가능성이 많았기 때문에 통치 정책에 대한 입장을 선회해야만 했다. 영국은 두 지역을 통합하기로 결정했다. 그리하여 아랍어가 남부에서도 공용어로 되었고 북부인들은 남부에서 권력을 장악하기 시작했다. 수단의 독립 과정에서도 남부 흑인들은 철저히 배제되었다. 남부 지역이 나일 강의 수원과 비옥한 농토를 가지고 있어서 수단의 독립에 절대적으로 중요함에도 불구하고, 이슬람교를 믿고 경제적으로 우월한 북부인들이 남부인의 참여에 큰 반감을 가지고 있었기 때문이다. 결국 1955년 남부에서 흑인들의 봉기가 일어남으로써 남부와 북부 간의 대립 관계가 형성되었다.

제1차 수단 내전 : 북부 아랍인과 남부 흑인 간의 갈등

1956년 독립 이후, 하르툼의 북부 엘리트가 수단의 권력을 잡았으며 영어로 교육 받은 남부 엘리트들은 새 정권에 참여할 수 없었다. 이러한 상황에서 북부 아랍인의 지배에 대한 남부의 불만이 고조되었고, 곧 반란으로 이어졌다. 남부와 북부 간의 내전은 17년간이나 지속되었는데, 이를 진압하는 데 많은 재원이 투입되었으며, 내전으로 인한 희생자는 약 50만 명에 이르렀다.

수단 내전의 또 다른 원인으로 천연자원을 둘러싼 갈등이 있었다. 석유 수출은 수단의 수출 소득에서 70%를 차지하는데, 중요한 유전 지대가 남부에 있다. 또 남부 수단에는 나일 강의 지류가 흐르고 강수량이 많아 물을 이용하기 수월하고 토질도 비옥한 반면 북부는 사하라 사막의 가장자리에 있다. 북부는 남부의 천연자원에 대한 지배권을 원했고, 남부 역시 이에 대한 통제권을 유지하고 싶었다.

1969년 5월 누메이리 장군이 쿠데타로 권력을 장악한 후에 신정부는 수단 사회주의를 선언하고, 국호를 '수단민주공화국'으로 개칭했다. 그리고 구정치인 및 반대파에 대한 대대적인 숙청을 단행하고, 외국인 자산과 은행을 국유화하며 경제 및 군사원조의 대공산권 의존도를 급속히 높였다. 1972년 1월 누메이리 대통령이 취임하면서 사회주의연맹(SSU, Sudan Socialist Union) 창립 및 단일 정당제가 채택되었다. 또한 남부의 반군과 협상을 위한 노력을 시작하였고, 그 결과 1972년 아디스아바바 협약이 체결되어 남부인들은 분리주의를 포기하고 휴전을 수용하는 대가로 남부 자치 지역을 창설할 수 있었다. 이 협상안은 비교적 성공적이어서 아프리카 각국이 안고 있는 부족 간의 갈등을 해결할 수 있는 모델로까지 인식되었다.

제2차 수단 내전 : 끝나지 않은 분쟁

그러나 1983년 누메이리 정권은 이슬람화의 일환으로 수단을 이슬람·아랍 국가로 만들고자 하였다. 특히 누메이리가 실시한 두 가지 정책으로 남부 지역 주민의 불만이 고조되면서 제2차 수단 내전이 시작되었다. 첫 번째 정책은 아디스아바바 협약을 파기하고 남부를 3개 지역으로 재분할한다는 것이었다. 남부인들은 이 결정에 대해서 중앙집권을 강화시킴으로써 남부의 물과 셰브론 지역에서 발견된 유전을 접수하려는 술책이라고 받아들였다. 그 결과 1972년에 해체되었던 수단인민해방운동(SPLM, Sudan

People's Liberation Movement/Army)이 재결성되었고, 그 군사 조직인 수단인민해방군(SPLA)은 에티오피아 및 리비아 급진 정권의 지원을 받아 무장 투쟁에 착수하였다. 두 번째 정책은 정부가 수단 전역에 대해 이슬람 율법인 '샤리아'를 시행하기로 결정한 것이었다. SPLM은 수단 남부의 자치 실시, 남부에 대한 샤리아 적용의 철회 등을 요구하였으며, SPLM에 대한 남부 흑인들의 지원이 크게 강화되었다.

이러한 혼란 속에서 1985년 군사 쿠데타가 발생했고, 1년 후 민간 정부가 들어섰다. 그때부터 내전 종식에 대한 희망이 싹트기 시작했다. SPLM에 대한 리비아의 지원이 중지되었고, 신정부가 남부에 대한 샤리아의 적용을 완화했기 때문이다. 또한 당시 수단은 국제 연합이 남부의 기근을 해소하기 위한 식량 원조에 나설 정도로 극심한 가뭄과 기근으로 약 200만 명 이상이 기아선상에 있었다.

그러나 1989년 6월 알 바시르 장군에 의한 군사 쿠데타가 일어나 이슬람 원리주의 정권이 수립되고 SPLM에 대한 공세가 강화됨에 따라 협상안을 마련하려는 노력은 수포로 돌아갔다. 그 후 남부의 3개 주 일대는 심각한 내전 상태에 빠지고, 내부의 권력 투쟁 역시 심화되었다. 게다가 1991년에는 또다시 쿠데타가 발생하여 분열과 혼란을 거듭하게 되는데, 이때 알 바시르 정권은 남부 지역을 공격하기 시작했고 이에 이집트는 수단 정부군을 직극적으로 지원하고 나섰다. 이로 인해 수십만 명이 사망하는 등의 인명 피해가 발생하고 수백만 명이 기아선상에 놓였지만 수단의 내전은 계속되었다.

1992년 나이지리아의 아푸자에서 SPLM은 알 바시르 정권과 휴전 협상을 결의하고 평화 협정을 체결하여, 수단 내전은 일단 소강상태를 맞이하는 듯했다. 하지만 간헐적인 무력 충돌이 지속되자, 1999년 12월 수단 정부는 점증하는 반군의 공격에 대한 방어 명목으로 3개월간의 국가 긴급 사태를 선포했다. 이 선포로 현 대통령인 알 바시르 장군에게 국가의 모든 권력이 집중되었고, 수단 정부 측과 SPLM 간의 평화 및 화해 가

이슬람법 샤리아(Sharia)

'샤리아'란 코란과 마호메트의 가르침에 기초한 이슬람의 법률로, 사전적 의미는 '물 마시는 곳으로 이끄는 길'로 진리 또는 하나님께 다가가는 길이라는 뜻이다. 그 내용은 목욕, 예배, 순례, 장례 등에 관한 의례적인 규범에서부터 혼인, 상속, 계약, 소송 및 비(非)이슬람교도의 권리와 의무, 범죄·형벌·전쟁 등 법적 규범까지도 포함한다. 샤리아 법은 이란, 사우디아라비아, 수단, 아프카니스탄의 탈레반 시민군에서 헌법으로 규정되고 있으며 나이지리아의 일부 지방 정부에서도 샤리아 법을 사용하고 있다. 1983년에 수단 정부는 이슬람의 법 샤리아를 수단의 법으로 만들었다. 이 법은 종교에 상관없이 모든 수단인들에게 적용되었고 이는 제2차 수단 내전의 직접적인 원인이 되었다.

능성의 길은 더욱 멀어졌다.

21세기 최악의 인종학살, 다르푸르의 비극

수단 정부의 '아랍화 정책'으로 인한 차별을 견디다 못한 수단 서부 다르푸르 지역의 아프리카계 부족들은 다르푸르 지역의 경제적 소외를 종식시키고 아랍인들에게 치우쳐 있는 국가권력을 공평하게 분배할 것을 요구하며 수단해방군(SLA/SLM, Sudan Liberation Army/Movement)과 정의평등운동(JEM, Justice and Equality Movemen) 등 무장 투쟁 단체를 만들어 2003년 2월부터 전투에 들어갔다.

잔자위드(Janjaweed)
다르푸르 지역의 무장한 민병대를 일컫는 단어. 아랍어로 '말등에 탄 악마'라는 뜻이다.

오마르 알 바시르 대통령이 이끄는 수단 정부는 정부군과 친정부 민병대 잔자위드*를 동원, 무차별 진압 작전을 벌였으며 이 과정에서 민간인 30만 명이 희생되고 250만 명이 난민 신세가 되었다. 수단 정부는 반군에 대한 대응으로 아랍 민병대 잔자위드를 지원하여 다르푸르를 공격했다. 잔자위드는 대부분 낙타로 이동하는 유목민인 아랍인 바가라족으로 구성되어 있다. 수단 정부는 잔자위드에 자금을 제공하고 도움을 주며, 반군이 자원을 조달하는 종족을 공격할 때 합동작전을 한다. 수단 공군이 먼저 출동하여 정찰과 폭격을 퍼부으면 잔자위드 민병대가 투입되어 폭력, 약탈, 강간 등을 무자비

알 바시르 대통령 지지자들이 국제형사재판소의 체포영장 발부를 비난하는 시위를 벌이고 있다. 알 바시르 대통령은 1989년 쿠데타로 집권한 뒤 수단을 이슬람 국가로 바꾸면서 이교도들에 대한 탄압 정책을 폈고, 정부군과 친정부 민병대인 잔자위드를 동원해 민간인 30만 명을 살해한 '다르푸르 학살'의 책임자로 지목되어 왔다.

시사상식

복잡한 다르푸르 분쟁의 배경

다르푸르 사태는 생태학적 위기에서 시작

반기문 유엔 사무총장은 지난 2003년 이후 20만 명 이상이 숨진 수단 다르푸르 사태의 배후에는 전 세계적 기후변화가 한 요인으로 작용하고 있다고 지적하고 유사한 사태의 확산 가능성에 대해서도 경고했다. 반 총장은 16일자 워싱턴 포스트 기고문에서 "다르푸르 사태는 생태학적 위기에서 시작되었다. 적어도 일부 측면에서는 기후변화에 기인한다."고 지적했다. 유엔 통계로 볼 때 인도양의 기후 상승은 계절풍에 영향을 미쳐 지난 20년간 강수량이 약 40% 감소했고 결국 사하라 이남 아프리카의 가뭄을 야기했으며 이러한 결과는 일정 부분 인간이 자초한 지구온난화 때문이라는 분석이다. 반 총장은 토양이 비옥했을 때 흑인 농민들은 아랍 목동들을 환영하고 물을 공유했지만 가뭄이 발생하자 너무 많은 가축 방목을 막기 위해 담을 치게 되었다면서 가뭄 때 다르푸르에서 폭력이 발생한 것은 우연이 아니라고 강조했다. 더욱 중요한 점은 이러한 문제가 단지 수단에 한정된 것이 아니라 소말리아나 코트디부아르, 부르키나파소 등 다른 아프리카 국가들로 번질 수 있다고 우려했다. 반 총장은 다르푸르 사태의 진정한 해결책은 신기술이나 유전자 변형(GM) 곡물, 관개시설을 이용한 '지속가능한 발전'과 함께 공중 보건과 위생, 교육의 개선이 수반되어야 한다고 설명했다.

－서울신문, 2007. 6. 18

지역·종교 이외에 美·中 석유 이권 문제까지 분쟁 배경 복잡

수단은 수도 하르툼을 중심으로 동부와 중·북부, 중서부 다르푸르 등 3개 권역으로 나눠진다. 이 중 기독교 흑인 원주민이 많이 사는 남부는 독립 후 정권을 장악한 이슬람 세력에 대항해 20여 년간 분리 독립 투쟁을 벌여왔다.

미국은 이 과정에서 에티오피아 등 주변국을 앞세워 남부를 지원해 왔으며, 2005년에는 정부와 남부 반군 사이의 평화협정을 중재했다. 협정의 골자는 6년 후 남부 주민들이 독립국가로 갈지, 수단에 남을지를 결정한다는 것이다. 그러나 수단 정부는 기독교 원주민이 살고 있는 다르푸르 전지역의 '아랍화 정책'을 강행했고, 다르푸르 남부 푸르족 등은 2003년 무력 투쟁에 나섰다. 이 과정에서 중앙 정부의 비공식 지원을 받은 아랍계 민병조직 '잔자위드'가 반군 및 반군 지역에 대해 대량학살과 인종청소를 자행하면서 지금까지 20여 만 명이 희생되고 250만 명의 난민이 발생했다.

다르푸르 사태 해결을 더욱 어렵게 만드는 것은 막대한 석유 이권이다. 2004년 기준 하루 35만 배럴 이상 생산하는 수단의 원유 자원이 주로 남부에 집중돼, 이 지역의 분리를 모색하는 미국의 입장도 자원 이해에 따른 것으로 해석되고 있다. 반면, 전체 원유 수입의 10%를 수단에 의존하면서 현지 유전 개발에 수십 억 달러를 투자하고 있는 중국은 기본적으로 현 정부를 지지하고 있어 국제사회의 입장을 크게 가르고 있다.

하지만 최근에는 이와 같은 정치·경제·인종적 배경조차도 대량학살, 강탈, 강간 등 극단화하고 있는 현지 사정을 설명해주지는 못하고 있다. 뉴욕타임스는 2일 "아랍계와 기독교 원주민들 간의 갈등으로 알려졌던 것과 달리, 최근 다르푸르 남부에서 아랍계 테르젬족과 마흐리아족 간 무력 분쟁이 격화했다"며 "이에 따라 다르푸르 사태는 더욱 복잡한 양상으로 발전하고 있다"고 보도했다.

－한국일보, 2007. 9. 4

다르푸르의 난민촌과 난민들 가해자는 수단 정부군과 그 지원을 받는 잔자위드(인종적으로 아랍인) 민병대이고, 피해자는 다르푸르의 아프리카 흑인 토착민들이다. 일부 난민들은 이웃 나라 차드와 중앙아프리카공화국으로 넘어갔지만 많은 난민들이 수단 서부 국경선 가까이에서 고달픈 삶을 이어 가고 있다.

하게 저질렀고 피해자들이 잔자위드를 뒤쫓으면 정부군이 나타나 그들을 가로막는 등 잔자위드는 정부의 보호, 지원 아래 만행을 저질렀다.

다르푸르는 아랍계 유목민과 아프리카 흑인 정착민들이 섞여 사는 곳으로, 두 민족이 물과 토지를 둘러싸고 오랫동안 분쟁을 벌여왔다. 특히 북쪽의 아랍계 유목민들이 가뭄과 사막화로 인해 아프리카계 주민이 살고 있는 다르푸르 중심 지역을 자주 침범하였다. 반면에 아랍계 주민들은 다르푸르 지역에서 아프리카계 주민들에 의해 정치적으로 소외된 데 불만을 가지고 있었다. 그리하여 다르푸르 분쟁은 인종과 종족, 종교 및 경제 문제가 얽혀 있는 복잡한 분쟁이다.

2004년 이후 유엔 인권감시단과 평화유지군이 배치되고, 수단 정부와 반군의 평화 협상도 계속되고 있지만 혼란은 끝나지 않고 있다. 급기야 2009년 3월 국제사법재판소(ICC)는 수단의 현직 대통령인 알 바시르에 대해 민간인 학살 혐의로 체포영장을 발부했다. 당사국인 수단의 반발과 더불어, 국제사회는 둘로 갈렸다. 수단 정부와 가까운 아랍 연합과 수단의 자원에 눈독을 들이고 있는 러시아와 중국은 반대하는 쪽이다. 반면, 유럽 연합과 아시아 국가 중에서는 ICC를 지지하는 곳이 많다는 것을 보면, 결국 수단의 지역 분쟁이 강대국의 이해관계까지 얽혀 있는 복잡한 분쟁임을 알 수 있다.

식민 유산에 따른 인종 갈등, 민병대나 무장단체들의 민간인 학살, 인종청소, 현지 정권의 학살 방조, 국제사회의 얽힌 이해관계 속에서 해결의 실마리를 찾지 못하고 있는 다르푸르 사태는 언제나 끝날 수 있을까?

영화로 읽는 지역 분쟁

신이 찾은 아이들 God Grew Tired Of Us: The Story Of Lost Boys Of Sudan
크리스토퍼 딜론 퀸·톰 월커 감독 / 2006 / 미국 / 89분

이 영화는 수단 내전으로 고아가 되어 케냐 난민촌에서 자란 청년이 미국에서 살면서 겪는 인생 이야기를 그린 다큐멘터리로, 니콜 키드먼이 해설을 맡았다. 2006년 선댄스 영화제 심사위원대상 및 관객상, 도빌 국제영화제 최우수다큐멘터리상을 수상했다. 특히 이 영화는 제작에 참여한 브란젤리나 커플(브래드 피트와 안젤리나 졸리)이 수단(Duk County)에 현대적인 시설을 갖춘 병원을 짓는 데 십만 달러를 기부하면서 더욱 유명해졌다.

줄거리 _ 이 영화는 남부 수단을 휩쓴 내전으로 고아가 되어 떠돌게 된 '로스트 보이즈(잃어버린 아이들)' 중 한 명이었던 딩카족 소년, '존 불 다우'와 로스트 보이즈의 삶을 그린 다큐멘터리이다. 수단의 잃어버린 아이, 존 불 다우가 고향 마을인 둑 파유엘을 떠나 오던 열세 살 때부터 미국 뉴욕에 정착한 후 고향 마을을 다시 방문하기까지 19년간의 삶에 대한 기록을 담고 있다. 전쟁을 피해 1,600km로 이어지는 긴 여정을 지나는 동안 온갖 역경을 겪으면서도 삶에 대한 긍정적인 자세를 포기하지 않는 주인공 존 불 다우의 모습은 인간의 근원적인 회복력과 숭고함을 보여 준다. 영화는 수단의 잃어버린 아이들이 겪은 내전의 참상과 미국으로 옮겨 간 일부 아이들이 그곳에서 적응하기까지 겪은 일들을 담담하게 풀어 간다. 주인공 존 불 다우가 보여 주는 조용한 자부심, 진정한 겸손, 진지함, 따뜻한 용기는 그 어떤 성공담보다 뜨겁게 우리에게 다가온다.

15장 중앙 아프리카
콩고민주공화국 · 르완다 · 부룬디 내전

> 오랜 내전을 끝내고 2000년대 들어 간신히 안정을 찾는 듯하던 콩고민주공화국(옛 자이르)에 내전이 재연되었다. 천연자원 이권을 노린 반군이 몇몇 도시들을 장악, 약탈을 자행하면서 주민들의 탈출이 이어지고 있다. 영국 BBC방송은 콩고민주공화국의 투치족 군벌인 로랑 응쿤다가 이끄는 반군이 동부 북키부 주의 주도 고마 등 몇몇 도시를 장악했다고 지난 30일 보도했다. 정부군은 철수하며 사실상 반군에 굴복한 상태여서, 반군이 장악한 도시에서는 강도, 강간, 약탈, 살인이 벌어지고 있다. 며칠 새 주민 4만 5000명 이상이 도시를 탈출했으며, 지난 두 달 간 모두 20만 명의 난민이 발생했다고 BBC는 전했다. 응쿤다는 지난 29일 휴전을 선언해 놓고도 도시 공격을 계속하고 있다. 유엔은 이 지역에 배치했던 1만 7000여 명의 민주콩고평화유지군(MONUC)을 최근 철수시키고 700명만 남겨뒀다. 이들은 교전을 할 수 없는 입장이어서 반군의 폭력을 속수무책으로 바라보고 있다.
>
> — 경향신문, 2008. 11. 1

15년 동안 야만적인 대량학살에 의한 수백만 명의 희생자(1994년 르완다대학살 사망자 100만 명, 옛 자이르 전쟁 350만 명, 부룬디 30만 명 이상)를 낸 중앙아프리카 지역의 국가들은 정치 폭력, 민족 간 증오, 천연자원에 대한 탐욕으로 값비싼 대가를 치렀다. 콩고민주공화국에 내전이 다시 격화되었다. 이곳은 10년 전부터 지금까지 단일 지역의 내전으로는 인명 피해가 가장 많이 발생한 곳이다. 검은 대륙의 진주라 불릴 정도로 자원이 풍부한 콩고민주공화국을 비롯하여 주변의 르완다, 부룬디 등에서 분쟁이 끊이지 않는 이유는 무엇일까?

지도로 읽는 지역 분쟁

중앙아프리카 지역의 자원과 분쟁

주요 인물

모부투 세세 세코(1930~1997)
Mobutu Sese Seko

1965년부터 1997년까지 32년간 콩고민주공화국(1971~1997, 자이르)을 통치한 국가 원수이며, 1997년 쿠데타로 권좌에 물러남.

로랑 은쿤다(1967~)
Laurent Nkunda

투치속의 지원을 받았던 콩고민주공화국의 반군지도자, 2005년 전쟁범죄로 고발당했으며, 2009년 1월 콩고-르완다 합동 병력에 의해 체포됨.

조세프 카빌라(1971~)
Joseph Kabila Kabange

2001년부터 현재까지 콩고민주공화국의 대통령. 세계 최연소 대통령.

대량학살에 물든 중앙아프리카 지역

중앙아프리카 지역은 유럽 열강의 식민지가 되면서 열강의 분열 정책에 의해 부족 간의 갈등이 심화된 곳이다. 오늘날 이 지역에서 발생하는 다양한 유형의 내전과 민족 분규의 가장 극단적인 예가 바로 중앙아프리카에 위치한 르완다, 부룬디, 그리고 콩고민주공화국 등이다.

콩고민주공화국은 면적이 한반도의 11배에 달하는 자원 부국이지만, 유럽의 식민 지배가 중앙아프리카 지역에 남긴 후유증의 집합처이기도 하다. 주변에 치열한 내전으로 악명 높은 르완다와 브룬디뿐만 아니라 앙골라와 수단, 우간다 등이 둘러싸고 있어 이들 주변국의 정치적 불안이 곧바로 파도를 몰고 오는 지정학적 위치에 놓여 있다. 이들 국가에 내전이 벌어지면 비슷한 종족 분포를 가진 콩고민주공화국에도 곧바로 그 후유증이 파급되고, 대량의 난민이 유입되는 식이다. 콩고민주공화국의 분쟁은 주변국 분쟁과도 떼어 놓고 생각하기 어려운 밀접한 연관성을 가진다.

콩고민주공화국은 다이아몬드, 구리, 코발트 등 풍부한 자원을 가지고 있다. 석유 매장량도 15억 배럴에 이른다. 이 나라 주요 부족은 콩고족, 루바족, 몽골족 등이다. 링갈리어로 '큰 강'을 뜻하는 '자이르'로 알려진 콩고민주공화국은 250여 개의 종족으로 이루어져 있고 아프리카에서는 세 번째로 큰 나라이다. 인구는 68,692,542명(2009)으로 반투족계(후투족)가 80%를 차지한다. 주요 종교는 가톨릭교이고, 언어는 프랑스어가 공용어이며, 링갈리어도 같이 사용된다.

르완다는 토양이 비옥하여 농경 생활이 용이하고, 적도 아래에 있지만 고산 지대로 기후 조건이 인간 생활에 적합하여 인구밀도가 292.7명/km²으로 아프리카에서 가장 높다. 르완다 유효 노동력의 90%가량이 농업에 종사하며, 농업이 국내 총생산(GDP)의 약 40%를 차지한다. 르완다의 주요 광물자원은 주석과 텅스텐이고, 그 밖에 커피, 차 등도 주석, 텅스텐 원광과 함께 주요 수출품이다. 무역 적자가 끊이지 않아 프랑스와 벨기에로부터 상당한 원조를 받고 있다. 특히 내전으로 인해 이들 국가로부터 많은 원조를 받고 있는 상황이다.

르완다는 인구밀도가 높음에도 불구하고 인근 에티오피아나 수단처럼 자연재해로 인한 기아 현상이 나타나지 않는다. 이는 르완다가 아프리카의 동부 및 남서부의 황량한 초원 지대와 달리 국토의 중앙부를 흐르는 카게라 강 일원에 비옥한 토지가 발달하여 농산물 생산에 유리한 조건 때문으로, 이 지역에서 기아가 발생하는 것은 전쟁이나 외부적 요인에 의한 것이다.

부룬디에는 전 세계 니켈 매장량의 약 3%가 매장되어 있는 것으로 추정되며, 르완다와 인접한 북동부 지역에는 주석과 텅스텐이 다량 매장되어 있어 분쟁의 소지가 있다. 1인당 GNP는 세계 최하를 기록하고 있고, 공기업과 사기업이 공존하며 주로 농업을 기반으로 하고 있다.

르완다와 부룬디 두 공화국의 종족 분포는 대개 후투족(85%), 투치족(14%), 트와족(1%) 등으로 구성되어 있다. 대부분의 주민들은 가톨릭(65%)을 믿고 있고, 기독교나 이슬람교 등도 분포하지만, 종교적 갈등은 나타나지 않는다. 프랑스어가 공용 언어로 사용되고 있으나, 실제로 후투족과 투치족은 지역 고유어도 사용한다.

두 공화국에서의 후투족과 투치족 간의 종족 말살 내전은 유럽 식민 통치의 유산이라고 할 수 있다. 사실 '후투'나 '투치'라는 종족 구분의 기준이 극히 애매모호할 뿐만 아니라, 유럽 열강이 이 지역을 효율적으로 통치하기 위해 종족적 차이를 인위적으로 조작했기 때문이다.

르완다와 부룬디는 1899년부터 독일에 의한 합병으로 식민 통치를 받다가 1916년부터 45년간 벨기에의 위임 통치를 받았는데, 문제는 벨기에가 인구의 14%에 불과한 투치족을 우대하고, 반대로 85%를 차지하는 후투족을 억압하는 정책을 실시했기 때문에 독립 후에도 기득권을 유지하려는 투치족과 이에 맞서는 후투족의 갈등이 끊이지 않게 된 것이었다. 결국 오랜 세월을 두고 누적되어 온 종족 간의 적대 감정은 1994년 항공기 피격으로 인한 르완다·부룬디 양측 대통령의 피살 사건을 계기로 폭발했다.

양측의 내전으로 인한 난민은 거의 2백만 명에 육박하며, 살해당한 민간인의 숫자만도 약 100만 명에 이르고 있어, 두 공화국은 아프리카의 또 다른 킬링필드가 되어 가고 있다. 이들 난민은 인접한 콩고민주공화국, 부룬디, 탄자니아, 우간다 등의 국경 지대 부근에 대규모 난민촌을 형성하여 인접국의 정치적 불안을 초래하고 있다.

자이르에서 콩고민주공화국으로

콩고 지역은 1885년 콩고 조약에 의거하여 콩고 강을 경계로 서쪽과 동쪽으로 나뉘어, 1960년 6월 독립할 때까지 각각 프랑스와 벨기에가 분할하여 지배하였다. 결국 하나의 왕국이 콩고 강을 중심으로 서쪽과 동쪽으로 구분되어 콩고 강 서쪽의 프랑스령 콩고는 오늘날 '콩고(정식 명칭은 콩고공화국)', 동쪽의 벨기에령 콩고는 오늘날 '콩고민주공화국'이 되었다. 콩고민주공화국은 한때 '자이르공화국'이라고 불리다가 1997년 5월 현재 사용되는 콩고민주공화국으로 국명이 변경되었다.

콩고민주공화국은 벨기에로부터 독립하면서 정권 다툼으로 혼란에 빠졌다. 1965년 11월 당시 군사령관이었던 모부투 장군이 군사 쿠데타를 일으켜, 1970년 10월에 대통령에 취임했다. 모부투 대통령은 미소 양극 체제 속에서 미국의 지원을 받으며 32년간의 독재 정치를 자행했다. 하지만 냉전 체제가 종식되자 모부투 정권도 약화되어, 결국 1997년 5월 르완다와 부룬디의 지원을 받은 카빌라 및 투치족 반군에 의해 실각하고 쫓겨났다. 투치족 반군이 카빌라 반군에 협조한 배경은 모부투가 집권 당시인 1994년 르완다 내전 때문에 구자이르로 피난 온 투치족과 동부 지역에 거주하는 투치계의 바냐물렝게족을 탄압했고, 친후투계 정책을 취한 결과라 할 수 있다.

구자이르 주민들로부터 환영받지 못한 투치계의 소수 민족 바냐물렝게족은 모부투 대통령의 지속적인 탄압에 대항하여 '콩고·자이르 해방민주세력연합(ADFL, Alliance of Democratic Forces for the Liberation of Congo)'을 결성했다. 그 후 ADFL은 르완다, 부룬디, 우간다 정부의 지원을 받으며 탈냉전 상황에서 미국의 지원을 상실한 구자이르의 정부군을 붕괴시켰다. 1997년 5월에 대통령으로 취임한 반군 지도자 카빌라는 국명을 자이르에서 '콩고민주공화국'으로 바꾸면서 민주 국가 건설을 표방했다.

아프리카판 세계대전 : 내전에서 국제전으로 비화된 콩고 내전

카빌라 반군이 모부투 정권을 무너뜨리면서 구자이르의 내란은 종식되는 상황이었

독재자 모부투와 도둑 정치

콩고민주공화국은 1960년대 벨기에로부터 독립 직후 불안정한 정치 상황이 이어졌고, 1965년 이후에는 쿠데타를 일으킨 모부투에 의해 철권 통치가 이어졌다. 모부투는 대통령이 된 뒤 외국의 원조와 차관을 가로채고, 국가재정을 마치 개인의 주머니처럼 운영하며 32년간이나 학정과 부패로 국민을 짓밟았다. 그가 집권하는 동안 스위스와 벨기에 등의 은행에 감춰 놓은 재산은 적어도 40억 달러에 이르는 반면 구자이르의 경제는 계속 후퇴하여 인구의 80%가 실업자가 되었으며, 1994년 1인당 국민소득은 125달러로 벨기에로부터 식민 통치를 받을 때보다 낮은 수준에 머물렀다. 그리하여 국가 권력을 이용한 모부투의 국민 침탈 행위를 지칭해 도둑질을 의미하는 'klepto'와 정치체제를 의미하는 'cracy'의 합성어인 도둑정치(kleptocracy)라는 조어가 만들어지기도 했다. 32년에 걸친 모부투의 통치는 1997년 르완다와 브룬디의 투치족 반군을 등에 업은 로랑 카빌라의 무장세력 공세에 밀려 붕괴되었다.

콩고민주공화국의 난민들

다. 그러나 대통령으로 취임한 카빌라는 민주 국가 건설이라는 약속의 실천에는 관심이 없고 모부투와 마찬가지로 강권 정치를 시행했다. 그리고 1998년에는 자신의 집권 과정에 도움을 제공한 르완다의 투치족을 비롯한 외국군의 철수를 요구했다.

투치족의 축출에 배신감을 느낀 투치족은 카빌라 정부에 대한 공격을 개시하였고, 이것이 내전으로 비화되었다. 특히 투치족은 카빌라 정권이 후투족 게릴라 거점인 난민촌을 없애기를 기대했으나 카빌라가 이를 방치하고, 오히려 투치족의 철수를 요구하면서 불만이 표출되었다.

그리고 콩고민주공화국 정부를 지원하는 짐바브웨, 앙골라, 나미비아, 차드 등과 반군을 후원하는 르완다와 우간다, 부룬디 등의 주변국들이 자국의 이익을 명분으로 전쟁에 참여했다. 이로써 콩고의 내전은 국제전으로 바뀌어 더욱 복잡한 양상을 띠었다. 1999년 1월 리비아 카다피 대통령의 중재로 콩고 분쟁을 종식시키기 위한 평화 협정에 아프리카 4개국 대통령들이 서명하였지만, 이 협정에 콩고 반군이 참여하지 않아 성과를 거두지 못하였다.

정부군과 반군인 콩고민주연합과 콩고해방운동 간의 내전이 진행되는 상황에서, 2001년 1월 경호원에 의해 로랑 카빌라 대통령이 암살당하는 사건이 발생했다. 이 사건에 대한 배후로 반군에 협조적인 미국을 지목하고 있으나 확인되지 않고 있으며, 정부군은 카빌라의 아들 조세프 카빌라를 대통령에 취임시키고 평화 협정에 대한 재추진 계획을 발표함으로써 신속하게 난국을 타개하려 노력하였다.

콩고 내전이 심화되어 막대한 인명 피해가 발생하고 국제전으로 확대될 조짐을 보임에 따라, 국제 연합은 프랑스군이 주도하는 국제 연합 평화유지군 및 감시단을 파병하기에 이르렀다. 국제 연합 평화유지군의 파병에도 불구하고 내전이 진정되지 않자 카빌라 정부는 결국 반군과의 권력 분점, 즉 과도 정부 출범을 제의하여 협정을 체결하였다. 마침내 2003년 7월에 '과도 정부 구성 법률안'이 통과되고, 이어서 18일 과도 정부가 출범했으며, 국제 연합은 콩고에 1만 7,000명의 국제 연합 평화유지군을 파견했다. 국제 연합 주재하이기는 했지만 2006년 선거를 통해 조세프 카빌라 현 대통령을 선출하는 '기적'을 만들어 내기도 했다.

자원 배분을 둘러싼 주도권 경쟁과 종족 갈등이 촉발시킨 콩고 내전은 주변 9개국의 개입 속에 내전이 격화되면서 5년 동안 540만 명의 사망자, 20만 명의 난민을 낳았다. 이 때문에 '아프리카판 세계대전'으로도 불린다.

검은 대륙의 진주를 둘러싼 자원 전쟁 : 내전의 재발

평화는 오래가지 못했다. 평화 협정안이 체결된 지 5년만인 2008년 내전이 다시 시작되었다. 카빌라 정부와 르완다 투치족 정권의 지원을 받은 로랑 은쿤다가 이끄는 반군 세력 '인민방위국민회의(CNDP, Congres National Pour la Defense du Peuple)'에 의한 내전으로 5개월 만에 수백 명이 죽고 무려 25만 명이 집을 잃을 만큼 전투는 처절했다.

시사상식 Blood phone

당신의 휴대폰에 콩고의 '피 묻은 콜탄'이…주민들 채굴 노역 내몰려

"당신의 휴대폰을 자주 바꾸지 말라. 콩고민주공화국 주민이 피를 흘릴 것이다." 현대인의 필수품 휴대폰에는 탄탈럼(tantalum)이라는 물질이 들어간다. 부식이 잘 되지 않고 열에 강한 이 물질은 콜탄이라는 광물질에서 추출한 것이다. 이 콜탄이 콩고민주공화국의 참혹한 내전을 부추긴다는 지적이 제기되었다. 독일의 시사주간지 슈피겔 등 외신은 콩코민주공화국의 반군 지도자 로랑 은쿤다가 북동부 키부 지역의 콜탄 채굴권을 장악하고 주민들을 '죽음의 노역'으로 내몰고 있다고 보도했다. 강제 노역에 동원된 주민들은 삼엄한 감시하에 휴일도 없이 목숨을 건 콜탄 채굴에 나서고 있는데 굴 속에서 지반이 무너져 목숨을 잃는 경우도 발생하고 있다. 이런 방식으로 채굴된 콜탄은 우간다, 르완다 등 인근 국가를 거쳐 중간 상인에 판매되며 이 과정에서 원산지가 위장되어 유럽, 미국 등의 휴대폰 제조 공장으로 흘러간다. 초기에는 유럽, 미국의 상인에게 직접 콜탄이 판매되었으나 유엔이 제재하자 인근 국가를 거치는 우회 판매 방식으로 바뀌었다. 반군 지도자 은쿤다는 여기서 얻은 막대한 자금으로 무기를 사들여 세력을 확대하고 있다. 그러나 콜탄의 불법 유통을 막는 것은 쉽지 않다. 미국의 시사 주간지 타임은 "영국이 유일하게 자국 휴대폰 제조 업체를 상대로 콜탄 유통 경로를 검사하고 있다"며 "미국, 벨기에 등 대다수 국가는 원산지 추적이 쉽지 않다는 이유로 협조하지 않고 있다"고 보도했다. 슈피겔은 "콩고 주민에게는 탄탈럼이 들어간 휴대폰의 소지가 상상할 수 없는 일이지만 그것 때문에 그들은 죽어가고 있다"고 지적했다.

—한국일보, 2008. 11. 20

투치족 중심의 반군 측은 새로운 정부 설립 과정에서 투치족들이 소외되고 있다고 반기를 들었다. 언뜻 보면 종족 분쟁인 것 같으나 결국 자원 개발권을 둘러싼 이권 다툼이라고 볼 수 있다. 내전의 주 무대인 콩고 동부 키부에는 어마어마한 양의 다이아몬드, 구리, 아연, 콜탄이 매장되어 있다. 특히 콜탄은 DVD플레이어, 휴대전화, 컴퓨터의 필수 재료인데, 전 세계 콜탄의 80%가 콩고 동부에 묻혀 있다. 은쿤다 반군은 북키부 콜탄 채굴권을 독점해 왔다. 모부투가 투치족을 학살한 것도, 카빌라가 투치족과 적이 된 것도 결국은 자원 때문이다.

유럽 식민 지배의 산물 : 후투족과 투치족의 갈등

르완다와 부룬디에 맨 처음 정착한 부족은 수렵 생활을 하던 피그미계의 트와족이었다. 반투계 농경민인 후투족이 정착 생활을 시작한 것은 대략 11세기경으로 추정된다. 그러나 15세기에 접어들면서 사하라가 건조화되기 시작하였고, 자연환경의 변화로 북부에서 목축업에 종사하던 호전적 성향의 투치족이 남하하게 되었다. 남하한 투치족은 정착 농업에 종사하던 온순한 성향의 후투족을 굴복시키고 왕국을 건설하여 상류 계층을 형성하였다.

오늘날의 후투족과 투치족은 똑같은 언어·음식·풍습을 공유하여 외견상으로 이들을 구분하기는 거의 불가능하다. 벨기에가 인종 카드 제도를 실시하기 전까지만 하더라도, '후투'나 '투치'라는 용어는 각자의 경제적 지위를 반영하는 일종의 '신분 계층'을 지칭하였다. 후투와 투치를 구분하는 기준은 각자의 직업과 재산 소유 정도였는데, 귀족 계층인 투치족은 목축업에 종사한 반면 후투족은 농사를 지었다. 당시에는 보유하고 있는 가축 수가 곧 부의 척도로 간주되어, 재산을 축적한 후투족은 가축을 매입함으로써 자신의 신분을 투치족으로 상승시킬 수 있었다.

그런데 벨기에는 투치족이 후투족보다 유전적으로 우수하다는 인종적 우세론을 만들어 투치족은 자신들이 에티오피아와 수단, 이집트에서 남하한 후 야만국을 문명국으로 개조한 우수한 종족이라 생각하게 되었다. 유럽의 일부 인종학자들은 '투치는 아프리카의 백인이고 멍청한 후투보다 더 영리하다'며, 투치족을 호평하는 반면 후투족에 대해서는 혹평을 서슴지 않았다. 인위적으로 만들어진 이러한 사회적 인식 때문에 투치족은 도시의 공무원이나 사업가, 지주로 등용된 반면, 후투족은 소작농으로 전락하여 하층민의 삶을 영위할 수밖에 없었다.

이와 같은 내용들은 대개 식민 통치 시대에 조작된 것들이었음에도 불구하고, 식민지에서 독립한 후에도 대립하게 된 중요한 원인이 되었다. 특히 서구 열강은 르완다 내부의 협력자가 필요했고, 소수 집단인 투치족은 기꺼이 서구 열강의 지배를 받아들임으로써 자신들의 기득권을 유지하고자 했다.

제1차 세계대전 후 전쟁에 패한 독일은 1919년 베르사유 조약에 따라 '르완다-부룬디' 영토를 벨기에로 넘겨주었다. 벨기에는 1926년 인종 카드 제도 도입에 이어, 1933년부터는 주민 등록제를 실시하면서 등록증에 출신 부족을 명시하도록 하였다. 이로써 부의 축적을 통한 후투족의 신분 상승은 더 이상 불가능하게 되었다. 식민 통치 이전부터 르완다 북부에서는 투치족의 지배에 저항하는 후투족의 반란이 일어났으나, 독일군과 투치족이 이를 무자비하게 진압함으로써 북부 지역은 후투 민족주의의 거점으로 발전하게 되었다.

제2차 세계대전 후 아프리카에서 식민지 해방의 회오리가 불어 닥치자 벨기에는 소수 투치족보다는 다수 집단인 후투족으로 관심을 선회하기 시작하였다. 독립 후 치르게 될 총선에서 다수 집단인 후투족의 집권이 뻔했기 때문이다. 이에 위기를 느낀 투치족은 1957년 전국르완다연맹(UNAR, Union Nationale Rwandaise)을 조직하고, 반벨기에 운동에 나섰다. 그러나 벨기에는 후투족을 중심으로 구성된 후투인민해방당(The Hutu Peoples Liberation Party)에 대한 지원을 더욱 강화하였고, 1959년에는 르완다와 부룬디가 서로 분리되었다.

아프리카 현대사의 비극 : 후투족과 투치족의 집단 학살

1962년 르완다와 부룬디가 벨기에 식민 지배에서 독립하자 후투족과 투치족 간 권력 다툼이 엎치락뒤치락 전개되면서 집단 학살 사태가 빚어졌다. 르완다에서는 후투 민족주의자들의 정당인 후투인민해방당이 집권하자마자 투치족에 대한 학살이 대규모로 자행되었고, 수만 명의 투치족이 우간다로 도피하였다. 1963년에는 부룬디의 투치족이 르완다를 기습 공격하자 이에 대한 보복으로 '투치 제거 정책'을 내세워 후투 정부군이 르완다 내의 투치족을 대량 학살하였다.

후투족과 투치족의 갈등은 1990년대에 정점에 달했다. 1994년 4월 6일 탄자니아 아루사에서 귀국하던 대통령 전용기가 미사일에 격추되었다. 당시 전용기에는 하뱌리마나 르완다 대통령과 은타리아미라 부룬디 대통령이 타고 있었다. 르완다 집권당은 즉

각 우간다의 지원을 받은 투치족이 결성한 르완다애국전선(RPF, Rwandan Patriotic Front) 반군을 이 사건의 배후 세력으로 지목했으나, 사실은 후투 과격파들의 계획적 군사 행동일 가능성이 높았다. 대통령의 서거로 후투족의 단결과 투치족 말살 정책을 보다 효과적으로 전개할 수 있기 때문이었다.

폴 카가메를 지지하는 RPF가 승리에 환호하고 있다.

이튿날부터 르완다 정부군과 후투 과격파들은 도로마다 검문소를 설치하고 지나가는 투치족을 선별하여 학살하는 만행을 저지르기 시작하였다. 이후 반군 RPF이 키갈리에 입성하기 전까지 약 3개월 동안에 약 50만 명의 투치족이 살해당하였고, 나머지는 인접 국가로 피난을 떠나야 했다. RPF 반군은 즉각 대대적인 공세를 취하기 시작해, 후투족의 정부군이 완전 패배함으로써 내전은 일시적으로 끝이 났다. 패배한 강경 후투족 지도부는 구자이르로 망명하여 구자이르 동부 지역을 거점 삼아 민주주의수호군과 민족해방군 등의 반군을 형성했다. 현재의 르완다 대통령은 2000년 4월에 취임한 투치족 출신의 RPF계인 폴 카가메이다. 카가메의 집권으로 투치족은 르완다에서 명실상부한 지배 계층으로 새등상했다. 카가메 정권은 후투족과의 화해를 시도하는 한편 주변 지역으로 피난 간 후투족의 조국 귀환 운동을 펼치고 있지만 양 종족 간의 갈등이 재연될 가능성은 아직도 남아 있다.

민족 구성이 르완다와 비슷한 부룬디에서는 소수 투치족이 독립 이후 정권 장악 성공했는데, 이는 투치족들이 군을 장악하고 있었기 때문이다. 부룬디 정부는 1972년에 후투족 10만 명을 학살했고, 그로 인해 약 4만 명의 후투족이 인근 지역의 콩고 민주공화국과 르완다로 피난을 가야만 했다. 1993년 6월 실시된 부룬디 최초의 자유 선거에서 후투족 출신인 은다다예가 대통령에 당선되었다. 그러나 투치족 장교들이 대통령을 살해하면서 부룬디는 내전 상태에 빠져 약 10만 명 이상이 희생당하고, 전체 인구의 20% 정도가 이웃 국가로 탈출하는 등 사태는 최악으로 빠져들었다. 특히 세계의 이목이 르완다로 집중되면서 부룬디 또한 투치계 군사 정권의 다수 종족인 후투족 집단 학살에 대해 국제적 비난을 받았다.

1996년 7월 부룬디에서 투치족이 주도하는 군사 쿠데타가 다시 발생하면서, 지난 1987년부터 6년간 대통령을 지냈던 부요야가 다시 대통령으로 취임하였다. 그 후 수만 명의 후투족이 학살당한 것으로 알려졌다. 1999년 12월에 만델라 전 남아공 대통령의 중재로 19개 정파가 참여하는 부룬디 평화 협상이 진행되었다. 그리고 2000년 8월에 부룬디 평화 협정이 체결되었지만, 민족주의수호군과 민족해방군 등의 양대 후투계 반군 단체가 협상에 참여하지 않았고, 정전 협정 체결 문제, 과도 기간 지도자 선출 문제 등 주요 사안에 대해서는 합의를 보지 못했다.

2001년 2월에 부요야 대통령은 두 종족 간의 오랜 갈등과 대립을 희석시키기 위해 군사적인 해결은 배제한다는 원칙을 세웠다. 36개월간의 과도 정부 통치 기간을 설정하고, 투치족 측의 부요야와 후투족이 전후 18개월씩 통치한다는 것이 협상의 핵심 내용이었다. 이 협정에 의해 2001년 11월에 공동 정부가 탄생하였다.

그 후 2002년 12월, 부룬디 과도 정부 대통령은 후투계 반군 단체인 민족주의수호군과 정상회담을 통해 휴전 협정을 체결했다. 양측 간 무장해제가 선행되지 않아 국지적 전투가 계속되었지만, 부요야 대통령은 2003년 5월에 18개월간의 통치를 마치고 후투족 은다이제예 부통령에게 권력을 이양했다. 2005년부터 피에르 응쿠룬지자가 부룬디의 대통령을 맡고 있다. 그는 후투족 출신으로는 선거로 선출된 두 번째 부룬디 대통령이며, 1993년부터 2005년까지 진행된 부룬디 내전 후 최초로 민주적인 선거에 의해 당선된 대통령이다. 이로써 지난 10년간 수십만 명의 희생자를 낸 종족 간 내전이 부룬디에서는 새로운 전기를 맞고 있다.

끝나지 않은 논쟁 : 르완다 대학살

르완다 대학살(Rwandan Genocide)은 1994년 4월 6일부터 7월 18일까지 약 100일 동안에 80만 명의 투치 르완다인들이 후투 르완다인들에게 학살당한 사건이다. 하지만 간접적인 원인을 추적하자면 강대국과 국제사회의 책임 문제까지 관여되어 간단히 원인을 규명할 수가 없다. 프랑스가 '르완다 대학살'에 개입했다는 르완다 정부의 조사 보고서가 나왔다. 500쪽 분량의 보고서에는 프랑스군이 대량학살이 준비되고 있음을 미리 알고 있었고 르완다군을 훈련시키는 등 대량학살 계획에 일조했으며 투치족은 물론 투치족을 숨겨 준 후투족까지 직접 살해하고, 투치족 여성들을 성폭행하는 등 학살에도 적극 개입했다는 내용 등이 담겨 있다. 이런 조사 결과를 토대로 "르완다 정부가 사안의 중대성을 감안해 대학살에 연루된 프랑스 정계와 군부 지도자들이 법정에서 자신들의 행위에 대해 해명해야 한다"고 결론 내렸다. 〈중략〉 하지만 프랑스 정부는 즉답을 피하고, 대학살 개입설에 대해 "정치적 실수가 있었다"는 표현을 썼을 뿐, 학살에 책임이 있다는 주장은 강력하게 부인해 왔다.

르완다와 프랑스 사이에서 대학살 개입 문제가 본격적으로 불거진 것은 2006년이다. 당시 프랑스 법원은 르완다 대학살의 도화선이 되었던 1994년 항공기 격추 사건의 책임을 물어, 투치족 출신 폴 카가메 현 대통령의 측근들에게 체포영장을 발부했다. 르완다 대학살의 책임을 카가메 진영에 돌린 셈이다. 이 때문에 양국은 외교 관계를 단절하는 등, 극한 상황까지 치달은 바 있다.

—한겨레신문, 2008. 8. 7

영화로 읽는 지역 분쟁

호텔 르완다 Hotel Rwanda
테리 조지 감독 / 2004 / 캐나다 / 121분

이 영화는 1994년 르완다 인구의 1/6에 달하는 100만 명 이상의 사상자를 냈던 참혹한 르완다 내전 속에서 1천 명 이상의 난민을 구했던 폴 루세사바지나의 실화를 영화화한 것이다. 그러나 이 영화에는 서구 제국주의의 시선과 종족 간의 편견이 그대로 녹아 있다. 영화는 르완다 사태의 뿌리가 되는 식민 분리주의를 간과한 채 '야만적 가해자-후투' 대 '문명적 피해자-투치' 그리고 '그들(투치)을 지켜 주는 외국인'이라는 식민 분리주의 도식을 반복한다.

줄거리 _ 1994년 르완다 수도 키갈리. 후투족 출신 대통령이 두 부족의 공존을 위해 평화 협정에 동의하면서 수십 년간 이어진 후투족과 투치족의 대립은 일단락되는 듯 했다. 평화 협정의 진행을 돕기 위해 UN군이 파견되었고, 수많은 외신 기자들이 이 역사적인 사건을 취재하기 위해 르완다로 몰려들었다. 르완다의 최고급 호텔 '밀 콜린스'의 호텔 지배인인 폴 루세사바지나는 평화 협정과 관련하여 밀려드는 취재 기자와 외교관들 때문에 바쁜 나날을 보내고 있다. 사랑 받는 가장이자 지배인으로서 행복한 삶을 살아가는 폴은 하루빨리 협정이 체결돼 르완다가 안정되기를 바란다. 그러나 르완다의 대통령이 암살당하면서, 르완다의 상황은 악화된다. 후투족 자치군은 대통령 살해의 책임을 빌미로 아이들까지 투치족을 닥치는 대로 살해하고, 온건파 후투족까지 곱지 않은 시선으로 바라본다. 위협을 느낀 폴은 투치족 아내와 가족들의 안전을 위해 호텔로 피신한다. 후투족의 살육을 피해서 수많은 투치족 피난민들도 호텔로 모여든다. 폴은 가족과 피난민들을 지켜 내기 위해 힘겨운 싸움을 시작한다.

Blood Phone / 2006. 7. 13 / EBS 지식채널 e / 5분

줄거리 _ 1998~2003년 아프리카 세계대전. 전쟁의 중심에 선 콩고민주공화국. 콩고의 'Black gold' 콜탄(Coltan)을 정련하면 나오는 '탈탄'은 휴대폰 부품의 중요 원료로 가격이 열 배 상승하였다. 반군이 위치한 곳에 매장되어 있는 콜탄. "군대를 유지하려면 돈이 필요했다. 돈벌이가 된 것은 콜탄이었다. 콜탄으로 한 달에 100만 달러씩 벌 수 있었다"(반군수장) 2003년 평화 협정 그러나 멈추지 않는 천연자원 전쟁. 불법 판매한 콜탄으로 불법 무기를 사들이는 반군. 다이아몬드 채굴권을 팔아서 전쟁 자금을 모으는 정부군. 그리고 300만 명의 사람들이 사라져 갔다.

16장 서아프리카
시에라리온의 다이아몬드 잔혹사

> 12월 24일 자정을 넘긴 시간. 단칸방 판잣집 한 구석에서 갓 태어난 살라마투 상코가 엄마 품에 안겨 곤히 잠들어 있다. 영국의 일간지 인디펜던트는 가난과 질병으로 찌든 아프리카 시에라리온의 빈민촌에서 갓 태어난 살라마투를 세상에서 가장 '불운한 아기' 라고 전했다.
>
> 살라마투가 태어난 시에라리온은 유엔이 매년 발표하는 인간개발지수가 항상 꼴찌다. 올해도 177개국 중 177위다. 어린이 4명 중 한 명은 5세가 되기 전 사망한다. 유아사망률이 세계 최고이다. 하늘이 도와 5살을 넘겨도 말라리아 예방접종 비용 3,000원이 없어 또 한 번 죽을 고비를 맞는다.
>
> — 서울신문, 2007. 12. 25
>
> 찰스 테일러 라이베리아 전 대통령(59)에 대한 전범 재판이 7일 네덜란드 헤이그에서 6개월 만에 재개되었다. 테일러는 지난 1991년부터 10년 동안 계속된 이웃 국가 시에라리온의 내전 기간 동안 5만 명 이상을 숨지게 한 반군 혁명연합전선(RUF)의 학살, 강간, 테러 등의 반인륜 범죄를 명령 혹은 교사한 혐의를 받고 있다. 테일러는 다이아몬드를 포함한 시에라리온의 풍부한 광물에 대한 채굴권을 대가로 RUF에 자금과 무기 등을 지원했다는 의혹을 받고 있다. 〈중략〉 테일러는 1989년 라이베리아에서 반란을 일으킨 뒤 유력 군벌로 부상했으며 1997년 대통령에 당선됐고 2003년 군사 쿠데타로 물러난 뒤 나이지리아에서 망명 생활을 해왔다.
>
> — 뉴시스, 2008. 1. 7

10년에 걸친 내전으로 20만 명 사망, 25만 명의 여성 유린, 7천 명의 소년병 양성, 4천 명의 사지 절단, 그리고 인구의 1/3인 200만 명이 난민으로 전락해 버린 서아프리카의 작은 나라 시에라리온의 내전은 20세기에 가장 잔혹했던 전쟁으로 알려져 있다. 다이아몬드와 보크사이트 등의 천연자원이 풍부하여 잠재력이 많은 이 나라가 왜 이렇게 잔혹했던 전쟁에 휩싸였으며, 왜 세계 최빈국의 나라에서 헤어나지 못하는 것일까?

지도로 읽는 지역 분쟁

서아프리카 지역의 분쟁

 주요 **인물**

포데이 산코(1937~2003)
Foday Sankoh

시에라리온 반군의 우두머리로, 1991년 반란을 일으켜 2000년에 체포되어 70여 개 전쟁범죄 혐의로 재판을 받던 중 지병으로 사망.

찰스 테일러(1948~)
Charles G.Taylor

1997~2003년 라이베리아 대통령. 라이베리아와 시에라리온 내전을 주도한 혐의로 전범 재판 중.

가진 것이 많아 가난한 땅

아프리카의 서부 기니만에 위치한 시에라리온의 정식명칭은 시에라리온공화국으로, 남서쪽은 기니 만에 면하고, 북쪽과 동쪽은 기니, 남동쪽은 라이베리아와 접한다. 시에라리온은 서양사에 유럽인들의 아프리카 약탈 기지로 등장한다. 시에라리온은 '사자(lion)의 산들' 이란 뜻을 지녔다. 1462년에 포르투갈인들이 처음 프리타운에 왔을 때 겪었던 폭풍우가 마치 사자의 울음소리 같았다는 데서 비롯되었다. 시에라리온은 영국에서 해방된 노예들이 만든 국가로, 1961년 영국에서 독립했다.

시에라리온의 면적은 7만 2천km², 인구는 644만 명(2009)이며, 인구 구성은 템네족이 30%, 멘데족이 30%, 기타 아프리카 민족 30%와 크리올(Creole, 유럽인과 현지인의 혼혈) 10%로 구성된다. 종교는 이슬람교 60%, 기독교 10%, 토착종교 30%를 차지하고 있다.

시에라리온은 평균 수명이 41세로 세계에서 가장 짧은 나라이며(세계보건통계, 2009), 산모사망률과 영유아사망률(1,000명당 269명)은 가장 높고, 인간개발지수(HDI)는 세계 최빈국이다. 하지만 다이아몬드와 보크사이트, 철광석 등 천연자원 매장량이 많아 잠재력은 풍부한 나라이다. 그러나 광물 수출에 따른 부가 몇몇 정부 관료들에 의해 독점되는 등 부패가 극심해 이 같은 잠재력을 제대로 활용하지 못하고 빈부격차가 심화되면서 국민들의 불만이 누적되었다. 독립 이후 40년이 채 안 되는 세월 동안 5차례의 군사 쿠데타를 겪으면서도 이 같은 부정부패의 고리가 끊기지 않자 1991년 포데이 산코가 이웃 라이베리아의 지원 아래 부정부패 일소를 주장하며 혁명연합전선(RUF, Revolutionary United Front)을 결성하고 정권 축출을 시도하면서 내전이 시작되었다.

1991년부터 2002년까지 20세기 들어 가장 잔혹했다고 일컬어지는 전쟁으로 20만 명이 넘게 숨졌다. 내전이 끝나고 국가 연합의 지원을 받는 정부가 재건에 힘쓰고 있음에도 불구하고, 여전히 세계 최빈국을 면치 못하고 있다.

해방노예들의 도시, 프리타운

시에라리온의 식민지 역사는 1787년 영국에서 이송되어 온 351명의 북아메리카 해방노예와 60명의 백인 여성들(런던의 매춘부)이 정주하면서 시작된다. 1792년에는 캐나다의 노바스코샤로부터 약 1,100명의 해방노예가 이주하여 그들의 거주지로 프리타운을 건설하였으며, 1850년까지 해방노예의 수는 약 7만 5000명에 이르게 되었다.

그런데 1896년 영국은 내륙 지방을 보호령으로 선언하고 가옥세를 부과하여 템네족과 멘데족의 반란이 일어났다. 그 당시까지 크리올인은 영국인과 마찬가지로 고급 관리·고급 군인·상인 계급으로 진출할 수 있었으나, 그 후로는 차별과 압박을 받았다. 그리하여 1920년대부터는 민족주의 운동이 일어났으며, 제2차 세계대전 후에는 노동조합을 중심으로 자주독립을 지향하는 움직임을 강화하였다.

1951년에는 내륙의 보호령 출신인 밀턴 마르가이가 프리타운과 보호령의 민족 통일을 목표로 하는 정당을 만들었다. 1961년 4월 27일 시에라리온은 영국으로부터 독립하여 밀턴 마르가이가 초대 총리가 되었고, 1964년 밀턴 마르가이의 사망으로 앨버트 마르가이가 후임 총리가 되었다. 시에라리온을 일당독재 국가로 만들려고 시도하였던 그는 부정부패와 노골적인 친멘데족 성향으로 비난을 받았다. 결국 앨버트 마르가이 정권에 저항하는 민중 봉기가 일어나면서 비상사태가 선포되었다.

이후 두 번의 군사 쿠데타를 겪었으며 1968년 시아카 스티븐스가 권력을 잡게 되었다. 그는 권력을 점차 강화하면서 폭력과 부정부패를 저지르며 독재자의 길을 걷기 시작했다. 1973년 4월에는 의회를 해산하고 전국 비상사태를 선언하여 5월에 총선거를 실시하였다. 그러나 야당인 인민당(SLPP, Sierra Leone People's Party)은 여당인 전인민사회당(APC, All Peoples Congress)의 방해로 선거운동을 할 수 없었으며, 모든 의석은 여당 전인민사회당이 독점하고 수장 의석도 모두 전인민사회당 지지자의 차지가 되었다. 1978년 6월의 새 헌법에는 전인민사회당을 유일한 합법 정당으로 인정함으로써 1당 지배가 확립되었다. 1986년 5월 총선에서는 스티븐스의 지지를 받은 대통령 조세프 사이두 모모가 대통령에 당선되었다.

20세기 시에라리온이 걸어 온 정치적 혼란의 발자취는 아프리카 개발도상국의 전형을 보여 준다. 시에라리온은 1961년 영국 식민지에서 독립한 뒤 초기에는 정치적으로 다당제를 도입하여 민주주의를 실험하는 듯했다. 그러나 두 차례의 군사 쿠데타를 겪은 후 1967년부터 20년 동안 전인민사회당의 시아카 스티븐스가 일당독재를 이끌었다. 1985년 스티븐스가 지명한 조세프 사이두 모모 장군이 권력을 이어받았다. 모모 장군은 집권 초기부터 경제난으로 흔들리다 1991년 포데이 산코가 반란을 일으키면서 위기를 맞았고 1994년 군부 쿠데타로 물러났다.

20세기 가장 잔혹했던 전쟁

시에라리온 내전은 1991년 포데이 산코를 지도자로 한 혁명연합전선(RUF)이 조세프 사이두 모모 정권에 반기를 들면서 비롯되었다. 모모 대통령과 측근들이 부패해 있었고 4만 명에 이르는 레바논 정착민과 소수의 세네갈인들이 다이아몬드 광산 채굴권과 무역, 상업 등 시에라리온 경제의 70~80%를 쥐고 있다는 점 등이 산코가 일으킨 반란의 명분이었다.

초기에 RUF는 부패한 모모 정권의 타도, 다당제 민주주의 회복, 다이아몬드 수입의 공평한 분배, 무상 교육과 무상 의료, 억압과 착취의 철폐를 약속함으로써 경제의 붕괴와 부패한 지배층에 분노하고 있던 시에라리온인들에게 대대적인 환영을 받았다. 그러나 산코는 다이아몬드를 라이베리아의 찰스 테일러로부터 무기 및 용병에 대한 댓가로 지불하고 자신의 축재에 이용했다. 그리하여 내전은 시간이 지날수록 다이아몬드 광산을 차지하려는 정부군과 반군의 싸움으로 전개되었다. 지하자원은 곧 전쟁 자금의 주요 공급원이다. RUF의 포데이 산코는 시에라리온 동부의 다이아몬드 광산들을 장악하여 이것을 자금원으로 무기를 사들여 세력을 넓혀갔다.

RUF 반군은 소년병의 강제 징집, 식량과 마약 등의 약탈, 지방 정부 요인 살해, 경제를 장악하고 있던 레바논인과 세네갈인의 처형 등을 자행하여 주민들에게 공포의 존재로 다가왔다. 그들은 가는 곳마다 마을을 불지르고 비전투원인 양민들을 공격해 죽이거나 도끼로 손목, 발목을 자르는 잔혹 행위*를 저질렀다. 국제구조위원회(IRC)의 한 보고서에 따르면 반군은 강간을 하나의 테러 전술로 일상화시켰다. 한 마을의 젊은 여자들이 다 도망갔을 경우, 60세가 넘는 여성조차 강간 피해자가 되었다.

1999년 1월 이들이 대대적인 공세를 펴면서 프리타운을 절반 이상 점령했을 때 많은 희생자가 났다. 반군은 거의 3주 동안 무차별적인 살육, 방화, 약탈, 강간, 그리고 도끼로

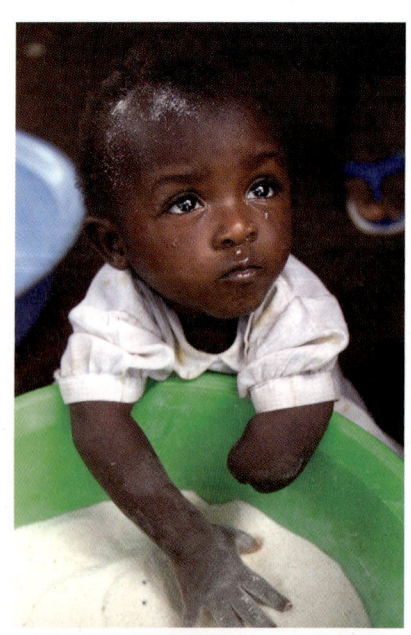

손목 절단
아프리카에서 사람의 손목을 도끼로 내리치는 끔찍한 행위는 벨기에가 식민지 콩고의 풍부한 자원을 수탈하면서 현지인들의 저항을 억누르려고 손목을 자르는 만행에서 비롯된 식민지적 유산의 일부이다.

시에라리온 내전의 희생자

시사상식 — 블러드 다이아몬드(Blood diamond)

지구촌이 '블러드 다이아몬드'에 주목한 것은 시에라리온 내전 당시로 거슬러 올라간다. 1991년 시작되어 2002년까지 지속된 시에라리온 내전 당시 반군조직 '혁명연합전선'은 반대 진영 주민들의 손목과 발목을 자르는 만행을 저질러 세계를 공포에 질리게 했다. 혁명연합전선은 내전 기간 동안 한 해 평균 약 1억 2500만 달러 상당의 다이아몬드를 생산해 냈고, 이를 돈줄 삼아 갈등을 증폭시켜 나갔다.

하지만 유엔 차원의 첫 제재 대상은 시에라리온이 아닌 앙골라였다. 1961년 시작된 앙골라 내전은 2002년 막을 내릴 때까지 50만여 명이 목숨을 잃었다. 당시 유니타 반군 진영은 앙골라 다이아몬드 생산량의 60~70%를 장악했고, 이를 통해 확보한 자금으로 무장 투쟁을 지속했다. 이에 따라 유엔은 1998년 앙골라산 다이아몬드에 대한 금수 조치를 내렸다. 유엔의 자료를 보면, 1990년대 전 세계에서 생산된 다이아몬드의 15% 가량이 무장 갈등의 뒷돈으로 사용되었다.

라이베리아의 경우 1989년 시작된 내전 사태가 2003년 막을 내릴 때까지 적어도 20만 명이 목숨을 잃었고, 100만 명 이상의 난민이 발생했다. 내전 와중이던 1997년 대통령에 오른 군벌 출신 찰스 테일러는 '블러드 다이아몬드'를 통해 확보한 자금을 바탕으로 자국 내는 물론 시에라리온 반군 진영에까지 무기와 군사훈련 등 지원을 아끼지 않았다.

'블러드 다이아몬드'의 폐해는 다이아몬드 채굴을 위한 강제 노역과 어린이 노동을 포함한 각종 인권유린, 무분별한 광산 개발에 따른 환경 파괴 등 숱한 문제를 가져왔다. 이에 따라 2000년 12월 1일 열린 유엔 총회는 분쟁을 유발하는 다이아몬드의 폐해를 지적하고, 무장 갈등과 다이아몬드 원석 불법 유통의 연계 고리를 끊는 것이 무력 분쟁 예방을 위해 중요하다고 지적하는 내용의 결의안을 만장일치로 채택하기에 이른다. 당시 결의안에서 유엔은 '블러드 다이아몬드'를 "합법적이고 국제적으로 인정받은 정부에 대항한 무장세력이 통제하는 지역에서 생산된 것으로, 유엔 안보리의 결정이나 합법 정부에 맞서기 위한 무장 활동의 자금원으로 활용되는 것"으로 규정했다. 하지만 국제 인권단체를 중심으로 "가중 인권유린이 자행되는 광산에서 채굴된 다이아몬드에 대해서도 '핏빛'으로 규정해야 한다"는 비판이 끊이지 않았다.

'블러드 다이아몬드'에 대한 여론의 비난이 거세지면서, 다국적 다이아몬드 업계 중심의 '자정 노력'도 시작되었다. 2000년 5월 남아프리카공화국 킴벌리에서 열린 '킴벌리 프로세스 인증제도(이하 킴벌리 프로세스)'가 그것이다. 2003년 1월 공식 발효된 킴벌리 프로세스는 블러드 다이아몬드가 국제시장으로 진입하는 것을 차단하기 위해 다이아몬드 원산지를 추적할 수 있도록 하는 게 뼈대이다. 현재 킴벌리 프로세스의 공식 참여국은 우리나라를 포함해 모두 44개국에 이른다.

하지만 킴벌리 프로세스는 인권유린과 어린이 노동, 국가 폭력, 환경 파괴, 강제 노역 등의 문제를 풀지 못하고 있으며, '블러드 다이아몬드' 유통은 전혀 줄어들지 않고 있다. 내전이 계속되고 있는 코트디부아르에선 지금도 반군 진영의 지역에서 노예 노동을 통해 한 해 30만 캐럿(1캐럿=200mg) 이상의 다이아몬드가 생산되고 있다. 이 다이아몬드들은 가나·말리 등 킴벌리 프로세스에 동참하고 있는 이웃 나라로 옮겨져 '원산지 세탁' 과정을 거친 뒤 국제시장으로 유입되고 있다. 서부 아프리카 5개 다이아몬드 생산국에선 150만여 명이 다이아몬드 채굴 작업에 동원되지만, 이들 절대다수가 하루 1달러도 벌지 못하는 절대 빈곤 인구라는 통계도 있다.

－한겨레 21, '핏빛 다이아몬드 진실이 우는 땅' 2007. 5. 11

손목을 자르는 만행을 저질렀다. 국제적인 인권감시기구인 'Human Right Watch'가 펴낸 한 보고서는 손목 절단을 "시에라리온 8년 내전에서 가장 잔혹하고 집중적인 인권침해 행위"라고 기록하고 있다. 서부 아프리카의 작은 나라 내전이 전 세계의 눈길을 끈 것도 그때의 잔혹상이 언론보도로 널리 알려졌기 때문이다.

1991년 이래 8년을 끌어온 시에라리온 내전은 1991년 로메 평화협정으로 새로운 국면을 맞았다. 미 클린턴 행정부까지 적극 개입한 이 평화 협정으로 시에라리온 정부와 RUF 반군 양측은 싸움을 그쳤다. 양측은 임시 연립 정부를 구성하고 2년 뒤인 2001년에 총선과 대선을 치르기로 합의했다. 그때까지 RUF를 상대로 싸워온 것은 허약한 정부군이 아니라 서아프리카경제공동체에서 나이지리아를 중심으로 구성된 서아프리카 평화유지군(ECOMOG, Economic Community of West African States)이었다.

평화 협정에 따라 1999년 10월 유엔은 유엔 시에라리온사무소(UNAMSIL)를 창설, 평화유지군을 파병했다. RUF의 반군 지도자 포데이 산코는 그동안 저질렀던 전쟁범죄 행위에 대해 포괄적인 백지 사면을 받고 부통령에 준하는 예우를 받게 되었다. 그는 각

 70여 개 전쟁범죄 혐의로 재판 중인 '학살자'

포데이 산코는 시에라리온 동부 밀림 지대에서 혁명연합전선(RUF)의 깃발 아래 반란을 일으킨 지 10년 만인 2000년 체포되어 현재 전쟁범죄자로 재판을 받고 있다. 그는 세르비아의 밀로셰비치만큼 평가가 극단적으로 엇갈리는 인물이다. 내전의 희생자들과 그 가족들은 그를 '학살자'로 부른다. 많은 시민들 사이에서 그는 공포와 기피의 대상이다. 그러나 현 대통령인 티잔 카바 체제의 무기력과 부패에 염증을 느낀 사람들 그리고 무엇보다 평화와 안정을 바라는 사람들 중 일부는 한때 포데이 산코가 대권을 쥐는 게 오히려 낫다고 여겼다.

그는 1932년생으로 올해 71세. 시에라리온 대통령인 티잔 카바와 동갑이다. 두 명의 아내 사이에 12명의 자식을 두었다. 가난한 농부의 아들로 태어난 그는 학교 교육을 제대로 받지 못하고 어릴 때부터 프리타운 외곽 지역의 한 자동차 정비소에서 일했다. 영국 식민지 시절인 1956년 24세 때 군에 입대했고 상병이 된 후 영국으로 가서 사진을 배웠다. 1961년 시에라리온이 독립하자 국영 TV에서 일했다. 1969년 군 반란을 취재하러 갔다가 반군 편에 참여했지만 쿠데타가 실패하는 바람에 체포되어 5년을 감옥에서 보냈다. 감옥에서의 독서를 통해 그는 정치와 혁명에 눈을 떴다. 석방된 후 카메라를 메고 동부 밀림으로 들어가 반정부 투쟁 조직을 결성했다. 그가 반군인 RUF를 결성할 때 리비아 대통령 카다피의 후원을 받았다.

1991년 반란을 일으킨 그는 1999년 로메 평화 협정으로 전쟁범죄를 사면받고 '부통령' 예우를 받으며 프리타운으로 금의환향했다. 하지만 2000년 5월 무장해제를 거부하는 RUF 반군들이 국제 연합 평화유지군 소속 병사들을 죽이고 인질로 잡는 사건, 프리타운 자택 앞에서 대규모 데모대를 향해 발포한 사건 등이 잇따라 터진 뒤 체포됐다.

그는 현재 50명의 전 RUF 반군 간부들과 함께 무려 70개에 이르는 '전쟁범죄' 혐의로 재판을 받고 있다. 그가 체포되기 전인 2000년 4월 23일 단독 인터뷰에서 "반군들이 비전투원인 민간인들의 손목을 도끼나 칼로 내리쳐 자른 잔혹행위에 대한 책임을 통감하느냐"고 묻자 그는 "전쟁이란 때로 통제하기 어려운 일이 생기는 법"이라며 전쟁범죄 혐의를 강력히 부인했다.

—신동아, '세계의 갈등 지도(8) – 서아프리카 시에라리온'

료 4명의 임명권까지 손에 쥐었다. 하지만 평화 협정 후 반군의 무기 반납은 지지부진했다. 그리고 시에라리온 경제의 핵인 다이아몬드 광맥을 포함한 국토의 절반 가량은 여전히 반군들의 통제 아래 놓여 있었다. 시에라리온 유엔 평화유지군조차 그곳에 제대로 발을 들여놓지 못했다.

2000년 5월 1일 프리타운에서 북동쪽으로 140km 떨어진 마그라카 지역에서 포데이 산코 휘하의 RUF 반군이 투항한 RUF 병사 10명이 반납한 무기를 도로 내놓으라며 국제 연합 평화유지군 소속 인도군 소령을 포함한 3명을 체포하는 사건이 일어났다. 이틀 후 4명의 케냐 병사가 피살되었

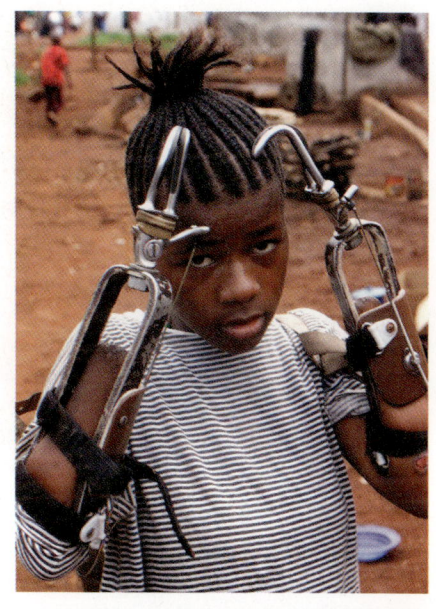

RUF 반군에 의해 손을 잘린 피해자

고, 500명의 잠비아군이 RUF에 의해 무장해제당한 채 포로로 잡히는 사건이 이어졌다. 이런 상황에서 영국은 800명의 특수부대 병력과 해군함정을 프리타운에 파병했다. 5월 8일 프리타운 시민들이 RUF 반군의 잇단 무력 도발에 항의하는 데모를 벌였고, 이에 포데이 산코의 경호원들이 데모대에 총격을 가했다. 9명의 사망자가 생겨났고, RUF의 라이벌 무장세력이자 정부군 출신들로 구성된 혁명평의회군(AFRC)은 산코의 집을 급습했다. 1주일 후 이들은 포데이 산코를 붙잡았다.

산코가 극적으로 체포됨에 따라 로메 평화 협정은 사실상 백지화되었다. 반군 지도자 산코는 재판을 기다리다가 2003년 감옥에서 뇌출혈로 사망했다. 2002년 5월 선거에서 집권당 시에라리온인민당이 압승하여 티잔 카바 대통령이 다시 집권했고 시에라리온에는 조금씩 평화가 찾아들고 있다. 2005년 12월 국제 연합 평화유지군은 시에라리온에서 공식적으로 철수했다. 2007년 6월에는 네델란드 헤이그에서 내전 당시 RUF 반군에게 무기와 군수품을 제공하고 다이아몬드를 취득한 혐의로 기소된 라이베리아 전 대통령 찰스 테일러에 대한 전범 재판이 시작되었다.

시에라리온 내전은 아프리카 내전의 일반적 양상인 종족 사이의 갈등과 별로 관계가 없다. RUF 안에도 여러 부족의 전사들이 뒤섞인 채 카바 정권에 맞섰다. 시에라리온에는 북부 지역의 템네스 부족과 남부·동부 지역의 멘데스 부족, 수도 프리타운을 중심

으로 한 크리오 부족이 주를 이루고 있다. 영국 식민주의 세력은 이들 부족 간의 갈등을 적절히 활용해 왔다. 하지만 10년 내전을 치르면서 예전의 부족 갈등은 희석되었고 단순히 'RUF 반군 편이냐', '아니냐'로만 갈렸다.

2005년 국제통화기금(IMF)의 실태 조사 보고서에 의하면 시에라리온 국민의 26%인 150만 명 가량이 굶주릴 정도의 빈곤을 겪고 있으며, 전반적인 빈곤층은 70%에 이른다. 높은 실업률과 낮은 교육수혜율이 내전 당시 반군 모집을 쉽게 한 요인이라면 전쟁의 근본 원인들이 아직도 해결되지 않은 셈이다. 7년 전에 참혹한 내전은 끝났지만 시에라리온은 지금도 먹을 것, 입을 것, 살 곳 같은 기본적인 생존 수단을 걸고 계속 싸우는 전쟁터이다. 이러한 빈곤의 해결 없이 진정한 평화는 멀기만 하다.

시사상식 블러드 초콜릿(blood chocolate)

아프리카 내전의 자금줄이 다이아몬드와 통나무에서 '핏빛 초콜릿(blood chocolate)'으로 바뀌었다. 국토를 정부와 반군이 나누고 있는 코트디부아르에서 초콜릿의 원료인 카카오가 양측의 전쟁 자금원으로 이용되고 있다고 미국 일간지 크리스천 사이언스모니터가 국제인권단체인 '글로벌 위트니스'의 보고서를 인용해 보도했다.
내전으로 수십만 명이 사망한 서부 아프리카의 시에라리온, 라이베리아, 코트디부아르 등 3국은 다이아몬드, 카카오, 목재, 상아, 석유 등 풍부한 자원으로 유명하다. 그러나 자원들이 국가 경제의 동력이 되기보다는 국민을 죽음의 구렁텅이로 내몬 내전 자금으로 악용되어 비난의 대상이 되었다. 〈중략〉
글로벌 위트니스가 최근 코트디부아르와 반군 모두 카카오 수출로 전쟁 자금을 충당했고, 지금도 중요한 재정 자원으로 활용하고 있다는 보고서를 공개했다. 코트디부아르 정부와 반군이 2004년 이후 카카오로 거둔 세수는 각각 5800만 달러와 3000만 달러에 달했다. 전 세계 카카오 생산량의 약 40%를 차지하는 코트디부아르는 지난해 카카오 수출로 10억 달러를 벌어들였다. 카카오 생산 과정에서의 인권유린도 비판의 대상이다. 국제노동기구(ILO)는 12~14세의 어린이 28만여 명이 카카오 농장에서 인신매매와 혹사, 강제 노동에 시달리고 있다고 지적했다.
코트디부아르 야당은 정부와 반군이 카카오뿐 아니라 커피와 목화, 원유 등을 통해서도 자금을 끌어내고 있다고 주장하고 있다. 그러나 다이아몬드처럼 카카오 제재 조치에 따른 부작용도 지적된다. 지역전문가인 대니얼 배린트 쿠르티스는 "카카오 생산 근로자 300만~400만 명이 일자리를 잃을 수 있다"고 경고했다.　　　　　　　　　　　　　　　　　　　　　　　　　　　-한국일보 2007. 7. 17

영화로 읽는 지역 분쟁

블러드 다이아몬드 Blood Diamond
에드워드 즈윅 감독 / 2007 / 미국 / 142분

'블러드 다이아몬드(피의 다이아몬드)'는 아프리카 내전 지역에서 채굴되어 불법적으로 거래되는 미가공 다이아몬드를 가리킨다. 다이아몬드 생산을 위한 대가는 대개 이 지역의 아이들과 젊은이들이 치르고 있다. 시에라리온에서는 1990년대 10년간 내전을 치르면서 1,200명의 어린이들이 다이아몬드를 캐는 광부로 일했다.

이 영화는 '내전과 소년병, 난민과 용병, 그리고 무기 밀매와 다이아몬드'까지. 아프리카 내전의 모든 '극적' 요소를 고스란히 담고 있다. 희귀한 다이아몬드를 손에 넣으려는 노회한 용병과 소년병으로 끌려간 아들을 탈출시키려는 안타까운 부정이 어우러진 이 영화의 무대는 1999년 당시 내전이 불을 뿜던 시에라리온이다. 이 영화는 다이아몬드 산업의 냉정하고 잔혹한 역사를 되돌아보게 한다. 세계적인 다이아몬드 회사들은 영화로 인해 이미지 손상은 물론 판매에도 타격을 입지 않을까 전전긍긍했다고 한다.

줄거리 _ 무기 구입을 위해 밀수 거래를 일삼던 용병 대니 아처(레오나르도 디카프리오)는 다이아몬드 광산에서 강제 노역을 하던 솔로몬(디몬 하운수)이 유래 없이 크고 희귀한 다이아몬드를 발견해 숨기고 있다는 사실을 알게 된다. 아처는 그 다이아몬드가 일생일대의 발견이라는 것과 폭력과 난동이 난무하는 아프리카에서 벗어날 기회를 줄 것임을 알고 다이아몬드를 손에 넣기 위해 그에게 접근한다. 하지만 이 다이아몬드는 솔로몬에게 소년병으로 끌려간 아들을 구하기 위한 목숨보다 소중한 것! 다이아몬드를 숨긴 사실이 발각될 즉시 사살 당할 것을 알았지만 솔로몬은 이를 은폐한다. 매디 보웬(제니퍼 코넬리)은 시에라리온에서 폭리를 취하는 다이아몬드 산업의 부패를 폭로하면서 분쟁 다이아몬드 이면에 숨겨진 진실을 밝히려고 하는 이상주의적 열혈 기자 매디는 정보를 얻기 위해 아처를 찾지만 이내 그가 자신을 더 필요로 한다는 것을 알게 된다. 결국 아처는 매디의 도움으로 솔로몬과 함께 반란 세력의 영토를 통과하기로 결정한다. 아처는 죽음이 도사리고 있는 아프리카를 벗어나기 위해, 솔로몬은 가족을 위해, 매디는 진실을 위해 그들의 운명을 건 위험한 모험이 시작된다.

아메리카의 분쟁

멕시코 사파티스타 봉기
콜롬비아 반세기에 걸친 내전의 나라

중남미에서 제국주의의 식민 통치가 막을 내린 이후 명성을 떨치던 혁명가들이 존재하던 때가 있었다. 그러나 중남미는 미국의 뒷마당이라는 불명예와 더불어 신자유주의의 열풍이 몰아치며 찬란한 고대 문명과 화려한 역사를 뒤로 한 채 극심한 양극화와 정치적 혼란에 시달려 왔다. 독재 정권이 이어지면서 불안정한 정부는 빈번하게 몰락하는 아픔을 겪었다. 특히 이 지역의 멕시코, 아이티, 콜롬비아 등은 2008년 영국 언론이 선정한 세계에서 가장 위험한 곳의 리스트에 올랐다.

식민지에서 최초로 독립한 흑인 공화국이나 서반구의 가장 가난한 나라인 아이티에서는 연이은 쿠데타와 혼란, 정치적 분쟁으로 현재 국제 연합 평화유지군이 파견되어 활동 중이다. 커피 생산지로 유명한 콜롬비아는 납치와 마약의 천국이라 불리며, 정부와 우익 무장세력과 좌익 반정부 무장세력 간의 치열한 내전이 반세기를 넘기고 있다. 멕시코에서는 차별받고 억압받았던 원주민의 권리를 보호하고, 신자유주의적 세계화에 반대하는 사파티스타 운동이 진행중이다.

시사상식 — 중남미 통합의 꿈

지난 10년간 중남미 주요 11개국에서 집권에 성공한 진보 정부들이 통합의 꿈을 되살리고 있다. 2008년 12월 라틴아메리카 카리브 정상회의에서 중남미 33개국의 정상들은 2010년에 친미 우파 콜롬비아에서 공산주의 쿠바까지 모두 참가하는 중남미 통합기구를 창설하기로 합의했다. 폐막 연설에서 룰라 브라질 대통령은 "드디어 중남미 국가들이 힘을 모았다. 이제 그 누구에게도 굽실거릴 필요가 없다"고 선언했다. 200년 전 스페인과 포르투갈로부터 독립한 라틴아메리카가 제2의 독립을 선언한 셈이다.

19세기에는 독립 영웅 시몬 볼리바르가 유럽과 미국의 팽창주의에 맞서 라틴아메리카 연방공화국을 세우려고 했다. 20세기에는 쿠바 혁명 지도자 체 게바라가 미국의 제국주의와 독재 정권을 몰아내고 사회주의의 이상을 실현하고자 했다. 21세기 초에 집권한 중남미 좌파들은 두 가지 목표를 내걸고 통합 운동을 전개해 왔다. 중남미 대륙을 '신자유주의의 실험실'로 전락시킨 미국과 국제금융기구로부터 경제적 주권을 되찾고, 미국의 뒷마당으로 변해 버린 중남미의 정치적 시민권을 회복하고자 했다. 과연 이들은 하나의 라틴아메리카로 가는 길에 놓인 많은 장애물들을 극복하고 통합의 꿈을 이룰 수 있을까?

— 경향신문, 2009. 9. 10

17장 멕시코 사파티스타 봉기

2001년 3월 12일, 사파티스타 대장정의 무리가 멕시코시티 심장 한 가운데 서게 될 것이고 그 순간 진실된 시간의 새로운 역사가 시작될 것이다. 마르코스 부사령관을 비롯한 사파티스타 지도자들은 오직 한가지 목적, 원주민의 권리를 법제화하기 위해 이 대장정을 조직하고 실행하였다. 23명의 사령관과 1명의 부사령관으로 구성된 사파티스타 지도자들은 멕시코시티에 머무는 동안 멕시코 의회와 대화를 하게 될 것이다. 사파티스타들은 지난 15일 동안 멕시코 내 많은 주를 거쳐 이곳 멕시코시티의 심장 한 가운데 헌법광장에서 그 대장정의 클라이막스를 장식하게 될 것이다. 헌법광장에는 수만 명이 운집하여 대장정의 마지막 정점을 기다리고 있다.
— BBC MUNDO, 2001. 3. 12

멕시코 좌파 반군 사파티스타의 지도자 마르코스와 조직원들이 1일부터 6개월간 멕시코 전국 31개 주를 도는 대장정을 시작했다. 이번 행진은 오는 7월 2일 대통령 선거를 앞두고 멕시코 내 좌파 세력의 대단합을 꾀하기 위한 것이다. 마르코스와 사파티스타 조직원들이 은둔지인 멕시코 남부 정글에서 나와 평화적인 전국 투어를 갖기는 지난 2001년 3월 이후 약 5년 만이다.
— 문화일보, 2006. 1. 2.

1994년 1월 1일 멕시코 남동부 끝자락 치아파스 주에서 무장 봉기가 일어났다. 무장 봉기를 주도한 사파티스타 민족해방군은 거점 도시인 산크리스토발 데 라스 카사스(San Cristobal de Las Casas)를 점령했고, 이 외에도 치아파스 주 내 여섯 개 도시를 순식간에 장악하였다. 정부는 즉각적으로 전투 병력을 파견하였고 이로써 멕시코는 분쟁국으로 분류된다. 20세기 초 약 10여 년에 걸친 멕시코 혁명 기간에 토지와 자유를 이념으로 내걸었던 남부해방군의 사령관 에밀리아노 사파타의 사상을 계승한다는 의미의 '사파티스타'들, 그들은 왜 혁명 이후 반세기가 훨씬 지난 1994년에 멕시코 국토 남동쪽 가장 끝자락인 치아파스에서 무기를 들고 봉기한 것일까? 그들이 요구하는 것은 무엇인가? 그들의 봉기는 과거 멕시코 혁명과 어떻게 다르며, 21세기에 멕시코 사회와 나아가 세계에서 어떤 의미를 가질까?

지도로 읽는 지역 분쟁

멕시코의 원주민 거주지와 반정부 운동 소재지

 주요 인물

에밀리아노 사파타(1879~1919)
Emiliano Zapata
멕시코 혁명의 지도자로 남부해방군을 조직하여 '아시엔다(Hacienda)의 파괴'와 '이상향적 촌락 공동체의 완성'을 혁명의 기치로 내검.

마르코스(1957~)
Marcos
북미자유무역 협정이 발효된 1994년 1월 1일 멕시코 치아파스에서 봉기한 사파티스타 민족해방군(EZLN)의 최고 지도자.

멕시코의 가장 가난한 주 치아파스

치아파스(Chiapas) 주는 멕시코의 남동부 끝자락에 위치하여 동쪽은 과테말라와 국경을 접하고 남쪽은 태평양에 접해 있다. 전체 면적은 73,289km²(멕시코 전체 면적의 3.2%), 멕시코시티를 포함한 32개 주 중에서 8번째로 큰 면적을 차지하고 있다. 서쪽은 비옥한 태평양 저지대, 중부는 치아파스 고원 지대, 그리고 동부로는 사파티스타 민족해방군(EZLN)의 본거지가 되고 있는 라칸돈 정글이 펼쳐진다. 멕시코시티로부터 남동쪽으로 약 1,000km 정도 떨어져 있으며 2008년 현재 전체 인구는 429만 명(멕시코 전체 인구의 4.2%)이다.

치아파스는 멕시코에서 가장 가난한 주에 속하고 가장 가난한 도시 100개 중 10개가 존재하는 지역이다. 구체적으로 2008년 현재 치아파스 전체 인구의 47%가 기아빈곤, 75%가 빈곤층에 속하며, 문맹율이 21.3%로 전국에서 가장 높다. 평균 학령은 6.1년으로 전체 학령 인구의 8%만이 고등학교를 마치는 것으로 나타나고 있다. 전체 인구의 36%가 원주민 언어를 사용하고, 2000년 현재 멕시코 전국 기준으로 16%가 1차산업에 종사하는 반면, 치아파스에서는 48%가 1차산업에 종사하고 있다.

그러나 정말 중요한 사실은 치아파스의 현실이 공식 통계로 나타나는 것보다 훨씬 더 열악하다는 점이다. 치아파스에서 주로 생산되는 농작물은 커피, 바나나, 카카오,

사파티스타 민족해방군(EZLN)

EZLN의 자치 마을에 있는 벽화_옥수수로 형상화 된 스키마스크를 쓴 전사와 사파타를 따르는 무리들이라는 뜻의 사파티스타라는 이름의 기원인 '에밀리아노 사파타'의 모습(사진 임수진)

사파티스타 민족해방군을 뜻하는 EZLN은 스페인어 'Ejercito Zapatista de Liberacion Nacional'를 딴 이름이다. 3,000명 이상으로 이루어진 정치 군사조직이며 게릴라 형태로 활동하고 있다. 검정 바탕에 다섯 개의 극이 있는 붉은 별이 새겨진 깃발을 사용하며 총 23명의 사령관과 1명의 부사령관으로 지도부가 구성된다. 1970년대 말 좌익 세력으로서 막시즘 성향을 띤 멕시코 북부의 농민지도자 세력과 학생들 중심의 〈인민 정치〉 운동에 소속된 여단의 소수 인원이 치아파스에 파견되었다. 이들은 라칸돈 정글 지대의 농민과 원주민들을 조직하기 시작했다. 사파티스타의 대표 목소리를 자임하는 마르코스가 1983년에 라칸돈 정글로 들어왔고 원주민들과 함께 대농장에 반대하는 투쟁들을 조직해 나갔다. 바로 이 시점이 EZLN 형성의 모태가 된다.

검은색과 붉은색으로 그려진 EZLN의 이미지

옥수수 등이지만 취약한 국제 경쟁력과 거대 농산물 기업의 횡포로 인해 치아파스 주민들은 가난에서 벗어나지 못하고 있다. 결국 치아파스는 지리적으로도 사회·경제적으로도 멕시코 전역에서 가장 소외된 지역으로 조사되고 있다.

"이제, 그만!"이라는 외침과 함께 시작된 혁명

1994년 1월 1일, 멕시코 정부가 1980년대 부터 시도해 온 신자유주의 경제정책의 정점이라 할 수 있는 북미자유무역협정(NAFTA)*의 효력이 개시되던 날, 멕시코시티로부터 1,000km 정도 떨어진 치아파스에서는 사파티스타 민족해방군이란 이름으로 봉기한 3천 명의 무장세력들이 치아파스 주 정부가 있던 산크리스토발 데 라스 카사스를 비롯하여 7개 도시를 점령하였다. 원주민들과 농민들로 구성된 이들이 선전포고문 형태로 발표한 〈제1차 라칸돈 정글 선언문〉의 첫 구절은 "우리는 오늘 이제, 그만 이라고 외친다(Hoy decimos Basta!)"로 시작된다. 여기에서 이들이 외친 '이제, 그만'의 의미는 무엇일까? 무엇을 그만 두자는 것일까?

이들이 '이제 그만'이라 외치며 목숨을 바쳐 멈추고자 했던 것들 중 가장 절실했던 것은 지난 500년 동안 지속되어 온 원주민과 농민에 대한 억압이었다. 500년이 흐르는 동안 멕시코의 독립과 혁명에도 불구하고 원주민들과 농민들은 여전히 가장 가난하고 소외된 사람들이었다. 이들은 그 악순환의 고리를 끊고자 민중주권, 민중권력의 회복을 요구하였다. 또한 멕시코 혁명 헌법 제39조, '모든 민중의 주권과 권리는 본래적이고 원칙적으로 민중으로부터 나온다'라는 사실을 라칸돈 정글 선언문에 명시하면서 토지 접근, 의료 혜택, 교육, 자유, 민주주의, 원주민 문화 존중, 원주민 주거지의 자연환경 보존 등을 정부에 요구하였다. 이와 동시에 세계 각국에 산재한 국제 기구들에게도 즉각적인 지지와 지원을 요청하였다.

사파티스타 민족해방군은 봉기 첫날에 주청사를 포함하여 치아파스 내 일곱 개 도시를 장악하였지만 24시간이 채 지나기도 전에 출동한 정부군과 충돌하면서 150명 가까운 사망자를 내고 밀림으로 후퇴하여 게릴라전 양상을 띠게 된다. 1994년 새해 벽두에 사파티스다 민족해방군이 치아파스 내 7개 도시를 점령하였을 때, 이들이 가지고 있던 무기들은 마체테(machete)*와 목총이 대부분이었다. 군대 규모 3,000명 중에는 아이를 업고 목총을 든 여인들도 다수 포함되어 최신 화기로 무장하고 정규 훈련을 받아 온 정부군과 출동하면서 다시 밀림 속으로 숨어들 수밖에 없었지만, 그것으로 끝은 아니

북미자유무역협정
지리적으로 북아메리카에 위치하는 미국, 캐나다, 멕시코 3국이 관세와 무역 장벽을 폐지하고 자유무역권을 형성하기 위해 서명한 협정으로 1994년 1월 1일에 효력이 개시되었다. 유럽공동체를 능가하는 경제권으로 협정 발표 이후 15년 내 해당 국가의 모든 농산물 교역을 완전 자유화한다는 내용을 담고 있다.

마체테
허리에 차는 긴 칼, 한국의 낫과 같이 농촌지역 남성들이 늘 소지하고 다니며 어디에서건 유용하게 쓰인다

었다.

사파티스타들은 기존의 무기들과는 전혀 다른 형태의 무기가 있었다. 그것은 사파티스타 민족해방군의 대표 지도자이면서 부사령관인 마르코스의 현란한 수사가 섞인 명문장과 이를 전 세계로 실어 나르는 인터넷이었다. 인터넷을 통해 라칸돈 정글에서 쏟아져 나온 소식을 접한 세계 각국의 시민사회단체들이 사파티스타 민족해방군에 대한 지지와 무장군인을 파견한 멕시코 정부에 대한 비판을 쏟아냈다. 또한 멕시코시티의 헌법광장에 연일 수만 명의 스키마스크를 쓴 시민들이 모여 사파티스타에 대한 지지와 함께 스키마스크에 가려진, 얼굴 없는 지도자 마르코스를 자처하며 정부의 군사 행동을 비판하고 조롱했다. 1994년 1월 6일 당시 멕시코 살리나스 대통령은 무기를 버리고 항복하는 반군에 선처를 약속하며 회유하지만, EZLN은 이를 받아들이지 않았고 결국 1월 12일 멕시코 정부는 국내외 비판과 압력에 밀려 휴전을 선언하고 정부 측 협상 대표단을 치아파스에 파견하였다. 2월 21일부터 3월 1일까지 해방신학의 대부로 알려진 사무엘 루이스의 중재로 양측 간에 대화가 진행되었다. 그러나 양측이 큰 합의 사항을 끌어내지는 못하였고 장기전에 돌입하게 된다.

봉기 이후 지속적으로 국내외 각 시민단체들과 소통하던 EZLN은 1994년 6월에 "우리는 굴복하지 않을 것이다(No nos rendirémos!)"라는 문장으로 시작되는 〈제2차 라칸돈 정글 선언문〉을 발표하게 된다. 이 선언문을 통해 EZLN은 국내외 시민사회의 힘을 결집시키고 헌법 제39조에 명시된 민중의 정치적 자율성을 구체적으로 실현시켜 나가기 위해 민족민주회의(CND, Convenio Nacional Demócrata)를 구성할 것을 발표하였다. 실질적으로 8월 5일부터 9일까지 국내외 시민사회 운동가들이 참여한 민족민주회의가 치아파스에서 개최되었고 100명의 공동대표가 선출되었다. 전국적으로 약 7천 명이 참여하였고 외국에서도 수백 명이 참관인과 언론인으로 참여하였다.

사파티스타의 원주민 여성들

1995년 1월 1일 사파티스타 혁명 1주년을 기념하여 치아파스 라칸돈 정글로부터 다시 〈제3차 라칸돈 정글 선언문〉이 세상으로 나왔다. "내 조국이여 만세, 우리는 그 동안 불행했고 세상의 행운은 우리를 비껴갔지만, 우리는 죽지 않았다. 그리고 앞으로도 영원히 죽지 않을 것이다"라는 문장으로 시작하고 "내 조국이여 만세, 민주주의여 만세, 자유여 만세, 정의여 만세"라는 외침으로 끝을 맺는 선언문을 통해 자신들의 존재를 천명하였다. 또한 1994년에 있었던 대통령 부정선거를 강력하게 비판하고, EZLN의 방향을 묻는 전국적 국민투표를 제안하고 이끌어 냈다. 8월 27일에 전국에서 110만 명이 참여하는 국민투표가 진행되었고 참가 시민 대다수가 EZLN이 무장 투쟁을 포기하고 정치 세력화 하기를 원한다는 결과가 나왔다. 이에 1996년 1월에 EZLN은 "우리가 여기 있다, 존엄한 저항자 우리가 여기 있다. 조국의 잃어버린 심장, 우리가 여기 있다"로 시작되는 〈제4차 라칸돈 정글 선언문〉을 발표하면서 국민투표 결과를 존중하여 무장 세력화를 포기하고 시민정치 세력화 할 것을 천명하였다. 같은 해 7월 27일부터 8월 3일까지 라칸돈 정글 다섯 곳에 산재된 EZLN 총사령부에서 '인류를 위하고 신자유주의에 반대하는 1차 대륙 간 회의'가 개최되었다. 당시 전 세계 42개국에서 4천 명이 참여함으로써 EZLN은 국제적 네트워크를 한층 강화시킬 수 있었다.

이후 1998년 7월에 "오늘 우리는 말한다, 우리는 오늘 여기에 있고 여전히 저항한다"라는 문장으로 시작되는 〈제5차 라칸돈 정글 선언문〉이 나왔고 한참의 시간이 흐른 2005년 6월에는 '우리는 어디에서 왔는가?', '우리는 어디에 있는가?', '우리는 이 세상을 어떻게 바라보는가?', '우리는 멕시코를 어떻게 바라보는가?', '우리는 무엇을 원하는가?' 그리고 '어떻게 할 것인가?'라는 총 여섯 개의 질문과 답으로 구성된 종합적인 성격의 〈제6차 라칸돈 정글 선언문〉이 발표된다.

1994년 1월 1일 정글에서 나와 일곱 개의 도시를 점령했을 때부터 제6차 라칸돈 정글 선언이 나올 때까지 마르코스는 2001년 '땅의 색채들의 행진'이라는 이름의 멕시코시티를 향한 대장정을 수행하면서 딱 한 번 라칸돈 정글을 나왔을 뿐이었다. 그럼에도 불구하고 혁명 시작과 함께 세계 각 국의 유명 지식인들과 시민사회가 EZLN을 지지하며 다양한 시위들을 조직하였고, 스키마스크를 쓴 그의 모습은 세계 각 국에서 체 게바라를 능가하는 문화 상품으로 만들어졌다. 이렇듯 EZLN의 봉기가 세계인의 관심과 지지를 유도하고 조직해 낼 수 있었던 것은 총알 대신 그들의 말을 첨단 통신 장비들에 장전하여 세계 각 곳으로 실어 나르는 차별화된 투쟁 방식 때문이었다.

1994년 1월 1일 치아파스

EZLN의 봉기 당시 선전포고문을 대신한 제1차 라칸돈 정글 선언에서 명백히 밝히고 있는 바와 같이 그들이 그들의 터전을 지키기 위해 싸우고자 했던 궁극적 대상은 이 세상을 지배하고 있던 신자유주의와 세계화였다. 1980년대 초반 외환 위기를 겪으면서 멕시코 정부는 IMF와 세계은행의 요구를 받아들임과 동시에 신자유주의 기조를 강화시킬 수밖에 없었다. 또한 1986년에는 국제무역협정(GATT)에 가입하면서 무역 자유화와 농업 부문에 대한 보조 소멸 현상은 더욱 가속화 되었다. 결과적으로 1980년대 이후 그간 정부의 각종 보조와 지원은 점차 줄어들기 시작하였고 멕시코 농업 부문은 경쟁력을 갖지 못한 채 세계 농업 시장으로 뛰어 들어야 하는 상황이 전개 되었다. 특히 1988년부터 1994년까지 6년에 걸친 살리나스 고타리 대통령 임기 동안 모든 경제 정책의 촛점이 신자유주의화에 맞춰졌고 1992년부터 NAFTA를 이끌어 내기 위해 미국, 캐나다와 함께 협상테이블에 앉게 되었다.

협상 과정에서 미국은 투자자 보호 조항에 의거하여 외국인이 토지를 획득할 수 있도록 멕시코 정부에 압력을 넣었고 멕시코 혁명 이후 80년에 걸쳐 유지되던 공동경작지 시스템이 무너지고 정부에 의한 농업 지원이 소멸되었다. NAFTA의 효력 개시는 멕시코 농민들이 아무런 완충 시스템이 없는 상황에서 미국이나 캐나다 농민들과 직접 경쟁해야 하는 상황을 의미했다. 당시 멕시코의 농업 생산력이나 기술 수준은 도저히 미국이나 캐나다와 같은 선상에서 비교가 될 수 없는 상황으로 멕시코에서 농부 한 사람이 1톤의 옥수수를 생산하기 위해 꼬박 17.8일 간의 노동력이 필요한 반면, 미국에서는 단 1.2시간 만에 같은 양의 옥수수를 생산해 내는 수준이었다.

20세기 초 혁명기를 제외하면 스페인 침략 이후 단 한 번도 역사의 주체로 나서지 못한 채 시대에 따라 다양한 형태의 희생과 억압을 강요당했던 멕시코 농민들은 NAFTA 협상이 진행되고 효력 개시를 앞둔 시점에서 더 이상 물러설 여지가 없었다. 결국 500년 넘게 이어져 온 억압과 희생의 강요를 꾹꾹 눌러 참아 오던 이들이 더 이상 참을 수 없는 상황에서 선택할 수 있는 최후의 방법은 '이제, 그만!'을 외침과 목총을 들고 아이를 업은 채 정글에서 나와 가장 가까이 있던 절대권력의 상징, 주 청사를 공격하는 일이었다. 미국, 캐나다, 그리고 멕시코, 북미 대륙 전체를 아우르고 전 세계 경제의 30%를 지배하는 거대 자유시장이 탄생하던 그 날, 멕시코의 가장 가난 한 주 치아파스에서 약 3천 명의 원주민들과 농민들은 "지금까지 충분히 참아왔어, 이제, 그만!"이라고 외칠 수밖에 없는 상황이었다.

멕시코시티를 향한 3,000km 대장정

2000년 7월 멕시코의 대통령 선거 결과는 전 세계 언론에 대대적으로 보도될 만큼 놀라운 일이었다. 멕시코는 민주주의 국가임에도 불구하고 1929년부터 2000년까지 71년에 걸쳐 제도혁명당이 단일정당으로 지배해왔다. 사회를 전체주의식으로 통제하면서 71년 동안 단 한 번의 정권 교체 없이 여당으로 집권해 온 제도혁명당은 공룡만큼이나 그 몸집이 커져 있었고, 멕시코 국민들의 정치에 대한 불신과 염증은 극에 달한 상태였다. 이와 같은 상황에서 2000년 7월에 있었던 대통령 선거에서 멕시코 국민들은 실용을 앞세우며 코카콜라 사장 출신인 중도 우파 국민행동당 소속 비센테 폭스를 선택했고, 71년간의 제도혁명당 1당 정치가 끝나게 된다.

2000년 12월 1일 비센테 폭스가 대통령에 취임하므로서 71년 만의 정권 교체가 이루어진 바로 다음 날인 12월 2일 EZLN은 오랜 침묵을 깨고 공식적인 성명을 발표하게 된다. 성명의 내용은 전 정권과의 평화 협상에서 약속되었지만 전혀 실천되지 않았던 원주민 권리 쟁취와 문화 보호 문제를 멕시코 의회를 통해 법제화하겠다는 것과 이를 위해 의회가 있는 멕시코시티까지 행진한다는 것이었다.

2001년 2월 24일 EZLN은 '땅의 색채들의 행진'이라는 이름으로 멕시코시티를 향한 3,000km 대장정을 이끌어 내면서 새로운 전기를 쓰게 된다. 23명의 사령관과 1명의 부사령관 마르코스를 중심으로 수백 명의 사파티스타들이 라칸돈 정글을 나와 '이제는 바꿔야 할 때'라는 제목의 성명을 발표하면서 멕시코시티를 향한 대장정에 발을 내딛

2001년 3월 11일 멕시코 헌법광장에 입성한 EZLN을 환영하기 위해 모인 인파

아메리카의 분쟁

었다. 2001년 2월 24일 라칸돈 정글을 출발한 사파티스타들은 멕시코 남부와 중앙의 12개 주를 거치면서 3월 11일 멕시코시티의 중심인, 대통령 궁 바로 앞 헌법광장에 서게 된다.

　EZLN이 멕시코시티 헌법광장에 도착하는 순간 이미 헌법광장은 20만 명의 환영 인파로 가득 차 있었다. 이날 그 곳에 모인 사람들은 펑크족부터 시작하여, 록 가수, 학생들과 노동자들, 신문 기자, 지식인, 예술가, 산책을 나온 가족 등 셀 수 없이 많은 직업과 계층의 사람들이 모였다.

　여전히 스키마스크를 한 마르코스가 대통령 궁 바로 앞에 만들어진 무대에 오르자 20만 명이 넘는 군중들은 EZLN의 강력한 무기 즉 마르코스의 말을 듣기 위해 숨소리를 죽였다. "멕시코시티여! 오늘 우리가 이곳에 도착하였고, 지금 이곳에 있습니다. 우리는 이 도시에게 우리를 위해 무엇을 해야 한다고 명령하려 온 것이 아닙니다. 우리는 이 땅의 다양한 색깔을 상징하는 우리의 깃발이 이 도시 어느 한 곳에라도 꽂힐 수 있기를 정중하게 부탁하기 위해 왔습니다. 우리는 권력을 갈망하지 않습니다. 우리는 정의가 위로부터 저절로 내려오는 것이 아니라는 것을 알고 있습니다. 진정한 정의는 아래로부터 위를 향해 올라가는 것입니다. 우리가 이곳에 온 목적은 딱 한가지 입니다. 원주민의 문화와 권리, 이 땅의 다양한 색채들이 존엄하게 존재할 수 있는 장소를 헌법으로 보장받기 위해서 입니다"라고 연설을 끝냈다.

　2001년 3월 EZLN에 의해 쓰여지는 새로운 역사는 지도부들의 헌법광장 연설에서 끝나지 않는다. 3월 22일 멕시코 하원에서 EZLN을 의회로 초청하여 대화하자는 안이 찬성 220표 반대 210표로 가결되었다. EZLN은 치아파스로의 귀환을 연기한 채 이 안을 받아들였고, 3월 29일 멕시코 헌정 사상 초유로 4명의 사령관을 비롯한 24명의 EZLN 대표단인 반군 게릴라들이 의회에 들어가는 장면이 연출되었다. 200명이 넘는 상·하원 의원 앞에서 이들은 '우리의 다름과, 그럼에도 우리가 멕시코인임을 인정해달라'고 요구하였고 천만 명에 해당하는 멕시코 내 원주민들이 얼마나 많은 차별과 불평등 속에 살고 있는지 설명했다. 당시 의회 주변에는 수만 명의 사람들이 운집해서 EZLN이 의회에 들어가는 모습을 응원했다. 이때 부사령관 마르코스는 의회에 들어가는 대신 운집한 군중들 앞에 나타나 의회를 등진 채 "오늘 우리는 이곳에 왔고, 그간 멕시코 의회는 단 한 번도 우리의 목소리에 귀 기울이지 않았습니다. 이제 우리는 다시 우리 삶의 터전 라칸돈 정글로 돌아가지만 돌아가는 우리의 손은 결코 빈 손이 아닙니다. 많은 것을 얻었습니다"라며 멕시코시티의 군중들에게 작별을 고했다.

사파티스타, 그들의 정치와 삶 : 달팽이와 좋은정부위원회 그리고 자치 마을

멕시코 치아파스 일부 지역은 아직도 EZLN이 주둔하고 있는 분쟁 지역이다. EZLN은 치아파스 내 '달팽이(caracol)'라 불리는 다섯 개의 지역 거점과 각각의 '달팽이' 안에 구성된 '좋은정부위원회(Junta del Buen Gobierno)'라는 이름의 정치조직, 그리고 약 30여 개의 자치 마을을 가지고 있다. 이를 기반으로 EZLN은 여전히 정부와 대치 중에 있고, 전 세계를 향해 그들의 목소리를 내고 있다.

EZLN의 거점인 달팽이가 있는 곳은 2003년까지 '뜨거운 물(Aguas caliente)'이라 불렸던 다섯 개의 사령부가 있었던 지역들이다. 달팽이라 칭한 것은 느리지만 멈추지 않고 행진하는 생태적 특성과 작은 구심점을 중심으로 원을 그리며 외부로 퍼져나가는 등껍질 모양이 갖는 상징성 때문으로 EZLN의 투쟁 방식이 투영된 이름이다.

치아파스 라칸돈 정글 주변으로 펼쳐져 있는 30개의 자치 마을에는 각 마을마다 마을 운영회와 마을 대표회의가 있다. 다섯 명으로 구성되는 마을 운영회는 마을 주민들 사이에 순번제로 돌아가며 이들의 임기는 일주일이다. 별도로 대표 회의가 있는데, 상설 기관은 아니고 마을 내에서 중요한 결정을 해야 할 일이 있을 때 일시적으로 소집되는 조직이다. 각각의 자치 마을은 자율적으로 입법, 사법, 행정의 기능을 수행한다.

이와 같이, 사파티스타들은 다섯 개의 달팽이에 존재하는 좋은정부위원회와 각 자치 마을들의 자율 정치 시스템을 통해 그들의 조직을 유지한다. 분쟁 지역의 반정부 활동 게릴라들이라 하지만 이들 일상의 삶은 멕시코 여느 농민들과 크게 다르지 않다. 마을 대표로 좋은정부위원회에서 봉사하는 기간과 마을 운영회 구성원으로 봉사하는 기간 외에는 농업 위주의 생계 활동에 종사한다.

사파티스타의 이상과 현실

EZLN이 투쟁의 이념으로 삼은 원주민 권리 쟁취와 문화 보호를 수행하기 위해 가장 중요하게 생각하는 부분은 교육과 의료 서비스이다. 이 두 부분은 지난 500여 년간의 역사 속에서 원주민의 삶과 가장 먼 거리를 유지했던 것들이다. 치아파스 원주민들의 평균 수명과 학령은 멕시코 전국 수준에 비해 턱 없이 낮게 나타났고 이는 가난과 소외라는 굴레의 악순환에 윤활유 역할을 해왔던 것이 사실이다. 1996년 원주민 권리 쟁취

자치 마을 입구에 세워진 표지판_ '여러 가지 세상을 담을 수 있는 하나의 세상을 위해 투쟁합시다'라고 적혀 있다(사진 임수진).

의 내용을 담은 평화 협정문이 정부 측에 받아들여졌고, 2001년에는 멕시코시티까지 진출하여 그들의 목소리를 전달하였지만, 여전히 원주민들에게 병원과 학교의 문턱은 높기만 한 것이었다. 이와 같은 상황에서 2003년 거점 조직인 달팽이와 30개의 자치 마을이 만들어졌을 때, EZLN이 가장 먼저 세운 기관은 학교와 병원이었다.

사파티스타 진영 내부에서 이루어지는 교육은 6년간의 초등교육과 3년간의 중등교육이다. 각 자치 마을에 초등교육기관이 있고, 중등교육기관은 오벤틱에 위치한 달팽이(Oventic Caracol)에 있다. 사파티스타들의 자녀들은 취학연령이 되면 6년 동안 마을에서 초등교육을 이수하게 되며, 초등교육 이수 후에는 희망자에 한해서 달팽이에 있는 기숙 형태의 중등교육 기관에 진학하게 된다. 교과 과정은 역사, 언어, 철학, 사회과학에 농업 기술이나 통신 기술 등과 같은 실용학문이 더해진다.

교육기관과 더불어 각 마을에는 의료 서비스를 제공하는 보건소와 의료기관이 있다. 있다. 오벤틱 달팽이에 있는 의료기관은 다섯 개의 달팽이 중 가장 큰 의료기관으로 약조제실, 응급실, 아주 간단한 수술을 할 수 있는 수술실을 갖추고 있다. 의료진과 의약품의 보급이 쉽지 않은 상황에서 질병 예방 및 위생 교육을 주로 하고 성교육과 에이즈 예방 교육까지도 담당한다.

치아파스 내의 사파티스타들은 분명히 반정부 활동 군사조직이지만, 일반 현지인과 그들 사이에 물리적 경계선이 있는 것은 아니다. 일부 자치 마을에서는 일반 주민의 수가 사파티스타 주민 수보다 많은 경우도 있다. 일반 주민들이 정부 기관에 세금을 내고 정부가 제시한 법규를 지키며 혜택을 받고 사는 것과 같이 사파티스타 주민들은 그들과 한 마을에 살면서 사파티스타 법규를 지키고 아이들을 사파티스타 학교에 보내면서 생활한다. 이처럼 자치 마을에 사는 사파티스타들은 일반 현지인 사이에 자연스럽게 섞여 살고 있지만, 사파티스타가 있는 곳임을 한 눈에 알 수 있게 해주는 것이 있으니 바로 벽화이다.

사파티스타가 총 대신 말을 무기로 삼았다면 각각의 건물에 그려진 벽화는 그들이 하고자 했던 말들이 응집된 표현의 장이다. 그들이 처한 상황, 추구하는 이념, 그리고 혁명을 통해 이르고자 하는 최고 수준의 지향점들을 그려 넣었다.

중학교 기숙사 벽면에 그려진 그림_'여러 개의 세상을 담을 수 있는 하나의 세상'이라고 적혀 있다(사진 임수진).

사파티스타 자치 마을에 있는 초등학교 저학년 교실_사파티스타 아이들의 책가방 속에는 항상 얼굴을 가릴 수 있는 천이나 스키마스크가 들어 있다. 외부인의 방문이 있을 때는 얼굴을 가린다(사진 임수진).

EZLN을 구성하는 다섯 개 거점의 이름은 '우리들 꿈을 담은 바다 달팽이의 어머니', '우리들 언어의 소용돌이', '새로운 새벽을 위한 저항', '모두를 위해 말하는 것', 그리고 '인류를 위한 저항과 투쟁'들이다.

이처럼 일상 공간에 그들의 꿈을 새겨 넣고 그 꿈을 이루기 위해 정부군과 대치한 채, 여전히 반정부 투쟁을 지속하고 있다. 2009년 1월 1일, EZLN은 그들의 혁명 15주년을 맞이하였다. 억눌려 왔던 원주민의 권리를 헌법으로 보장받기 위해, 그리고 단 한 번도 존중받지 못했던 원주민 문화를 보호하기 위해 싸워왔다. 그 과정에서 그들은 그들의 존재를 세계 각 곳에 알릴 수 있었고 국제적인 조직과 지원을 이끌어 낼 수 있었다. 또 그들의 삶 속에서 가장 멀리 있었던 교육기관과 의료기관을 그들 스스로 만들어 냈다. 그렇지만, 치아파스 라칸돈 정글 주변에 살고 있는 이들의 삶은 여전히 가난하다. 그들이 운영하는 학교는 정부의 지원을 받는 공립학교에 비하면 한참 열악하다. 교과서 지원은 커녕 진통제 한 알 구하기도 여의치 못한 상황이다. 반면에, 1994년 사파티스타 봉기 이후 정부는 치아파스 농민과 원주민들에게 엄청난 지원을 해 왔다. 물론 비사파티스타를 대상으로 말이다.

사파티스다 자치 마을이라 하더라도 각자의 정치적 신념에 따라 사파티스타가 되기도 하고 비사파티스타가 되기도 한다. 멕시코 정부는 치아파스 내에서도 사파티스타 자치 마을에 사는 비사파티스타 주민들에게 세금 감면 뿐 아니라 보조금과 각종 지원을 아끼지 않는다. 반면 사파티스타들은 생계 작물로 심은 옥수수와 매년 가격이 하락하는 커피가 그들 수입의 전부이다. 따라서 어느 자치 마을이든 사파티스타와 비사파티스타가 섞여 사는 마을이라면 전자가 후자에 비해 훨씬 가난하다. 이를 두고 세상의 일부는 사파티스타의 투쟁을 비판하고 한계를 긋기도 한다. 치아파스에 사는 비사파티스타 원주민과 농민들의 삶이 15년 전에 비해 훨씬 윤택해진 것은 사실이다. 그리고 사파티스타들이 15년이 지났음에도 여전히 가난한 것도 사실이다. 그러나 비사파티스타들의 삶이 어떠한 연유로 윤택해졌는지를 묻는다면 …… 그리고 그 답을 사파티스타라 대답한다면 너무나 큰 역설일까?

포스트 모던 혁명가 EZLN 부사령관 마르코스(Marcos)

1983년 라칸돈 정글에 들어갈 때부터 쓰기 시작했다는 붉은 별이 세 개 박힌 낡은 군대 모자와 1994년 산크리스토발을 점령했을 때부터 사용했다는 색 바래고 기워진 붉은 스카프, 늘 스키마스크를 쓰고 헤드셋을 귀에 꽂은 채 파이프를 물고 다니는 사람. 라틴아메리카뿐 아니라 세계 각 곳에서 체 게바라에 버금가는 저항의 상징이고, 치아파스 원주민들과 전혀 다른 피부색을 가졌음에도 사파티스타 민족해방군의 최고지도자이며 대표 목소리를 자임하는 자의 공식 직함은 사파티스타 민족해방군 부사령관 마르코스이다. 마르코스라는 이름은 군사 검문소에서 죽임을 당한 친구의 이름이라고 본인이 밝힌 바 있다.
1983년 치아파스 라칸돈 정글에 들어간 이후 토지와 자유를 기치로 내걸고 치아파스 원주민들로 구성된 사파티스타 민족해방군을 조직하였고 1994년 사파티스타 혁명, 2001년 멕시코시티를 향한 대장정, 그리고 2006년 대통령 선거 기간 동안 모든 정당에 반대하며 '다른 캠페인(La Otra Campna)'을 조직하고 이끌었다. 멕시코의 외진 치아파스 정글에서 혁명을 주도하면서 동시에 인터넷을 통해 세계 시민 사회와 연대하고 국내외 지지를 이끌어 내고 있다. 기존 혁명의 도구였던 무기 대신 해박한 지식과 문학적 감수성이 담긴 선언문, 편지, 인터뷰 등을 통해 혁명을 수행함으로써 "최초의 포스트모던 혁명" 혹은 "사이버 게릴라"라는 평가를 받고 있다.
2001년 콜롬비아 노벨 문학상 수상 작가인 가브리엘 가르시아 마르케스와의 인터뷰를 통해 자기의 나이를 15세기 말 스페인에 의한 식민수탈이 시작된 이래 원주민들이 고통받아 왔던 모든 햇수를 합친 518살이라 밝히고 있다. 또한 자신의 정체성에 관한 질문에 '샌프란시스코의 동성연애자', '남아프리카공화국의 흑인', '유럽 속의 아시아인', '스페인의 무정부주의자', '산크리스토발 어느 거리를 걷는 원주민', '독일에 사는 인도인', '제도 정당 속의 페미니스트', '밤 10시가 넘은 시간에 대도시 지하철에 홀로 탑승한 여성', '토지가 없는 농민' 등 이 세상에서 소외된 수많은 자들의 이미지를 불러들이면서 자신과 사파티스타의 이미지를 그들과 동일화하기도 했다.
멕시코 정부에 의하면 사파티스타 민족해방군 최고지도자 부사령관 마르코스의 본명은 라파엘 세바스티안 기엔 비센테 'Rafael SebastiánGuillen Vicente'이며 멕시코 국립 자치대학교(UNAM)에서 철학을 공부하였고 이후 프랑스 소르본 대학에서 유학한 후 멕시코에서 철학 교수로 일한 것으로 알려졌다. 총이 아닌 언어를 무기로 택한 포스트모던 혁명가 혹은 사이버 게릴라인 마르코스는 수권의 책을 펴내기도 했다. 사파티스타 초기의 편지와 성명서가 담긴 〈분노의 그림자〉, 마야족 신화를 통해 원주민 정체성을 살려낸 〈마르코스와 안토니오 할아버지〉 마르코스의 말과 글을 모아 후아나 폰세 데 레온이 엮은 〈우리의 말이 우리의 무기입니다〉라는 책이 있다.

영화로 읽는 지역 분쟁

사파티스타 Zapatista
벤자민 에이처트 · 릭 로울리 · 스테일 샌드버그 감독 / 1999 / 미국 / 56분

이 영화는 1994년 1월 1일부터 시작된 멕시코 치아파스에서의 '사파티스타' 봉기를 다루고 있다. 그날은 북미자유무역협정(NAFTA)이 발효된 날이며 75년간 이어져 온 멕시코 독재정권이 붕괴한 날이었다. 레이지 어게인스트 더 머신(RATM, Rage Against the Machine)이 음악 작업에 참여하였고, 영화 〈블레이드 러너〉의 다릴 한나와 제임스 올모스가 해설을 맡았다.

줄거리 _ 1994년 1월 1일, 멕시코 남동부 치아파스 주의 토착 원주민들이 무장 봉기를 일으켰다. 스스로를 '사파티스타 민족해방군(EZLN)'이라 밝힌 이들은 멕시코 사회의 구조적 모순과 북미자유무역협정으로 가시화된 '신자유주의'의 폭력에 맞서 투쟁할 것을 선언하였다. 1996년, 사파티스타 투쟁 소식을 접한 세 명의 대학생이 2대의 디지털카메라 장비를 들고 치아빠스의 라칸돈 정글로 향하였다. 그 어떤 주류 미디어도 접근한 바 없는 혁명 지대로 들어간 이들은 투쟁에 동참하는 많은 사람을 만나면서 사파티스타 투쟁에 대한 기록을 해나갔다. 그리고 마침내 1998년 6월, 사파티스타 민족해방군의 부사령관 마르코스를 만나 인터뷰를 할 수 있었다. 이 영화는 세 명의 대학생이 열정으로 완성한 멕시코 토착 원주민의 무장 봉기에 관한 생생한 증언이다.

18장 콜롬비아
반세기에 걸친 내전의 나라

남미 지역 최대 무장단체인 '콜롬비아무장혁명군(FARC)'의 지도자 마누엘 마룰란다가 숨진 것으로 확인됐다고 콜롬비아 정부가 24일 밝혔다. AFP통신은 콜롬비아 국방부가 성명을 통해 마룰란다가 지난 3월 26일 심장마비로 사망하고 기예르모 레온 사네스(일명 알폰소 카노)가 후임을 맡았다고 발표했다고 보도했다. 마룰란다는 1964년 콜롬비아 남부에서 48명의 농민 무장군을 모아 FARC를 출범시킨 뒤 이를 남미 최대 무장조직으로 성장시켰다. 마르크스주의 노선을 표방하고 있는 FARC는 토지 개혁과 정권 확보 등을 목표로 정부군과 무장 투쟁을 벌여왔다. — 경향신문, 2008. 5. 25

알바로 우리베 콜롬비아 대통령이 8일 자신의 3번째 집권을 염두에 두고 상하원이 통과시킨 개헌 국민투표안에 서명했다. 우리베 대통령은 그동안 내년 5월로 예정되어 있는 대통령 선거에 출마할 것인가에 대해 말을 아껴왔으나 결국 개헌 국민투표안에 서명함으로써 3번째 대권 도전의지를 국내외에 밝힌 것으로 해석할 수 있다. 콜롬비아 헌법은 당초 대통령직 연임을 금지했으나 우리베 대통령의 2번째 대권 도전을 염두에 두고 개헌을 함으로써 우리베 대통령은 2002년부터 2006년까지 1차로 대통령직을 수행한데 이어 현재 2번째 임기를 수행하고 있다. 우리베 대통령은 중남미에서 가장 친미적인 정책을 펴면서 좌익게릴라조직 콜롬비아무장혁명군(FARC)에 대해서는 비타협적인 태도를 유지해 왔다. — 연합뉴스 2009. 9. 10

커피와 마약의 나라, 콜롬비아. 1960년대부터 지금까지 정부와 좌익 반군 간에 내전이 이어지고 있다. 콜롬비아 내전으로 인하여 지난 10년간 매년 3,500명 이상이 사망한 것으로 보고되고 있으며, 약 150만 명의 난민이 존재한다. 콜롬비아 내전의 역사적 뿌리는 무엇인가? 내전이 종식될 희망은 있는가?

지도로 읽는 지역 분쟁

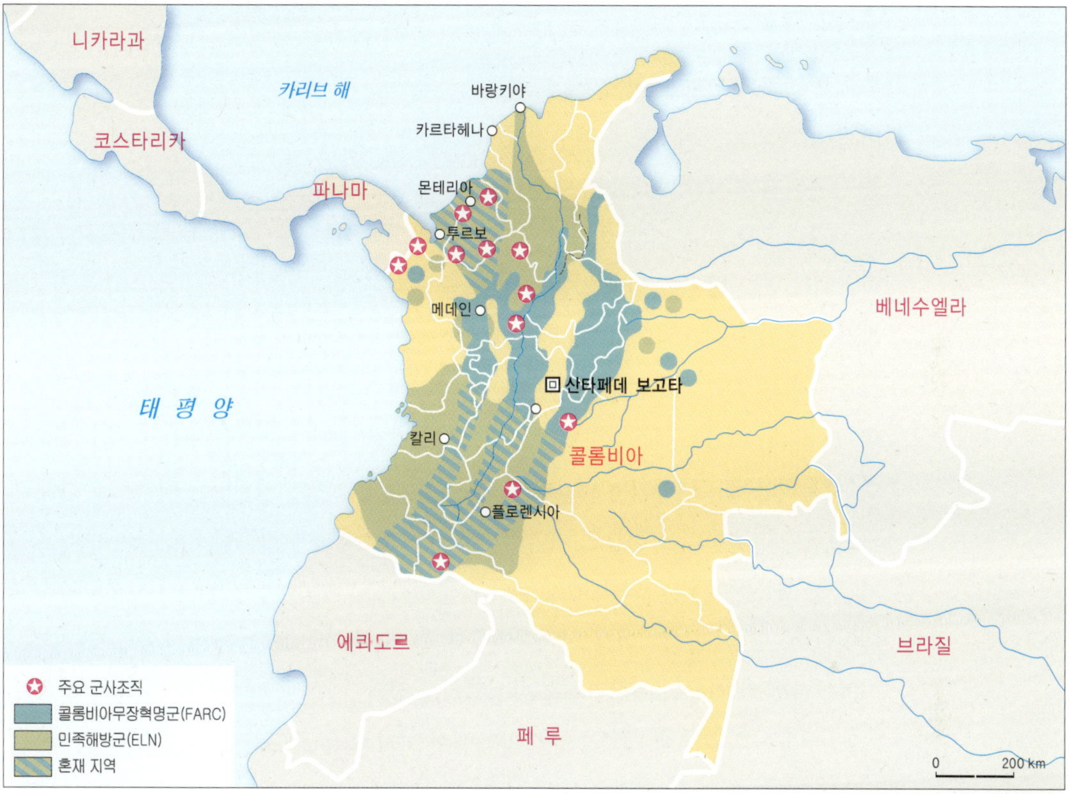

콜롬비아의 분쟁 지역

범례:
- 주요 군사조직
- 콜롬비아무장혁명군(FARC)
- 민족해방군(ELN)
- 혼재 지역

 주요 **인물**

알바로 우리베 벨레스(1952~)
Álvaro Uribe Vélez
2002~2010년 콜롬비아 대통령. 미국 정부와 친밀한 관계를 유지하여, 반미색채가 강한 주변 국가들과 대립함.

마누엘 마룰란다(1930~2008)
Manuel Marulanda
FARC 창설자로 44년간 최고사령관을 지냄.

아메리카의 분쟁 | **231**

남미의 화약고, 콜롬비아

21세기 남미의 화약고라 불리는 나라 콜롬비아, 공식 명칭은 콜롬비아공화국이다. 전체 면적은 1,138,914km³, 인구는 2008년 현재 4560만 명이다. 서쪽으로 태평양, 북쪽으로 카리브 해에 면하며, 국경선은 북서쪽으로 파나마, 동쪽으로 베네수엘라와 브라질, 남쪽으로 에콰도르와 페루에 접하고 있다. 한국전쟁 기간 중 라틴아메리카 국가 중 유일하게 참전한 나라로 당시 1,068명의 병력과 프리킷 함 1척을 파견하였다.

2002년 알바로 우리베 대통령이 당선된 뒤 친미 관계를 유지하면서 미국으로부터 반군세력 소탕 작전을 위한 지원을 받고 있다. 여전히 15,000명에서 20,000명 정도의 무장세력들이 콜롬비아 전역에 존재하며, 700명에서 900명 정도로 추산되는 인질들이 그들에 의해 억류되어 있는 상황이다. 반정부 무장세력은 코카인 생산과 깊이 연관되며, 전 세계적으로 약 80% 정도의 코카인이 콜롬비아에서 생산될 만큼 심각한 상황이다. 콜롬비아에서 생산되는 코카인 대부분이 미국으로 밀수입된다는 명분으로 한때 미국 정부까지 콜롬비아 정부의 마약과 게릴라 소탕 작전에 깊숙이 개입하였지만, 작전 기간 중 콜롬비아 내 마약 재배지가 더욱 늘어나게 되면서 양국 정부가 작전의 실패를 인정한 바 있다. 콜롬비아는 반미국가들로 분류되는 베네수엘라와 에콰도르, 그리고 니카라과 등과 긴장의 역학관계를 형성하기도 한다.

2006년 이후 중남미 대부분의 나라들에서 좌파 혹은 중도좌파 정권이 들어선 데 반해 2006년 알바로 우리베 대통령은 헌법상 연임불가 조항 개정을 통해 연임에 성공하면서 중남미 대륙 내 우파 정권의 섬으로 남게 되었다. 2010년 대선에서 압승한 전 국방부장관이자 여당 후보인 후안 마누엘 산토스 또한 전임 우리베 대통령에 이어 좌익 반군 소탕 등 강력한 치안 정책과 긴밀한 대미관계를 이어갈 것이 확실시된다.

내전의 세력들

콜롬비아에서 내전으로 인해 한 해 납치되거나 사망하는 사람의 숫자가 2만 5천 명에 달하고, 내전의 과정에서 삶의 터전을 잃고 난민으로 살아가는 사람들이 150만 명을 초래한다. 세계에서 일어나는 납치 사건의 50% 이상이 콜롬비아 한 나라에서 일어나는 사건이라 한다.

콜롬비아라는 나라가 어떤 상황이기에 정상적이고 지극히 민주적인 형태의 정치 시스템을 가지고 있는 나라에서 한 시간이면 세 명에 가까운 사람들이 납치되거나 살해되는 것일까? 누구를 향한 싸움이고, 무엇을 위한 싸움이 반세기가 넘도록 지속되는가에 대한 답들을 찾기 위해, 내전의 세력들을 살펴보자.

21세기 현재 콜롬비아 내전 세력의 큰 축은 콜롬비아 정부와 콜롬비아 정부에 반대하는 무장세력, 그리고 반정부 무장세력에 반대하는 또 다른 무장세력으로 나눌 수 있다. 반정부 무장세력을 소탕하기 위해 구성된 콜롬비아 정부군은 육·해·공군과 특수부대, 그리고 경찰로 구성되며 시기에 따라 편차가 있기는 하지만 최소 25만 명에서 최대 42만 명까지 집계된다.

콜롬비아 정부에 대항하는 반정부 무장세력은 대표적으로 FARC(Fuerzas Armadas Revolucionarias de Colombia, 콜롬비아무장혁명군)와 ELN(Ejercito de Liberación Nacional, 콜롬비아민족해방군)을 들 수 있다. 두 세력 모두 1960년대 중반에 출현하여 FARC는 콜롬비아의 남동부 지역을 기반으로 만들어졌고 ELN은 북부 지역을 중심으로 활동하고 있다. FARC는 1966년 콜롬비아 공산당 산하 무력부로 성립되었으며, 기득권 계층에 의해 장악된 콜롬비아 정부를 타도함으로써 불평등을 해소하고 반미 정부를 세우는 것을 목표로 농촌과 도시 모든 지역에서 활동하고 있다.

ELN은 피델 카스트로의 쿠바 혁명에 고무된 학생들과 지식인, 그리고 가톨릭 강경론자들에 의해 만들어졌다. ELN의 기본 정치 이념은 마오-마르크스-레닌 주의이며, 산업 시설 국유화와 토지 몰수, 농촌 개혁을 통한 인민 정부 건설을 표방하는 반정부 무장세력이다. FARC가 주로 군부대 습격이나 납치를 통해 그들의 목소리를 내는 반면, ELN은 콜롬비아 제일의 합법적 수출 상품인 원유관을 파괴한다든지, 국가기반시설을 공격하는 방법으로 정부에 대항하고 있다. FARC와 ELN의 활동 지역이 명확히 구분되기 보다는 콜롬비아 전역에서 겹치는 것으로 나타나고 있다.

다음은, 친정부 성향을 바탕으로 좌익 반정부 무장세력에 대항하는 우익 민병대와 정부와 반정부 무장세력에 무분별하게 대항하는 우익 게릴라 집단이다. 대표적인 세력은 1980년대 정부의 온건한 반군 정책과 반군 모두에 대항하기 위해 만들어진 '인질범들에게 죽음을(Muerte a Secuestradores)' 이

ELN기

FARC기

콜롬비아 무장혁명군(FARC)

라는 이름의 우익 게릴라 단체를 들 수 있다. 조직 이름에서 드러나는 바와 같이, 이데올로기적 성향을 불문하고 인질범들을 처단한다는 명목하에 좌파 반군 세력뿐 아니라 여타 우익 게릴라 단체와도 대항하면서 수 많은 폭력을 자행하였다. 이후 1990년대에는 '콜롬비아자위대(AUC, Autodefensas de Unidas de Colombia)가 출현하게 되는데, AUC의 주 투쟁 대상은 FARC와 ELN이었다. 2000년대 이후에는 우익 민병대 세력들이 알바로 우리베 정부의 지원을 받으면서 내전의 양상이 정부군과 좌익 반군의 대치 상황뿐만 아니라 우익 민병대와 좌익 반정부 세력간의 상황으로까지 심화되기도 하였다.

정부군, 좌익 반정부 무장세력, 그리고 이들에 대항하는 무장 우익 단체들과 더불어 자체 무장세력을 갖는 마약 카르텔 또한 콜롬비아 내전의 양상을 더욱 복잡하게 하는 요인이다. 이들은 콜롬비아 공권력으로부터 자신들을 보호하기 위해 때로는 좌익 무장세력과 연합하기도 하고 때로는 우익 무장세력과 연합하기도 한다. 이를 반영하듯, 실제로 FARC와 ELN이 관할 지역에서 생산되는 마약의 20%를 세금으로 징수하는데 이는 이들 재정의 70% 이상을 차지하는 것으로 조사되고 있다. 이러한 상황에서 일부 우익 무장세력들은 주요 재정원인 마약을 근절한다는 이유로 농촌 마을의 초토화와 농민들에 대한 학살까지 감행하고 있다. 이로써 콜롬비아 내륙 곳곳에 도무지 풀리지 않을 것 같은 실타래 모양으로 얽히고설킨 폭력과 피의 분쟁이 더해지고 있는 형국이다.

콜롬비아 내전의 기원

2000년 이후 콜롬비아에서 발생하는 무장세력에 의한 폭력은 FARC가 86%, ELN이 10%, 그리고 AUC가 4%를 차지하는 것으로 나타나고 있어 여전히 FARC가 콜롬비아 내전의 가장 큰 세력임을 알 수 있다. FARC는 세계에서 가장 규모가 크고 오랜 역사를 가졌을 뿐 아니라 훈련이 잘 되어 있는 반정부 단체로 규정된다. 1960년대 중반 콜롬비아 남부 지역을 기반으로 만들어졌지만, 오늘날에는 베네수엘라와 에콰도르의 국경 지역에서 도시까지 그 세력을 확대하면서 콜롬비아 전역을 활동 무대로 삼고 있다. FARC와 더불어 ELN 역시 대표적인 반정부 세력 중 하나로, FARC에 비해 훨씬 이데올로기적이지만, 규모는 적은 편이다.

AUC기

콜롬비아는 독립 이후 19세기 후반부터 줄곧 반교권주의, 자유주의, 연방주의를 정강으로 내세운 자유당과 가톨릭, 보호주의, 중앙집권주의를 주요 정강으로 하는 보수당에 의한 양당 정치가 이루어졌다. 이와 같은 양당 정치 시스템은 20세기에도 지속되었다. 20세기 전반 자유당이 우세하였지만, 선거를 통한 권력 교체가 비교적 순조롭게 이루어졌다. 그러나 1948년 보수파인 마리아노 오스피나가 집권하던 당시 자유당의 대표였던 호르헤 가이탄이 피살되면서 한 세기 이상 콜롬비아의 정치 중심을 잡아 온 양당정치 시스템이 소용돌이 속에 휘말리게 된다. 수도인 보고타에서 연일 대규모 민중시위가 일어났고, 이를 제어한다는 명분하에 군사 쿠데타가 일어나면서 1958년까지 10년에 걸쳐 지극히 불안정한 시기를 경험하게 된다. 10년간 이어진 정치적 소용돌이 속에 콜롬비아 내에서만 20만 명의 사망자를 내면서 지독한 '폭력의 시대'가 전개되었다.

군사 쿠데타 세력을 축출하고 다시 정치적 평정을 되찾을 수 있는 유일한 방법은 기존의 양대 정당이 연합하는 방법이었다. 이에 1958년 보수당과 자유당은 16년의 기간을 정하고 총 네 번의 대통령 선거에서 각 당이 순번제로 집권을 하기로 결의하고 '국민전선(Frente Nacional)이라는 새로운 정당을 탄생시켰다. '국민전선'이 만들어지면서 콜롬비아의 정치와 정권 교체는 거대 양당 사이에 지극히 평화적으로 이루어졌다. 그러나 이는 기존에 존재하던 군소 정당의 정권 진출이 16년 동안이나 배제되는 결과를 가져왔고, 수 많은 군소 정당들이 반정부 세력으로 전환하는 계기로 작용하였다. 국민전선이 시작되면서 기존의 군소 정당들이 목소리를 낼 수 있는 유일한 방법은 정부의 공권력이 미치지 않는 공간으로 들어가 자기들만의 해방구 혹은 '독립공화국'을 만드는 일이었다. 1960년대 콜롬비아의 정권 교체는 평화로웠지만, FARC와 ELN을 비롯한 수많은 정치세력들이 이 시기에 콜롬비아의 각 지방에 거점을 두면서 출현하기 시작했다.

FARC의 본격적인 무장화와 반정부 투쟁의 시작은 '국민전선' 시기 중앙 정부로의 편입을 거부한 채 지방에 독자적 정치공간으로 존재하던 '독립공화국'의 해체와 관련된다. 국민전선의 2대 대통령인 보수당의 기제르모 대통령은 취임 직후 콜롬비아 재건설을 외치면서 콜롬비아 각 지역에 산재해 있던 자치 독립 공간인 '독립공화국'의 해체와 중앙 정부로의 흡수를 명하였다. 이 과정에서 다수의 독립공화국이 콜롬비아 중앙 정부에 흡수되었지만, 일부 독립공화국은 중앙 정부로의 흡수를 반대하면서 무장 투쟁을 벌이기 시작했고, 일부는 내륙 깊숙히 숨어들게 된다. FARC의 거점이었던 '마르케탈리아(Marquetalia)' 독립공화국도 중앙 정부로의 흡수를 반대하였고 마누엘 마룰란다의 지도하에 무장한 농민군들이 정부에 대항하기 시작했다. 이것이 바로 FARC무장화의 시작이었다. 1964년 독립공화국 해체에 반대하여 48명의 농민군과 함께 정글로 들어간 마룰란다는 2년 후인 1966년 콜롬비아 내 공산주의자들을 규합하여 콜롬비아 정부 타도를 목적으로 하는 FARC를 탄생시켰다.

쿠바 혁명 직후 피델 카스트로의 초청으로 쿠바로 유학을 다녀온 여섯 명의 대학생에 의해 시작된 ELN 역시 양당의 합의 아래 정권이 교체되는 국민전선 시기에 중앙정부의 공권력이 덜 미치는 북동부 지역을 거점으로 무장세력화 하였다.

콜롬비아 내전의 전개과정

1960년대 FARC와 ELN의 등장 이후, 1980년대까지 내전의 양상은 비교적 온건한 편이었다. 특히 1980년대 초반에 집권한 보수당의 베탕쿠르 대통령(1982~1986)은 FARC를 비롯한 다수의 무장세력과 평화적 대화 창구를 열었고, 이 과정에서 수많은 무장세력이 합법 정당을 만들어 제도 정치권으로 진입을 시도하기도 하였다. FARC나 ELN도 이 시기 반정부 투쟁 보다는 자신들의 통제 지역을 관할하는데 촛점을 두었다. 1970년대와 1980년대 FARC는 자신들의 관할구역에 학교와 병원, 그리고 법원까지 운영하면서 자치권을 행사했다. 특히 1984년에는 당시 콜롬비아 대통령 베탕쿠르와 정전 협정을 맺게 되면서 수천 명에 달하는 반정부 세력들이 무장을 해제하였고, 이 과정에서 좌파 반정부 세력을 주축으로 '애국동맹(Union Patriotica)'이라는 합법 정당이 만들어지기도 했다. 반면 애국동맹에 소속되지 않은 다양한 좌파 반정부 세력들은 시몬볼리바르전사연합(CGSB, Coordinadora Guerrillera Simon Bolivar)을 형성하기도 하는데, 둘 다 정부와 합의점을 제대로 끌어내지 못하고 해체되었다. 무엇보다도 좌파 정당이 제도 정치권에 머물지 못하고 다시 반정부 무장세력화하였다. 1980년대 말 애국동맹이 합법적 정당으로 부상했을 때, 콜롬비아 내 극우 테러 단체들의 공격이 이들을 향해 집중되어 1980년대 후반 2천 명 이상의 애국동맹 회원들이 극우 테러 단체의 공격으로 목숨을 잃었다.

1980년대 합법적 정치세력으로 거듭난 좌익 정당에 대한 극우 단체의 공격은 좌파 세력의 무장화를 더욱 촉발시키는 계기로 작용하였다. 1980년대까지만 해도 약 3천 명 정도로 유지되던 FARC의 조직원은 1990년대로 들어오면서 만 명에 달하게 되었고 결과적으로 정부 혹은 극우 단체와의 갈등도 더욱 격해지기 시작했다. 정부는 미국의 지원에 힘입어 다양한 방법으로 반정부 무장세력의 근거지를 공격하였고, 반정부 무장세력 또한 군부대 혹은 국가 기반시설에 대한 공격의 수위를 높이거나 더욱 과감한 형태의 납치를 시도하였다. 이에 더해 정부 혹은 반정부 무장세력에 반대하는 우익 무장세력들 또한 그들의 조직을 강화하면서 1990년대 이후 콜롬비아는 또 다른 '피의 역사'를 쓰기 시작했고 심각한 내전의 소용돌이 속에 휘말리게 된다.

1990년대 콜롬비아 내전이 격화되면서 무분별한 납치와 국가 산업시설의 파괴, 그리고 일부 지역에선 민간인 학살까지 이루어졌다. 설상가상으로 내전이 심화되면서 마약 생산이 급격하게 늘어났다. 반정부 세력은 정부군으로부터 마약 재배지를 보호해 준다는 명목으로 마약 생산자 혹은 마약 카르텔과 연합하여 재정 기반을 확보하며 최신식 무기로 무장을 강화했고, 내전의 와중에 생계 터전을 잃은 농민들은 그나마 돈이 되는 마약 생산으로 들어서는 악순환이 계속되었다.

이에 1998년 취임한 파스트라나 대통령은 '두 개의 전선, 하나의 적'이라는 전략을 채택하고, 반정부 무장세력과 마약에 동시 선전포고를 하게 된다. 이러한 전략은 미국 정부로부터 경계의 대상이 되던 과거의 형태를 정리하고 다시 콜롬비아 정부가 미국과 긴밀한 관계를 유지할 수 있는 계기가 되었다. 실제 이듬해인 1999년 콜롬비아와 미국 정부 사이에 'Colombia plan'이 체결되었고, 미국 정부가 마약과 게릴라 퇴치 명목으로 총 13억 달러를 지원하게 된다. 1999년 한 해 동안에만 미국으로부터 3억 달러 상당의 지원을 받았고 미국의 인공위성을 통해 수집된 게릴라 준동 지역에 대한 각종 자료를 제공받을 수 있었다.

1990년대 콜롬비아 정부의 반정부 무장세력에 대한 공세가 강해지면서 FARC와 ELN도 무장의 수위를 높였다. 이미 1996년부터 FARC와 ELN은 콜롬비아 정부와 평화 협상의 의지가 없음을 천명하고 무력 투쟁을 선호하고 있던 바, 납치와 살인, 그리고 송유관 파괴 같은 국가 기반시설에 대한 공격이 한층 강화되었다. 이와 같은 갈등은 1998년 극에 달하게 되는데, ELN에 의해 수십 킬로미터의 원유 수송관이 폭파되거나, FARC에 의해 수 많은 고위 공무원과 군경들이 납치되었다. 같은 해 콜롬비아 내에서는 총선과 대선이 있었는데 반정부 무장세력들은 선거를 방해하기 위해 선거 당일 전국 도시에 동시다발적 테러를 감행하는가 하면, 8월 6일이었던 대통령 취임식 2~3일을 전후로 하여 보고타에서만 총 46차례의 공격을 행하면서 군인과 경찰 110명을 생포하기도 하였다.

콜롬비아 정부와 반정부 무장세력 간에 갈등이 격해지면서 파스트라나 대통령은 반정부 세력에 대한 강경책을 일시 접고 평화 협상을 제안하게 된다. 이 과정에서 파스트라나 대통령과 FARC의 사령관인 마룰란다가 콜롬비아 정글 지역에서 독대를 하기도 하였다. 마룰란다는 정부에 평화 협상을 위한 10개 조항을 제시하였고 결국 파스트라나 대통령은 평화 협상을 성사시키기 위해 FARC측의 요구사항인 콜롬비아 남부 5개지역에서 정부군을 퇴각시키기로 결정했다. 1999년 1월에는 피델카스트로와 파스트라나 콜롬비아 대통령 그리고 우고 차베스 베네수엘라 대통령 당선자가 콜롬비아 내전을 종식시키기 위한 방안을 모색하고자 아바나에서 평화 회담을 개최하기도 하였다.

이러한 노력으로 콜롬비아 정부와 반정부 무장세력들은 내전의 세기를 마무리 지을 것 처럼 보였지만, 안타깝게도 평화의 시기는 길지 않았다. 새로운 세기가 시작되던 2000년 3월 콜롬비아는 군 사상 가장 대규모의 게릴라 소탕 작전을 진행하였고 이 과정에서 FARC 대원 50여 명이 사망하고 600여 명이 생포되었다. 콜롬비아 정부와 의회는 이 여세를 몰아 국방비를 현행 연간 6억 2천만 달러에서 2002년까지 12억 달러로 두 배 이상 증액시키기로 합의했다. 또한 콜롬비아 의회는 파스트라나 대통령에게 강경책을 쓰면서 반군들과 협상에 임할 수 있는 모든 권한을 부여했다. 당시 미국 클린턴 정부도 콜롬비아의 평화가 곧 미국의 국익임을 천명하면서 게릴라 수색을 위한 블랙호크 헬기 8대를 지원하였다.

그럼에도 불구하고 당시 이미 콜롬비아 전 국토의 40% 이상이 반정부 무장세력에 의해 점령된 상태였다. 정부의 강경책에 맞서 FARC과 ELN의 공격 수위도 한 층 높아졌는데, 고급 공무원이 탄 민간 항공사 여객기를 공중 납치하거나 주지사나 시장 등과 같은 고위 공무원부터 성직자까지 납치해 살해하기에 이른다. 2000년 4월에 ELN이 콜롬비아 민간 항공사 여객기를 납치하며 정부 측과 인질 교환 협상을 요구하기도 하였다. 또한 FARC는 정부 헬기를 공격하여 탑승하고 있던 경찰 수뇌부를 생포하는 등 1998년 이후 2000년까지 FARC가 생포한 경찰과 정부군은 300여 명을 넘어섰다.

콜롬비아 정부군과 반정부 무장세력 간 갈등이 격해지는 가운데, 우익 게릴라들도 공격의 수위를 높이면서 내전은 더욱 복잡한 양상으로 전개되었다. 우익 게릴라들의 공격 대상은 좌익 반정부 무장세력이었지만, 이들을 색출한다는 명목으로 민간인에 대한 대량 학살이 다반사로 일어나면서, 수십만 명의 난민이 발생하는 상황에 이르러 미국 정부는 AUC도 FARC나 ELN과 마찬가지로 테러조직으로 분류하였다.

2000년 이후 콜롬비아 내전 세력들 간의 갈등이 도무지 해결의 실마리를 찾지 못하는 가운데, FARC은 점령 지역뿐만 아니라 수도권으로 공세를 강화하였다. 이들은 전 국민에게 세금을 징수할 것이며, 특히 부자들을 상대로 세금을 내지 않을 경우 납치하겠다는 협박을 하면서, 콜롬비아 정부의 공권력에 정면 도전장을 내민다. 뿐만 아니라 사유재산 폐지와 사회주의 국가 건설을 목적으로 지하 정당을 조직하였다고 발표하면서 대지주와 다국적 기업으로부터 토지를 몰수하고 농민들에게 재분배 하는 토지개혁의 실시와 같은 구체적인 강령을 공포한다. 실제로 2000년 이후 FARC는 지방도로를 점거하고 통행세를 징수하기 시작했고, 콜롬비아의 대도시 은행을 폭파하거나 FARC 반군을 생포해 이송하던 정부군 수송기를 공중에서 납치하는 등 같은 해 인질의 몸값을 통해 번 돈이 1억 1천만 불에 달한다.

2001년에는 반정부 무장세력의 공격이 더욱 격렬해지면서, 콜롬비아 시민사회가 정부로 하여금 반정부 무장세력에 대한 공격을 더욱 강화할 것을 요구하는 시위를 벌이고 진보적이었던 대학들도 반정부 무장세력에 등을 돌리게 된다. 그럼에도 불구하고 FARC를 비롯한 반정부 무장세력들이 여전히 강성함을 유지할 수 있었던 이유는 재정의 자체 조달이 가능했다는 점이다. '혁명세'라는 이름으로 관할구역의 마약 생산자들로부터 세금을 거두었을 뿐 아니라 납치한 인질을 석방하는 조건으로 상당 수준의 재원을 확보할 수 있었기 때문에, 정부의 공세나 여론의 변화가 이들의 존립에 크게 영향을 미치지 못했다. 또한 2001년 이후 미국의 콜롬비아에 대한 원조의 변화와도 관련지어 볼 수 있다. 2001년 9.11 테러 이후 미국의 국방 지원이 중동 지역으로 쏠리게 되었고 이로 인한 최대의 수혜자가 바로 콜롬비아의 반정부 무장세력이었던 것이다. ELN의 국가기간 시설에 대한 공격은 더욱 거세졌고, FARC의 납치와 살인 또한 더욱 빈번해졌다. 2001년 한 해에만 170여 차례 원유 수송관이 공격을 받았고 500여 개의 송신탑이 파괴되었다. 이에 콜롬비아 정부는 미군 특수부대에 원유 수송로 보호를 맡은 콜롬비아 2개 여단을 파견하여 훈련을 받게 하기에 이르지만, 큰 성과를 거두지는 못하였다. FARC 또한 지방자치단체 장들을 납치하거나 협박하는 방법을 통해 관할 지역을 넓혀나갔다. 해당 지역의 자치단체장이 협조를 거부할 경우 이들을 납치하거나 살해하는 방법으로 1998년부터 2001년까지 총 42명의 시장이 살해되었고, 100명이 넘는 지

FARC에 의해 희생된 경찰들의 장례식

방자치단체의 장들이 반정부 무장세력의 협박에 직위를 사임하였다.

FARC의 기술적인 납치가 정점에 달한 것은 2002년이다. 이미 군, 경찰의 수뇌부와 외국인 납치를 통해 자신들의 목소리를 내던 FARC가 2002년 2월 23일 당시 콜롬비아 상원의원이자, 녹색산소당의 대통령 후보자였던 잉그리드 베탕쿠르와 그의 러닝메이트였던 카를라 로하스를 동시에 납치하였다. 대통령 선거를 불과 석달 앞둔 시점이었다. 이 사건을 계기로 정부의 반정부 무장세력에 대한 공격 또한 더욱 강화되었지만, FARC는 여전히 750명이 넘는 인질을 잡고 있었고 같은 해 4월에는 현직 주지사와 전직 국방부 장관까지 납치하기에 이른다.

2002년 5월 6일 콜롬비아 대통령 선거가 있던 날, 정치적 경쟁자 잉그리드 베탕쿠르가 FARC에 납치되어 정글에 인질로 잡혀 있는 상황에서, 콜롬비아의 반정부 무장세력에 대한 강경책을 공약으로 내세운 무소속의 알바로 우리베가 54.5%의 지지율로 대통령에 당선되었다. 알바로 우리베 대통령은 당선 직후 군과 경찰에게 반정부 게릴라를 소탕할 수 있는 즉각적인 계획을 수립할 것을 요구하였다. 뿐만 아니라, 정부 공무원 80만 명 중 3만 명을 해고하고 임금은 25%에서 75%까지 삭감하면서 이를 통해 확보된 예산을 반정부 게릴라 소탕 작전에 투입시켰다. 또한 FARC 지도자에 대한 현상금이 40만 달러에서 200만 달러까지 올라갔다. 이에 대해 FARC는 정부 관리 5만 명에 대한 살생부를 공식적으로 발표하면서 정부의 강공에 대응하게 된다.

이와 같이 2002년 하반기 알바로 우리베 대통령을 중심으로 반정부 무장세력에 대한 공격 수위를 최고조로 높였음에도 2002년 한 해 동안 2,800명이 납치되는 등, 콜롬비아의 내전 상황은 진정의 기미를 보이지 않았다. 오히려 알바로 우리베 대통령이 정부에 호의적인 약 1,500명의 우익 민병대에 무기를 지급하고 훈련시켜 반군에 대항하게 하므로써 반정부 무장세력과 친정부 무장세력의 충돌마저 거세지는 가운데, 콜롬비아 국민들이 그로 인한 피해와 희생을 감수하게 되는 결과를 초래하였다. 그럼에도 여전히 반정부 무장세력에 대한 강경책을 고수하는 알바로 우리베 대통령은 2005년 의회의 지원하에 개헌을 감행하여 2006년 재선에 성공하였다.

알바로 우리베 대통령의 강경책과 외교의 긴장관계

 2002년 이후 지속되는 알바로 우리베 대통령의 반정부 무장세력에 대한 강경책은 FARC를 비롯한 반정부 무장세력은 물론이고, 주변 국가들과의 관계에서도 팽팽한 긴장을 유발하였다. FARC를 소탕한다는 명분으로 에콰도르 영공까지 침범하여 공습을 가하는가 하면, FARC에게 군사무기를 지원한 정황이 포착되었다며 이웃 국가인 베네수엘라에 맹비판을 퍼붓기도 서슴지 않는다.

 2008년 3월, 콜롬비아 정부군은 대대적인 반정부 무장세력에 대한 소탕 작전을 벌였고, 정부 공격을 피해 에콰도르 국경 지역에 은신하던 FARC 지도부를 소탕하기 위한 목적으로 에콰도르 영공에 침입하여 무차별 공습을 감행하였다. 물론 이 과정에서 FARC의 2인자로 자리하던 라울 레예스가 사망하면서 콜롬비아 정부는 큰 성과를 얻게 된다. 그러나 에콰도르 정부가 즉각적으로 콜롬비아 정부에 영공 침범과 관련하여 항의를 하고 나섰고, 이에 니카라과와 베네수엘라, 그리고 볼리비아 마저 동시에 에콰도르를 지원하며 콜롬비아에 대한 비판의 수위를 높였다. 뿐만 아니라 국경을 맞대고 있는 이들 국가들이 콜롬비아 국경 지대에 군대를 배치시키면서 긴장의 수위는 더욱 고조되었다. 나아가 남미 좌파 블록 국가들이 콜롬비아와 무역 중단을 선언하면서 남미 대륙 차원으로 긴장의 역학관계가 확산되는 상황이었다. 결국 이 사안은 2008년 3월 7일 도미니카공화국에서 열린 리우 그룹 회의에서 주최국인 도미니카공화국 대통령의 주선에 따라 콜롬비아 대통령이 에콰도르 대통령에게 공식적으로 사과를 하고 에콰도르와 베네수엘라 대통령이 이를 받아들이면서 일단락 지어졌지만, 갈등의 씨앗은 여전히 남아 있었다.

 늘 살얼음 위를 걷는 것과 같은 콜롬비아와 남미 좌파 블록 국가들의 긴장관계는 2009년 7월 다시 불거지게 된다. 콜롬비아 정부가 반정부 무장세력의 주요 재정원인 마약과의 전쟁을 선포하면서 미국에 도움을 요청하고 그에 대한 반대급부로 자국 내 다섯 군데의 군사기지에 미군을 주둔시키기로 합의한 것이다. 이에 미국은 콜롬비아 내 다섯 군데의 군사기지에 항공기 십여 대와 함정 수척을 비롯하여 병력 1,400명을 주둔시킬 수 있게 되었다. 상황이 이에 이르자, 콜롬비아 기지에 주둔한 미군의 작전권 안에 들게 된 베네수엘라와 볼리비아, 그리고 에콰도르와 같은 반미 국가들이 일제히 반기를 들게 되었고, 비교적 미국과 콜롬비아에 우호적이던 브라질까지 불편한 심기를 드러내게 되었다. 니카라과의 다니엘 오르테가 대통령은 "미국이 콜롬비아를 통해 남미를 침공하려 한다"라고 주장하며 미국을 맹비난했고, 남미 좌파 블록 국가들이 러시아에 즉각적으로 도움을 요청하면서 한동안 안정적이었던 남미 각 국가들 사이의 역학 구도가 다시 격한 갈등의 소용돌이 속에 휘말리게 되었다.

이와 같이 중남미 좌파 국가들의 견제와 비난에도 불구하고 콜롬비아의 기세는 수그러들 기미를 보이지 않았다. 2009년 7월에 FARC를 소탕하기 위한 군사작전 중 FARC로부터 스웨덴을 통해 베네수엘라로 수출된 무기가 압수되었다며 베네수엘라에 대한 비난을 퍼부었다. 베네수엘라의 우고차베스 대통령은 콜롬비아의 비난에 대해 "속임수이고 인신공격"이라고 맞받아치면서 "오늘 이 시간 부터 콜롬비아와의 외교관계는 냉동실에 얼려버리겠다"라는 말과 함께 콜롬비아 주재 베네수엘라 대사를 소환하였다. 이에 맞서 콜롬비아 정부도 베네수엘라 주재 콜롬비아 대사를 소환하면서 다시 한 번 두 나라 사이에 팽팽한 긴장관계가 형성되었다. 이와 같은 양국 간의 갈등은 외교 차원에만 그친 것이 아니라, 양국이 경제관계까지 동결시키겠다고 나서면서 긴장관계의 여파가 주변 국가들까지 미치게 되는 양상으로 심화되었다. 특히 미국이 콜롬비아의 반정부 무장세력 소탕 작전을 지원하는 상황이었기에 자칫 미국과 남미의 좌파 블록 국가들 사이의 긴장관계로 번질 수 있는 상황이 전개되고 있다.

FARC에 대한 평가와 미래

1960년대 콜롬비아 내 거대 양당의 연합 세력이었던 국민 전선이 만들어지면서 제도권 정치에 진입하기 힘들 수 밖에 없었던 군소정당 중 하나로 탄생한 FARC의 위상과 이에 대한 평가는 시대에 따라 다양하게 변천해 왔다. 반정부 무장세력으로 탄생하였지만 1980년대 한때는 '애국동맹'이라는 이름으로 제도권 정치에 진입하기도 하였고 1990년대에는 라틴아메리카에서 가장 규모가 큰 대학인 멕시코 국립자치대학과 유럽의 일부 국가에 사무소를 두기까지 했었다. 그러나 오늘날 FARC에 대한 평가는 게릴라 혹은 테러리스트와 같은 부정적인 면이 강하다. 1990년대 후반 납치로 대표되는 FARC의 행동이 강화되면서 이전 FARC에 호의적이던 콜롬비아의 진보층과 대학생들마저도 FARC에 대한 반대로 돌아섰다. 또한 FARC가 농촌 지역에서 점령 지역을 넓혀가며 해당 지역 주민들에게 세금을 징수하는 과정에서 해당 지역 농민들마저도 FARC에 대한 반대로 돌아서고 있는 상황이다.

국제적인 여론도, 1990년대 이후 FARC에 부정적인 방향이다. 베네수엘라, 에콰도르, 볼리비아, 그리고 니카라과 등과 같은 국가들은 여전히 FARC를 콜롬비아 정부에 대항하는 '교전 세력'이라고 평가하지만, 콜롬비아 정부는 물론이고 미국과 프랑스를 비롯한 유럽의 많은 나라들이 FARC를 게릴라 혹은 테러리스트로 규정하고 있다. 특히, 2008년 인질로 붙잡혀 있던 전 콜롬비아 정·부 대통령 후보였던 잉그리드 베탕쿠르와 카를라 로하스가 6년이 넘는 시간 동안 인질로 억류되어 있다가 풀려나면서 증언한 FARC의 무자비함이 전 세계 언론을 통해 보도되면서 FARC에 대한 비난의 수위가 더욱 높아지고 있는 상황이다.

잉그리드 베탕쿠르가 구출되면서 FARC는 가장 비싼 인질을 잃게 된 형국이 되었다. 반면, 구출 작전을 지휘한 알바로 우리베 대통령은 국민들로부터 80%가 넘는 지지도를 얻게 되었다. 더군다나 구출된 잉그리드 베탕쿠르가 여러 언론과의 인터뷰 과정에서 '지난 6년간 알바로 우리베 대통령이 행해 온 FARC에 대한 강공세가 실제로 정글에서 FARC를 어떻게 약화시켜가는지 여실히 볼 수 있었다'라고 말하면서 알바로 우리베 대통령의 FARC에 대한 강격책이 더욱 많은 지지를 받게 된 상황이다. 또한 '하케' 작전의 성공과 함께 전 세계 언론과 전문가들은 FARC의 미래에 대한 어둡고 조심스런 전망들을 내놓고 있는 상황이다.

사실 2008년 FARC는 그들이 억류하고 있던 가장 비싼 인실 잉그리드만 잃은 것이 아니다. 2008년 3월에는 FARC가 만들어지던 순간부터 최고 사령관이었던 마룰란다가 심장마비로 사망했고, 콜롬비아의 에콰도르 공습 때 2인자로 여겨지던 라울 레예스를 잃었다. 그리고 3인자 이반 리오스가 정부에 매수된 조직원에게 암살을 당했다. 게다가 콜롬비아 정부가 투항 시 800만 페소(콜롬비아)를 일시불로 지급하거나 제3국으로

인질생활 중 잉그리드 베탕쿠르(2007년 12월)

구출 후 잉그리드 베탕쿠르

의 망명을 허용하겠다는 회유책을 내놓으면서 마룰란다의 사망 이후 이미 수백 명의 FARC 조직원이 정부군에 투항을 하고 있는 상황이다. 1990년대 말 18,000명에 달하던 조직원 수가 11,000명까지 줄어들었다. 그리하여 세계 언론과 전문가들이 FARC의 종말에 대해 조심스러운 전망을 내놓기도 한다.

그러나 또 한편에서는 이데올로기로 무장된 새로운 지도자의 등장과 함께 FARC의 사상성과 조직이 더욱 강화되지 않겠는가 하는 전망이 나오기도 한다. 이를 입증이라도 하듯, 2009년 현재 FARC 조직원의 숫자는 현저히 줄어들었지만, 이들의 반정부 무장 투쟁은 여전히 식을 줄 모르고 지속되고 있다. 이들에게 콜롬비아는 아직도 500년 넘게 이어진 사회 불평등 구조가 확연하고 가진 자와 가지지 못한 자의 간극이 너무 커 여전히 혁명이 필요할 수밖에 없는 상황인 것이다.

작전명 하케 Jaque와 엠마누엘 Emmaneul, 그리고 여전히 정글 속에 남아 있는 인질들

2008년 7월 2일, 전 세계 언론이 콜롬비아에 집중되었다. 지난 2002년 2월, 콜롬비아 대통령 선거 기간 동안 녹색산소당의 대통령 후보였던 잉그리드 베탕쿠르가 콜롬비아 무장혁명군(FARC)에 의해 납치된 후 꼬박 6년 4개월 만에 콜롬비아 정부군에 의해 피 한 방울 흘리지 않고 구출되는 순간이었다. 한 나라의 대통령 후보가 반정부 무장세력에 의해 납치되었다는 사실도 믿기가 어려운 판에, 6년이 넘는 납치 기간 중 시체와 같이 마른 모습으로 목에 쇠사슬이 묶인 채 수차례 세계 언론에 공개된 모습은 전세계인들의 관심을 넘어서 충격을 불러일으키기에 충분한 것이었다.

콜롬비아와 프랑스 이중국적을 가지고 있는 잉그리드 베탕쿠르가 FARC에 의해 콜롬비아 정글에 납치되어 있는 동안 콜롬비아 알바로 우리베 대통령은 FARC를 향한 총공세를 퍼 부었고, 이웃 나라인 베네수엘라 우고 차베스 대통령은 FARC를 달래 가며 잉그리드 베탕쿠르의 석방 방안을 모색했다. 그리고 프랑스 사르코지 대통령 또한 취임 직후부터 양국 대통령과 긴밀한 관계를 유지하며 여러 채널을 통해 잉그리드 베탕쿠르의 석방을 독려했다.

'궁지로 몰아 넣다' 라는 의미의 'JAQUE' 라는 이름을 갖는 작전은 콜롬비아 정부 측에는 지극히 성공적이었고, FARC 측에는 지극히 치명적이었다. 정부가 콜롬비아 남동부 주에 위치한 FARC 부대에 비정부기구 요원을 가장한 첩보원을 침투시킨 후 부대 지도부의 신임을 얻어내는 데 성공한 첩보원들이 NGO 헬기를 이용해 베탕쿠르를 비롯한 주요 인질들을 빼돌리는 데 성공한 작전이다. 실제로 베탕쿠르를 비롯한 인질들은 손발이 묶인 채 헬기에 탑승했고 헬기가 떠오른 뒤 조종석에 앉아 있던 특수 부대원이 "우리는 정부군 소속이오, 당신들은 자유입니다" 라고 말한 뒤에야 자신들이 구출된 사실을 알게 되었다.

2008년 7월 세계 언론의 플래쉬를 받으며 잉그리드 베탕쿠르가 미국인 세 명을 포함한 열세 명의 인질과 함께 콜롬비아 정부군에 의해 구출된 이후에도 여전히 콜롬비아의 정글 속에는 700명 혹은 900명 가량의 인질들이 반정부 무장세력에 의해 억류되어 있는 상황이다. 이 인질들 중에는 수십 명의 상원 의원들과 고급 공무원, 외국인, 군·경찰 간부, 그리고 종교인까지 포함되어 있다.

영화로 읽는 지역 분쟁

콜롬비아, 치욕의 전쟁 Colombia, the Dirty War

롭 브로워 감독 / 1998 / 네덜란드 / 27분 / 국제사면위원회(Amnesty International) 제작

이 다큐멘터리는 반군뿐만 아니라 정부까지 미국에 공급하는 마약과 깊은 관련을 맺고 있다는 사실을 보여 주며 콜롬비아 내전의 성격을 규명한다. 이 과정에서 무고한 콜롬비아 민간인은 재산과 목숨을 잃었고 테러와 마약이 콜롬비아인의 일상사가 되었다.

줄거리 _ 콜롬비아에서 인권 활동가들도 인권침해 세력들의 희생물이 되는 경우가 있다. 지난 10년 동안 2천 명이 넘는 인권 활동가들이 보안 세력이나 준군사조직 혹은 민병대에 의해 살해당했다. 이 다큐멘터리는 그야말로 콜롬비아에서 일어나고 있는 비열한 전쟁에 관한 것이다. 인권 활동가인 마리오 칼리스토(Mario Calixto)와 그의 아내 미레야(Mireya)는 콜롬비아의 그러한 상황을 전적으로 보여 주는 한 예이다. 그들 부부는 콜롬비아의 Sabana de Torres라는 마을에서 선생으로 근무하면서 그 지역의 인권위원회에서도 활동했었다. 그 이유로 그들은 지속적인 생명의 위협을 받고 있다. 한 번은 두 명의 무장한 남자들이 그들의 집에 들어온 적이 있었는데 다행이 국제 평화군이 납치 당하거나 살해당할 뻔한 그들을 구해 주었다. 마리오와 그의 가족들은 지금 콜롬비아의 다른 지역에 숨어 살고 있는 상황이다. 마리오와 그의 아내는 더 이상 직업을 가질 수 없게 되었지만, 인권을 향한 투쟁은 계속할 것이다.

참고문헌

가브리엘 가르시아 마르케스(박정훈 옮김), 2004, 『게릴라의 전설을 넘어』, 생각의 나무.
김기현, 2003, '세계의 갈등지도(1) 체첸,' 신동아 통권 520호.
김성진, 2004, 『영화로 읽는 세계 속 분쟁: 야만의 시대』, 황소자리.
김순배, 2008, '베탕쿠르, 영화같은 구출', 한겨레 2008년 7월 3일.
김재명, 2003, '세계의 갈등지도(5) 코소보,' 신동아 통권 524호.
김재명, 2003, '세계의 갈등지도(8) 서아프리카 시에라리온,' 신동아 통권 527호.
김재명, 2003, '세계의 갈등지도(11) 보스니아,' 신동아 통권 530호.
김재명, 2009, 『눈물의 땅 팔레스타인』, 프로네시스.
김현수, 2009, 『세계도서 영유권 분쟁과 독도』, 연경문화사.
니르 로젠, 2010, '피뿌리고 떠나는 미군, 이라크엔 또 다른 후세인,' 르몽드 디플로마티크(한국판) 18호.
니엘스 카르디츠케, 2008, '분단 키프러스 통합, '연합이냐, 연방이냐,' 르몽드 디플로마티크(한국판) 2호.
도재기, 2008, '콜롬비아 무장혁명군 최고지도자 마루린다 숨져…, 남미 최대 반군 붕괴 직면,' 경향일보 2008년 5월 25일.
독일 하이델베르크 세계분쟁연구(김연진, 방지은 옮김), 2009, 『분쟁의 바로미터 2008』, KIDA PRESS.
라윤도, 2003, '세계의 갈등지도(4) 카슈미르,' 신동아 통권 523호.
로버트 드레이퍼, 2009, '혼돈의 땅 소말리아,' 내셔널 지오그래픽(한국판) 10권 9호.
류모세, 2010, 『이슬람 바로보기』, 두란노.
르몽드 디플로마티크 기획(권지현 옮김), 2008, 『르몽드 세계사: 우리가 해결해야 할 전지구적 이슈와 쟁점 들』, 휴머니스트.
르몽드 디플로마티크 기획(최서연, 이주영 옮김), 2010, 『르몽드 세계사: 세계질서의 재편과 아프리카의 도 전』, 휴머니스트.
마르코스(윤길순 옮김), 1999, 『분노의 그림자』, 삼인.
마르코스(윤길순 옮김), 2002, 『우리의 말이 우리의 무기입니다』, 해냄.
마무드 맘다니, 2009, '프로파간다로 전락한 "다르푸르를 구하자",' 르몽드 디플로마티크(한국판) 13호.
마스다 다카유키(이상술 옮김), 2004, 『한눈에 보는 세계 분쟁 지도』, 해나무.
매튜 티그, 2009, '또 다른 티베트, 신장위구르자치구,' 내셔널 지오그래픽(한국판) 10권 12호.
미할리 멘티니스(서창현 옮김), 2009, 『사빠띠스따의 진화』, 갈무리.
무하마드 이드리스 아마드, 2010, '각자의 입구로 들어간 파키스탄 분쟁,' 그러나 출구는 없다,' 르몽드 디플 로마티크(한국판) 17호.
박준서, 2003, '세계의 갈등지도(3) 팔레스타인,' 신동아 통권 522호.
박장배, 2003, '세계의 갈등지도(10) 중국 vs 티베트,' 신동아 통권 529호.
배진수, 윤지훈, 2008, 『세계의 영토분쟁 DB와 식민침탈 사례』, 동북아역사재단.
베르나르 뒤테름, 2009, '유행은 지났어도 사파티스타의 가치는 건재,' 르몽드 디플로마티크(한국판) 14호.
베르트랑 데라 그랑쥬 외(박정훈 옮김), 2003, 『마르코스: 21세기 게릴라의 전설』, 휴머니스트.

비켄 쉬테리앙, 2009, '그루지야 전쟁 이후 달라지는 코카서스 지역의 지정학,' 르몽드 디플로마티크(한국판) 7호.
새뮤얼 헌팅턴(이희재 옮김), 1997, 『문명의 충돌』, 김영사.
세계정세를 읽는 모임(박소영 옮김), 2005, 『지도로 보는 세계분쟁』, 이다미디어.
세드리크 구베르뇌르, 2010, '타밀호랑이는 잡혔어도 타밀족엔 또다시 디아스포라,' 르몽드디플로마티크(한국판) 24호.
안병억, 2003, '세계의 갈등지도(2) 북아일랜드,' 신동아 통권 521호.
안석호, 2009, '국제분쟁지역 진단,' 세계일보, 2009.1.5~1.16.
아크람 벨카이드, 2009, '유린당하는 땅, 팔레스타인,' 르몽드 디플로마티크(한국판) 5호.
양승윤 2003, '세계의 갈등지도(7) 인도네시아 vs 동티모르 & 아체,' 신동아 통권 526호.
오쓰카 가즈오 외(남소영 옮김), 2004, 『세계의 분쟁 바로보기』, 다시.
오애리, 2006, '멕시코 반군 '사파티스타', 은둔지서 나와 전국투어 돌입', 문화일보, 2006년 1월 2일.
웬디 크리스티아나센, 2009, '이슬람 힌두간 증오, 인도 테러 천국으로,' 르몽드 디플로마티크(한국판) 5호.
윌리암 P. 포크, 2009, '베트남전, 아프간전의 데자뷔,' 르몽드 디플로마티크(한국판) 14호.
음와일라 치엠베, 2008, '끝 모르는 킬링필드 콩고, 내전 재발,' 르몽드 디플로마티크(한국판) 3호.
이장규, 이석호, 2006, 『카스피해 에너지 전쟁』, 올림.
이정록, 구동회, 2005, 『세계의 분쟁지역』, 푸른길.
이희수, 2003, '세계의 갈등지도(6) 수니파 & 시아파,' 신동아 통권 525호.
잉그리드 베팅크루(이은진 옮김), 2002, 『콜롬비아의 딸 잉그리드 베팅크루』, 뿌리와 이파리.
장 아르노 데랑, 2008, '보스니아 헤르체고비나 국제 정치의 블랙홀 되려나,' 르몽드 디플로마티크(한국판) 1호.
장 아르노 데랑, 로랑 제스랭, 2009, '발칸반도의 새 불씨, 알바니아 민족주의,' 르몽드 디플로마티크(한국판) 9호.
장 크리스토프 빅토르(김희균 옮김), 2007, 『아틀라스 세계는 지금』, 책과함께.
장 크리스토프, 비르지니 레송, 프랑크 테타르(안수연 옮김), 2008, 『변화하는 세계의 아틀라스』, 책과함께.
정수일, 2002, 『이슬람문명』, 창작과 비평사.
조상현, 2010, 『중동지역 분쟁과 중동테러리즘』, 한국학술정보.
주스트 힐터말, 2010, '이라크-쿠르드 그린라인 자원 둘러싼 잿빛 무한 분쟁,' 르몽드 디플로마티크(한국판) 18호.
참여연대 국제연대위원회 엮음, 2004, 『세계분쟁과 평화운동』, 아르케.
천지우, 2007, '시체처럼 살고 있어요, 5년전 피랍 전 콜롬비아 대선후보', 국민일보 2007년 12월 2일.
카를 알브레히트 이멜, 클라우스 트렌클레(서정일 옮김), 2009, 『세계화를 둘러싼 불편한 진실』, 현실문화.
크리스 캐롤, 2009, '세르비아, 끝나지 않은 민족갈등,' 내셔널 지오그래픽(한국판) 10권 7호.
파올라 오로즈코 수엘, 2009, '정치폭력과 만행에 신음하는 콜롬비아,' 르몽드 디플로마티크(한국판) 6호.

References 참고문헌

페터 가이스, 기용 르 캥트렉 외(김승렬 외 옮김), 2008, 『독일 프랑스 공동 역사 교과서』, 휴머니스트.
필리프 파토 셀레리에, 2010, '파푸아족은 끝내 사라질까,' 르몽드 디플로마티크(한국판) 17호.
필립 레이마리, 2008, '국제사회, 소말리아 해적과의 전쟁,' 르몽드 디플로마티크(한국판) 3호.
하랄트 뮐러(이영희 옮김), 2000, 『문명의 공존』, 도서출판 푸른숲.
홍순남, 2003, '세계의 갈등지도(12) 쿠르드족,' 신동아 통권 531호.
헤리클리버(이원형 옮김), 1998, 『사빠띠스따』, 갈무리.
히참 벤 압달라, 엘 알라우이, 2009, '아랍, 민족주의와 이슬람주의 갈림길에 서다,' 르몽드 디플로마티크(한국판) 12호.
Central Intelligence Agency, 2010, The World Factbook, Potomac Books.
Collier, G. A. and Quaratiello, E. L., 2005, BASTA!: Land and the Zapatista Rebellion in Chiapas, Food First Books.
George Allen Collier and Elizabeth Lowery Quaratiello, 2005, 『BASTA!: Land and the Zapatista Rebellion in Chiapas』, Food First Books.
Johnson, D., Haarmann, V., Johnson, M., Clawson, D., 2010, World Regional Geography: A Development Approach, 10th edition, Prentice Hall.
Marcos., Ziga Vodovink, 2004, YA BASTA!: Ten Years of the Zapatista Uprising, AK Press.
Maria E., 2001, 'arcos: La hora de la verdad,' BBC MUNDO, 2001. 3. 2.
Marston, S., Knox, P., and Liverman, D., Del Casino, Jr., V., Robbins, P., 2011, World Regions in Global Context: Peoples, Places, and Environments, 4th edition, Prentice Hall.
Strauss, Steven D., 2006, The Complete Idiot's Guide to World Conflicts, Alpha Books.

인터넷 사이트

http://www.ilemonde.com(르몽드 디플로마티크)
http://www.unhcr.ch(The UN Refugee Agency)
http://www.refugees.org
http://ethiopiatimes.com/

Index 찾아보기

ㄱ
- 가자 지구 ... 25
- 걸프전쟁 ... 33
- 게릴라 소탕 작전 ... 240
- 게토 ... 18
- 고르나야 자치공화국 ... 119
- 구자라트 주 ... 68
- 국민전선 ... 235
- 국제 연합 소말리아평화유지군 ... 176
- 국제소수자권리그룹 ... 170
- 그레이트 게임 ... 51
- 그로즈니 ... 119
- 그루지야 ... 123
- 기아 위험 지역 ... 169

ㄴ
- 남미 좌파 블록 국가 ... 241
- 내몽골 자치구 ... 91
- 노르만족 ... 145
- 노예무역 ... 183
- 누메이리 ... 181, 184

ㄷ
- 다르푸르 ... 187
- 다민족 국가 ... 90
- 다우닝 가 선언 ... 149
- 다짱취 고도자치 쟁취 ... 98
- 단스, 그로즈니 단스 ... 127
- 달라이 라마 14세 ... 89
- 달팽이 ... 225
- 댜오위다오 ... 102, 106
- 대소말리아주의 ... 174
- 대한족주의 ... 92
- 데르비스 에로글루 ... 155
- 데이비드 트림블 ... 143
- 데이턴 평화 협정 ... 135
- 독립국가연합 ... 117, 122
- 동북아 영토분쟁과 일본의 외교정책 ... 109
- 동투르키스탄 ... 93
- 동투르키스탄공화국 ... 94
- 동티모르 ... 79
- 두다예프 ... 119
- 디미트리스 크리스토피아스 ... 164
- 디아스포라 ... 18
- 땅의 색채들의 행진 ... 223

ㄹ
- 라도반 카라지치 ... 129
- 라마교 ... 98
- 라칸돈 정글 선언문 ... 219
- 러시아 ... 118
- 레비야 카디르 ... 89
- 로랑 은쿤다 ... 191, 196
- 로메 평화 협정 ... 208
- 류큐 왕국 ... 104
- 르완다 ... 192
- 르완다 대학살 ... 200
- 르완다애국전선 ... 199

ㅁ
- 마누엘 마룰란다 ... 231
- 마수드 바르자니 ... 39
- 마르코스 ... 217, 220, 228
- 마약 카르텔 ... 237
- 마체테 ... 219
- 마카리오스 ... 155
- 마케도니아 ... 130
- 마하트마 간디 ... 65
- 마호메트 ... 31
- 만주족 ... 90
- 메흐메트 알리 탈라트 ... 164
- 멘데족 ... 204
- 명예 혁명 ... 145
- 모부투 세세 세코 ... 191
- 모부투 정권 ... 194
- 도둑 정치 ... 194
- 파라 아이디드 ... 171, 174, 176
- 몬테네그로 ... 130
- 몽골족 ... 91
- 무자헤딘 ... 52
- 무하마르 오마르 ... 49
- 무혈 시민 혁명 ... 125
- 문화 대혁명기 ... 92
- 문화적 민족주의 ... 93
- 미국 ... 118
- 미션 카슈빌리 ... 75
- 미하일 사카슈빌리 ... 115
- 민족주의 ... 105
- 민주연합당 ... 152
- 밀턴 마르가이 ... 205

ㅂ
- 바스라 ... 33
- 바브리 사원 ... 68
- 바쿠 ... 117
- 발칸 반도 ... 130
- 발트 3국 ... 117
- 밸푸어 선언 ... 19
- 벨벳 혁명 ... 124
- 보비 샌즈 ... 149
- 보스니아-헤르체고비나 ... 130
- 보스니아 내전 ... 133
- 보이보디나 ... 130
- 보이콧 전술 ... 146
- 부비얀 섬 ... 33
- 부요야 ... 199
- 북대서양조약기구 ... 125
- 북미자유무역협정 ... 219
- 북방 영토의 날 ... 108
- 북아일랜드 평화 협상 ... 150
- 북아일랜드 자치 정부 ... 151

Index 찾아보기

북키프로스터키공화국 … 156
분리 통치 … 67
분리주의 운동 … 113
분열 정책 … 192
분할 통치론 … 169
브랴트 자치공화국 … 91
블랙 호크 다운 … 179
블러드 다이아몬드 … 207, 211
블러드 초콜릿 … 210
블러디 선데이 … 153
빈 라덴 … 57

ㅅ

사나나 구스마오 … 82
사담 후세인 … 29, 32
사르보다야 운동 … 74
사이버 전쟁 … 106
사파비 왕조 … 32
사파티스타 … 216, 229
사파티스타민족해방군 … 218
사회민주노동당 … 152
산타크루즈 대학살 … 81
샌프란시스코 평화 조약 … 107
생태학적 위기 … 187
샤리아 … 185
샤트알아랍 수로 … 33
서기동수 프로젝트 … 95
서소말리아해방전선 … 175
서아프리카평화유지군 … 208
세르브 조약 … 157
세르비아 … 130
세르비아–몬테네그로 … 140
세르비아인 … 137
센카쿠 열도 … 102, 104
셰바르드나제 … 124
소련의 해체 … 113
소말리아 … 178

소말리아 해적 … 172
소수 집단 … 108
수니파 … 30
수단인민해방운동 … 184
수단해방군 … 186
수실로 밤방 유도요노 대통령 … 86
수하르토 … 77, 78, 80
수하르토 정권 … 78, 85, 86
스레브레니차의 학살 … 134
스리랑카 … 66
스르프스카공화국 … 130
슬로베니아 … 130
슬로보단 밀로셰비치 … 129
시모노세키 조약 … 103
시몬볼리바르전사연합 … 236
시아드 바레 … 171
시아카 스티븐스 … 205
시아파 … 30
시에라리온공화국 … 204
시오니즘 … 19
시짱(티베트) … 96
신이 찾은 아이들 … 189
신장웨이우얼 … 93
신페인당 … 147, 152
신할리족 … 71
실론 섬 … 71
실크로드 … 51

ㅇ

아덴 만 … 172
아디스아바바 협약 … 184
아랍화 정책 … 186
아리엘 샤론 … 15
아메드 야신 … 15
아요디아 시 … 68
아이누 … 108
아일랜드공화국 … 147

아일랜드공화군(IRA) … 147, 152
아일랜드공화주의 동맹 … 146
아자드카슈미르 … 69
아틸라 선 … 160
아프가니스탄 전쟁 … 51
아프리카의 뿔 … 172
아흐마드 카디로프 … 115
알 바시르 … 185
알리 마흐디 … 176
알바로 우리베 벨레스 … 231, 240
알카티리 … 82
압둘라 오잘란 … 39, 42
애국동맹 … 236
야세르 아라파트 … 15
언더그라운드 … 141
얼스터 지방 … 146
얼스터방위연합 … 149
얼스터연합당 … 152
얼스터의용군 … 148
에게 해 … 161
에너지 전쟁 … 117
에노시스 … 156
에밀리아노 사파타 … 217
에이레 … 147
엘브루스 산 … 116
엠마누엘 … 240
예루살렘 … 17
오가덴 분쟁 … 174
오마르 하산 아마드 … 181
오세티아 … 123
오스만 제국 … 131
오스트리아 제국 … 131
오슬로 협정 … 22
오코늘 … 146
아이리버 협정 … 22
와히드 … 86
요르단 강 서안 … 25

웨스트파푸아 ⋯⋯⋯⋯⋯⋯⋯⋯ 86	제1차 중동 전쟁 ⋯⋯⋯⋯⋯⋯⋯ 20	카를라 로하스 ⋯⋯⋯⋯⋯⋯⋯ 240
위구르 분리 독립운동 ⋯⋯⋯⋯ 95	제1차 체첸 전쟁 ⋯⋯⋯⋯⋯⋯ 119	카를로스 벨로 ⋯⋯⋯⋯⋯⋯⋯ 77
유고슬라비아 ⋯⋯⋯⋯⋯⋯⋯⋯ 130	제2차 수단 내전 ⋯⋯⋯⋯⋯ 182, 184	카슈미르 ⋯⋯⋯⋯⋯⋯⋯⋯⋯ 69
유고슬라비아 내전 ⋯⋯⋯⋯ 113, 130	제2차 유고 내전 ⋯⋯⋯⋯⋯⋯ 133	카스피 해 ⋯⋯⋯⋯⋯⋯⋯⋯ 117
유럽 연합 ⋯⋯⋯⋯⋯⋯⋯⋯⋯ 162	제2차 인도-파키스탄 전쟁 ⋯⋯ 70	카자흐스탄공화국 ⋯⋯⋯⋯⋯ 91
은다다예 ⋯⋯⋯⋯⋯⋯⋯⋯⋯ 119	제2차 중동 전쟁 ⋯⋯⋯⋯⋯⋯ 20	카프카스 ⋯⋯⋯⋯⋯⋯⋯ 116, 118
은다이제예 ⋯⋯⋯⋯⋯⋯⋯⋯ 200	제2차 체첸 전쟁 ⋯⋯⋯⋯ 119, 120	카프카스 3국 ⋯⋯⋯⋯⋯⋯⋯ 117
이라크 ⋯⋯⋯⋯⋯⋯⋯⋯⋯⋯ 30	제로 킬드 ⋯⋯⋯⋯⋯⋯⋯⋯ 134	칸다하르 ⋯⋯⋯⋯⋯⋯⋯⋯⋯ 57
이란 ⋯⋯⋯⋯⋯⋯⋯⋯⋯⋯⋯ 30	조선족 ⋯⋯⋯⋯⋯⋯⋯⋯⋯⋯ 90	캠프 데이비드 협정 ⋯⋯⋯⋯ 21
이리안자야 ⋯⋯⋯⋯⋯⋯⋯⋯ 85	조세프 카빌라 ⋯⋯⋯⋯⋯ 191, 194	켈트계 아일랜드인 ⋯⋯⋯⋯ 144
이슬람 원리주의 ⋯⋯⋯ 32, 54, 185	조어도 ⋯⋯⋯⋯⋯⋯⋯⋯⋯⋯ 102	코소보 ⋯⋯⋯⋯⋯⋯⋯⋯ 130, 136
이슬람교 ⋯⋯⋯⋯⋯⋯⋯⋯⋯ 67	조어도 분쟁 ⋯⋯⋯⋯⋯⋯⋯ 103	코소보 내전 ⋯⋯⋯⋯⋯⋯⋯ 131
인도 ⋯⋯⋯⋯⋯⋯⋯⋯⋯⋯⋯ 66	존 흄 ⋯⋯⋯⋯⋯⋯⋯⋯⋯⋯ 143	코소보 알바니아인 ⋯⋯⋯⋯ 138
인디스 월드 ⋯⋯⋯⋯⋯⋯⋯ 59	쫭족 ⋯⋯⋯⋯⋯⋯⋯⋯⋯⋯ 90	코소보 전투 ⋯⋯⋯⋯⋯⋯⋯ 137
인민방위국민회의 ⋯⋯⋯⋯⋯ 196	주세 라모스-오르타 ⋯⋯⋯⋯ 77	코소보해방군 ⋯⋯⋯⋯⋯⋯⋯ 138
인종 카드 제도 ⋯⋯⋯⋯⋯⋯ 197	중국 ⋯⋯⋯⋯⋯⋯⋯⋯⋯⋯⋯ 106	코카서스 ⋯⋯⋯⋯⋯⋯⋯⋯ 116
인종청소 ⋯⋯⋯⋯⋯⋯⋯ 135, 139	중남미 통합기구 ⋯⋯⋯⋯⋯ 215	코카인 ⋯⋯⋯⋯⋯⋯⋯⋯⋯ 232
인티파다 ⋯⋯⋯⋯⋯⋯⋯⋯⋯ 21	중동 ⋯⋯⋯⋯⋯⋯⋯⋯⋯⋯⋯ 13	콜롬비아 ⋯⋯⋯⋯⋯⋯⋯⋯ 232
일본 ⋯⋯⋯⋯⋯⋯⋯⋯⋯⋯⋯ 106	중동 평화 협정 ⋯⋯⋯⋯⋯⋯ 22	콜롬비아 자위대 ⋯⋯⋯⋯⋯ 234
일본의 외교정책 ⋯⋯⋯⋯⋯ 108	중앙아시아 5국 ⋯⋯⋯⋯⋯⋯ 117	콜롬비아무장혁명군 ⋯⋯⋯⋯ 233
잉그리드 베탕쿠르 ⋯⋯⋯ 240, 244	지방민족주의 ⋯⋯⋯⋯⋯⋯⋯ 92	콜롬비아민족해방군 ⋯⋯⋯⋯ 233
		콜롬비아 치욕의전쟁 ⋯⋯⋯ 245
ㅈ	**ㅊ**	콜탄 채굴권 ⋯⋯⋯⋯⋯⋯⋯ 197
자유아체운동 ⋯⋯⋯⋯⋯⋯⋯ 83	착한 쿠르드, 나쁜 쿠르드 : 산 말고는 친구가	콩고 강 ⋯⋯⋯⋯⋯⋯⋯⋯⋯ 193
자유파푸아운동 ⋯⋯⋯⋯⋯ 85, 86	없다 ⋯⋯⋯⋯⋯⋯⋯⋯⋯ 47	콩고민주공화국 ⋯⋯⋯⋯ 192, 193
자이르 ⋯⋯⋯⋯⋯⋯⋯⋯⋯⋯ 192	찰스 테일러 ⋯⋯⋯⋯⋯⋯⋯ 203	쿠르드노동자당 ⋯⋯⋯⋯⋯ 41, 44
잔자위드 ⋯⋯⋯⋯⋯⋯⋯ 186, 187	천국을 향하여 ⋯⋯⋯⋯⋯⋯⋯ 27	쿠르드민주당 ⋯⋯⋯⋯⋯⋯ 44
잘랄 탈라바니 ⋯⋯⋯⋯⋯⋯ 29	천상의 소녀 ⋯⋯⋯⋯⋯⋯⋯ 59	쿠르드애국동맹 ⋯⋯⋯⋯⋯ 44
잠무카슈미르 ⋯⋯⋯⋯⋯⋯⋯ 69	청교도 혁명 ⋯⋯⋯⋯⋯⋯⋯ 145	쿠르드인민공화국 ⋯⋯⋯⋯ 41
잠무카슈미르해방전선 ⋯⋯⋯ 70	청년아일랜드당 ⋯⋯⋯⋯⋯ 146	쿠르디스탄 ⋯⋯⋯⋯⋯⋯⋯ 40
장미 혁명 ⋯⋯⋯⋯⋯⋯⋯⋯ 124	치아파스 ⋯⋯⋯⋯⋯⋯⋯⋯ 218	쿠릴 열도 ⋯⋯⋯⋯⋯⋯⋯ 102
정글 속 인질 ⋯⋯⋯⋯⋯ 239, 240	친소 정권 ⋯⋯⋯⋯⋯⋯⋯⋯ 51	쿠웨이트 ⋯⋯⋯⋯⋯⋯⋯⋯ 33
정의평등운동 ⋯⋯⋯⋯⋯⋯ 186		쿤둔 ⋯⋯⋯⋯⋯⋯⋯⋯⋯⋯ 99
정치적 민족주의 ⋯⋯⋯⋯⋯ 93		크로아티아 ⋯⋯⋯⋯⋯⋯⋯ 130
제1차 수단 내전 ⋯⋯⋯⋯ 182, 184		크리올 ⋯⋯⋯⋯⋯⋯⋯⋯⋯ 204
제1차 유고 내전 ⋯⋯⋯⋯⋯ 133		키르쿠크 ⋯⋯⋯⋯⋯⋯⋯⋯ 45
제1차 인도-파키스탄 전쟁 ⋯ 69		

Index 찾아보기

키프로스	156
키프로스공화국	156
키프로스민족해방조직	158
킬링필드	193
킴벌리 프로세스	207

ㅌ

타밀엘람해방호랑이	74
타밀족	71
타밀통일해방전선	72
타지크족	50
탈레반	54, 57
터치 오브 스파이스	165
템네족	204
투르크 민족 국가	95
투치족	197
트와족	197
티베트족	69
티잔 카바	209
티토 정권	132

ㅍ

파슈툰족	50
파스트라나	237
파이프라인(송유관)	119
파키스탄	66
파푸아	85
팔레스타인	16
팔레스타인해방기구	21
페니언 동맹	146
페르베즈 무샤라프	65
포그롬	18
포데이 산코	203
포스트모던 혁명가	228
폴 카가메	199
프레틸린	80, 81
피에르 응쿠룬지자	200
피의 일요일 사건	148

ㅎ

하디타 전투	37
하마스	23
하마드 카이자르	49
하자라족	50
하케	240
학살자	208
한 민족의 죽음	87
해양영유권	102
향신료	79
헤브라이인	17
혁명세	239
호람샤르	33
호텔 르완다	201
후세인-맥마흔 선언	19
후안 마누엘 산토스	232
후투족	197
힌두교	67

Blood phone	196, 201
BTC라인	118
FARC	233
Green Line	160

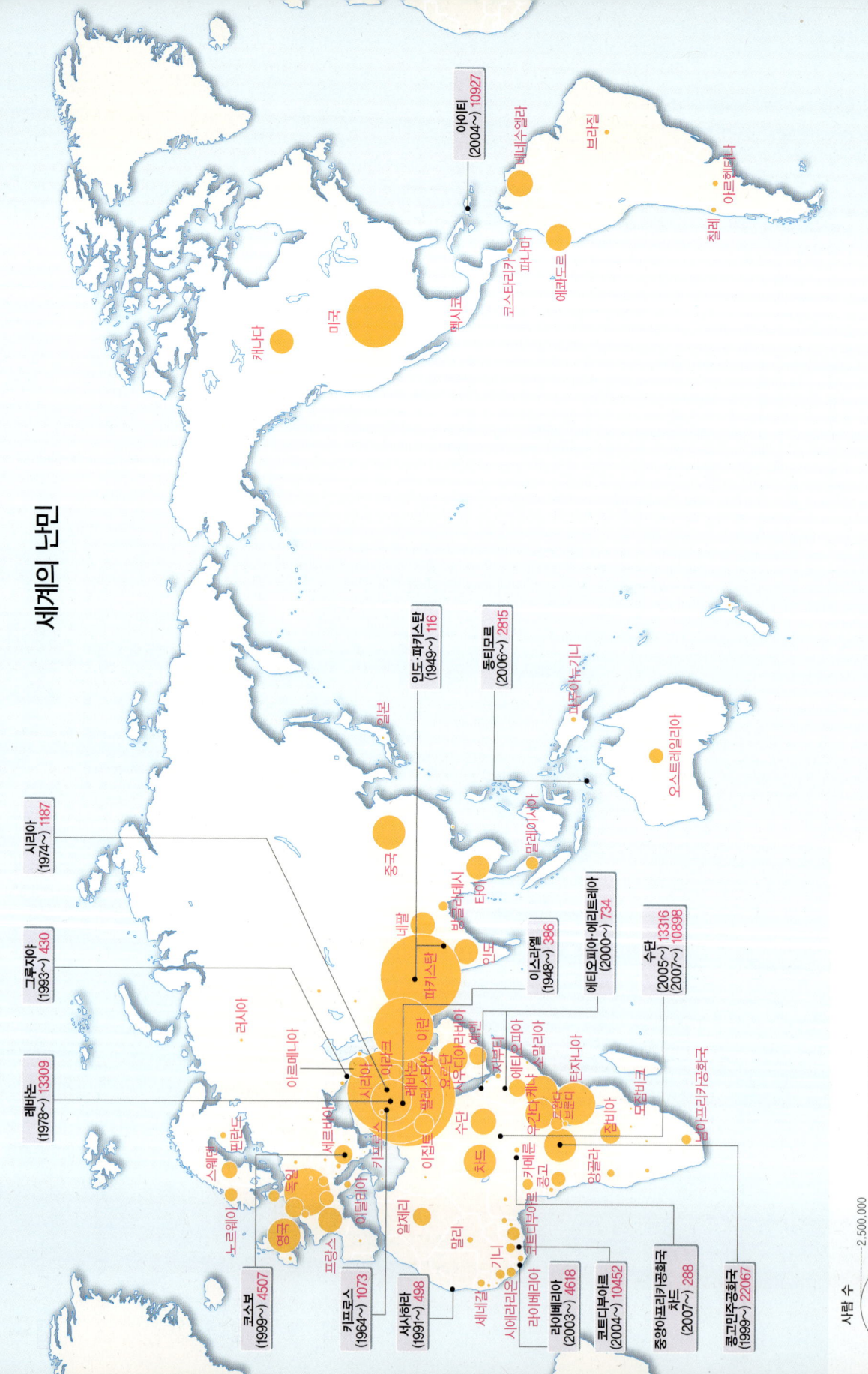

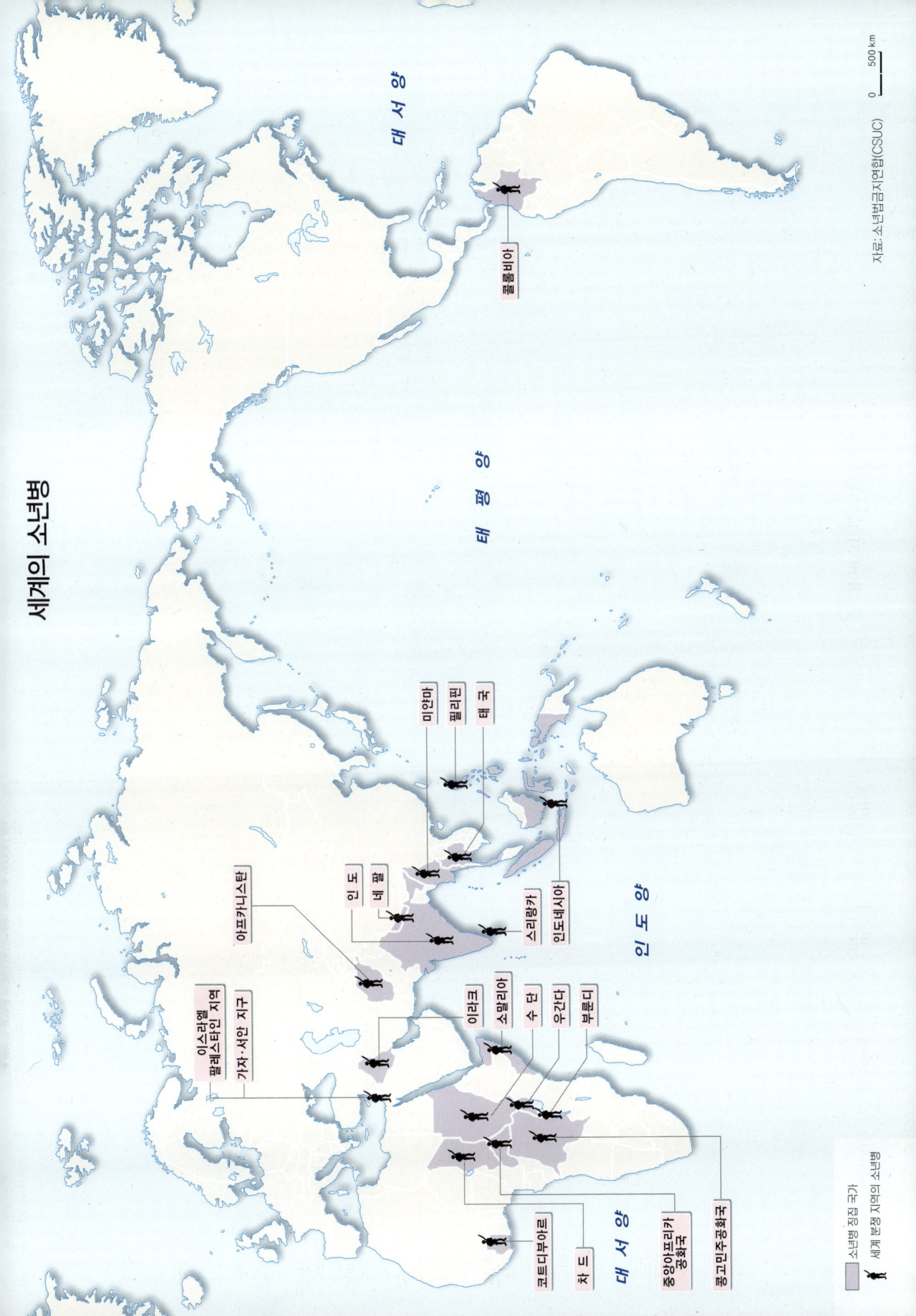

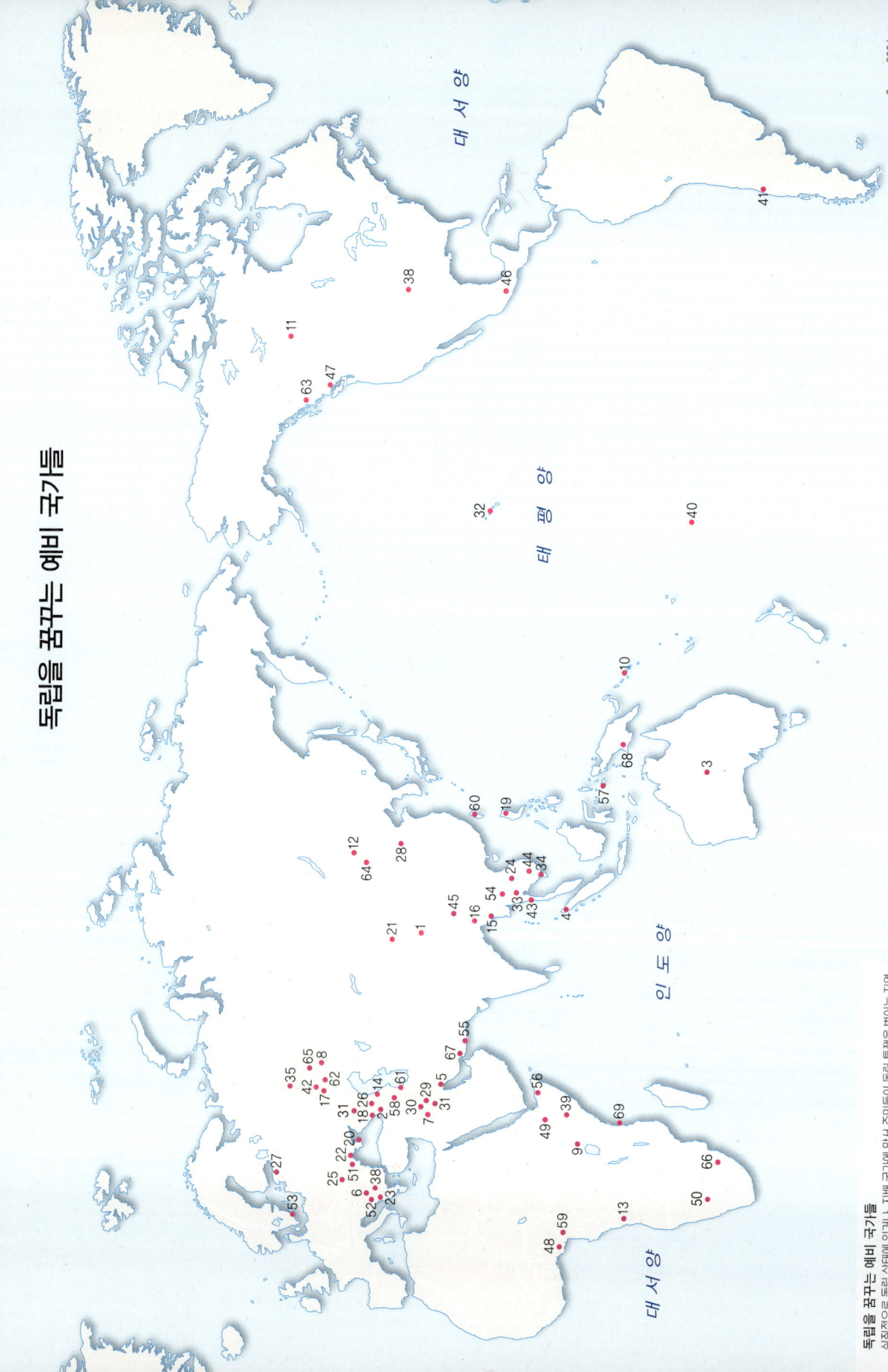